大/学/公/共/课/系/列/教/材



# 沟通与交流实务

GOUTONG
YU
JIAOLIU
SHIWU

王立新——主编

北京师范大学出版集团
BEIJING NORMAL UNIVERSITY PUBLISHING GROUP
北京师范大学出版社

**图书在版编目(CIP)数据**

沟通与交流实务/王立新主编. —北京：北京师范大学出版社，2019.9（2021.6重印）

大学公共课系列教材

ISBN 978-7-303-25000-4

Ⅰ. ①沟… Ⅱ. ①王… Ⅲ. ①人际关系学—高等学校—教材 Ⅳ. ①C912.11

中国版本图书馆 CIP 数据核字(2019)第 162718 号

营销中心电话 010-57654738 57654736
北师大出版社高等教育与学术著作分社 http://xueda.bnup.com

GOUTONG YU JIAOLIU SHIWU

出版发行：北京师范大学出版社 www.bnupg.com
北京市西城区新街口外大街 12-3 号
邮政编码：100088

印　　刷：北京溢漾印刷有限公司
经　　销：全国新华书店
开　　本：787 mm×1092 mm 1/16
印　　张：16.5
字　　数：397 千字
版　　次：2019 年 9 月第 1 版
印　　次：2021 年 6 月第 4 次印刷
定　　价：45.00 元

策划编辑：周　粟　　责任编辑：马力敏　李　迅
美术编辑：李向昕　　装帧设计：李向昕
责任校对：康　悦　　责任印制：马　洁

# 前　言

沟通与交流能力是现代人必备的基本技能之一。有效的沟通与交流可以让你的生活变得丰富多彩，不良的沟通与交流则可能会使人们的生活陷入一片混乱。良好的沟通与交流能力已经成为一个人综合素质的直接体现，也是一个人可持续发展的根本性保障。

沟通与交流能力作为一种技能是可以习得的，人们通过学习相关知识点，训练提升技能，最终运用在每个人的生活中。本书希望能唤醒读者积极沟通的意识，认识到沟通与交流不仅会影响到自己的人际关系，更会对生活质量以及职业生涯发展有所影响；养成主动沟通的习惯，习得基本的沟通技巧，提升沟通与交流的能力。

本书侧重实际应用，所涉及的理论知识也是为了帮助读者更好地掌握和应用某项沟通技能。本书大致可分为三个版块。前四章内容主要是讲解沟通的基本技能，涉及沟通的基础、学会倾听、语言沟通和非语言沟通；中间两章是在日常生活中的具体运用，主要涉及日常沟通技巧和职场沟通技巧；最后三章主要谈到商务谈判、营销沟通技巧和跨文化沟通。

本书在编写中，遵循以理论为指导，以训练为主线的原则。每章都采用案例引入，正文精讲知识要点，结合大量的案例和相应的训练方式进行训练。每章都配有自测题，希望读者能通过自测题找到自己的弱点，有针对性地进行训练；每章还配有思考题与训练题，将理论知识与能力训练有机地结合起来，将沟通与交流的理论知识内化为沟通与交流的能力，达到学以致用的目的。

本书可作为本、专科学生的通识教材，也可供社会人士使用和参考。

本书在写作过程中，参考了大量的相关著作，也选用了部分网络上的资源，在此谨向原著者表示感谢。同时，本书在编写中得到了北京师范大学出版社编辑们的诸多指导和帮助，在此表示衷心的感谢。

由于作者水平有限，书中难免有不足之处，欢迎广大读者批评指正。

编　者

2018 年 12 月

# 目　录

# 第一章　沟通的基础

## 学习目标

1. 理解沟通的含义。
2. 掌握沟通的原则及类型。
3. 熟悉沟通中存在的障碍。

## 第一节　沟通的含义

### 案例引入

小王是某高职技术学院信息系的学生，进入大一第二学期以后感觉越来越郁闷。入学时的好奇和激情日渐退去，日子一天天过得很单调，也很无聊。小王对专业的兴趣不是很浓，想考证，但不清楚自己可以考哪些证以及怎么考，想学习自己感兴趣的公共关系专业，但不知道怎样才能得到帮助，更不知道毕业后自己的专业能有什么样的出路。越来越觉得空虚的小王，整个人陷入失落和低沉的情绪中，上课除了发呆、睡觉，就是没完没了地盯着手机屏幕，对班级活动更是冷淡、不耐烦。这时，女朋友也和小王提出了分手。

同是信息系的女生小唐，在大一上学期的时候，就对系统分析师这一职位产生了好奇，在与任课老师的交谈中了解到系统分析师考证的难度相当大，而本校还没有一个女系统分析师，于是她萌生了考系统分析师的想法。立下目标以后，小唐立即去网上搜集系统分析师考证的相关信息，去图书馆找到了考试大纲，在网上咨询了已经通过考试的考生的意见，学习了他们的心得，并且列下了每一学期的考证计划，按部就班，一步一步实施。在考证的过程中，每次遇到困难的时候，小唐都会打电话跟妈妈聊天，获得妈妈的支持、鼓励和督促。最后小唐如愿以偿，成为他们学校第一个女系统分析师，毕业后进入了一家很好的公司。

（资料来源：陈桃源，《职场沟通与交流能力训练教程》(第一版)，北京，高等教育出版社，2015。）

## 一、沟通的定义

在我们的日常生活中，你只要稍微留心就会发现沟通无处不在。大到社交、公务、管理，小到日常生活交流，甚至国事都离不开沟通，那么到底什么是沟通呢？

据不完全统计，沟通的定义迄今已有150多个。《现代汉语词典》是这样解释沟通的：使两方能通连。《大英百科全书》指出，沟通是用任何方法，彼此交换信息，即指信息的发出者和接收者之间以视觉、符号、电话、电报、收音机、电视或其他工具为媒介，交换信息的方法。

概括地说，有以下几种类型。

第一，共享说。强调沟通是发送者与接收者对信息的分享。如美国著名传播学家威尔伯·施拉姆(Wilbur Schramm)认为，我们在沟通的时候，是努力想确立共同的东西，即我们努力想共享信息、思想或态度。

第二，交流说。强调沟通是有来有往、双向的活动。如美国学者霍本认为，沟通即用语言交流思想。

第三，影响或劝服说。强调沟通是发送者欲对接收者施加影响的行为，如美国学者露西和彼得森认为，沟通这一概念包含人与人之间相互影响的全部过程。

第四，符号或信息说。强调沟通是符号或信息的流动。如美国传播学者贝雷尔森(Berelson)认为，所谓沟通即通过大众传媒和人际沟通的主要媒介所进行的符号的传送。

以上这四种学说基本上概括了沟通的本质和主要特点。

沟通就是信息的发送和接收的行为，发送者凭借一定的载体，将信息传递给接收者，并寻求反馈以达到相互理解的过程。人与人之间、人与群体之间思想与感情的传递和反馈的过程，以求思想达成一致和感情的通畅，这就是信息发送与接收的行为。

综上，我们将沟通定义为：沟通是人们在互动过程中，发送者通过某种途径或方式，将一定的信息传递给接收者，并寻求反馈以达到相互理解的过程。

沟通包括以下几层含义。

1. 沟通是信息的传播

无论什么形式的沟通都包含着具体要传递的信息。如果信息没有被传递给接收者，意味着沟通没有发生。

2. 沟通的重点是意义的理解

沟通过程中，发送者首先要把传送的信息“编码”成符号，接收者则进行相反的“解码”过程。如果信息接收者对信息类型的理解与发送者不一致，则会导致沟通障碍和信息失真。信息传递后，接收者所感知和理解的信息意义与发送者的初衷完全一致时，才达到了有效沟通的目的。

3. 完美的沟通还包含情感的交流

沟通不仅是意义的传递和理解，还通过语言、副语言以及非语言传递出相应的情感。有效的沟通不仅能传递信息，还能创设良好的人际氛围，形成良好的人际关系。

因此，完美的沟通＝信息传递＋意义理解＋情感交流，所以我们要善于利用沟通，实现良好人际交往的目的。

4. 沟通是一个双向与互动的反馈和理解的过程

我们每天都在进行沟通，这并不表明你就是成功的沟通者。只有当沟通的对象接收到你发出的信息，并和你进行互动与反馈并达成共识的时候，沟通才完成了。

## 二、沟通的要素

沟通主要由信息发送者、信息接收者、信源、信道、反馈、障碍与背景七个要素构成。

1. 信息发送者

信息发送者是沟通过程中信息发送的终端设备，没有发送者也就没有接收者。信息发送者是沟通中重要因素之一。

2. 信息接收者

信息接收者是沟通的另一方。个体在接收带有信息的各种音形符号后，根据自己已有经验把它“翻译”为沟通者试图发送的信息、态度或情感。

3. 信源

信息是沟通者传达给他人的观念和情感。如果说发送者和接收者是沟通中的主体的话，那么信源就是沟通的客体。信源是沟通者的真正意图所在。

4. 信道

信道也称媒介或渠道，是指由发送者选择的用来传递信息的传输媒介。

5. 反馈

信息传送者和接收者之间的相互作用，反馈使沟通成为一个双向的沟通过程。沟通双方不断将自己接收到的信息反馈给对方，知道对方是否接收到信息，是否理解了信息，以及接收后的心理状态等，并根据对方的反应调整自己的信息发送过程，以便达到预期的沟通目的。

6. 障碍

障碍也称为沟通干扰，是指人们在沟通过程中可能面临的一些干扰因素。这些干扰因素可能来自沟通本身，也可能来自外部环境。

沟通者之间的干扰有些是故意的，有些则是非故意的。例如，沟通者的语言表达能力比较差，语言不流畅或者不自觉地频繁出现一些干扰对方注意力的身体姿势、表情、眼神这些都属于非故意干扰。而有些时候，沟通一方为达到自己的目的会故意给对方制造沟通障碍。例如，故意把某些内容说得含糊不清、用身体语言分散对方的注意力等。

外部环境的干扰则比较常见，如沟通场所的噪声、强光、行人等，对沟通双方都可能产生干扰。信息传输工具的质量，如通信信号弱等也会对沟通效果产生影响。

7. 背景

背景是沟通发生时的情境，既包括外部环境，也包括谈话的气氛。它是影响沟通过程的重要因素，可能影响沟通的每个因素以及整个沟通过程。在不同的沟通背景下，即便是完全相同的沟通信息，也有可能获得截然不同的沟通效果。比如，礼堂是演讲和表演的好地方，但对于交谈来说却并不理想。如果你和要好的朋友有私事交谈，那么最好在一个安静舒适的屋子里而不是在食堂或者大厅。

## 思考与训练

一、测试一下你的沟通能力

为了能够有针对性地提高沟通能力，你必须清楚自己现有的水平。

这个测验选择了生活中经常会遇到的情境，测试你是否能正确处理这些问题。请你如实回答，否则这一评估结果就毫无参考价值。

1. 在说明自己的重要观点时别人却不想听你说，你会(　　)。

A. 马上气愤地走开

B. 你就不说了，但你可能会很生气

C. 等等看还有没有说的机会

D. 仔细分析对方不听自己观点的原因并找机会换一个方式去说

2. 去参加老同学的婚礼回来你很高兴，而你的朋友对婚礼的情况很感兴趣，这时你会告诉她(他)(　　)。

A. 详细述说从你进门到离开时所看到和感觉到的，以及相关细节

B. 说些自己认为重要的

C. 朋友问什么就答什么

D. 感觉很累了，没什么好说的

3. 你正在主持一个重要的会议，而你的一个下属却在玩手机，并有声音干扰到会议现场，这时你会(　　)。

A. 幽默地劝告下属不要玩手机

B. 严厉地叫下属不要玩手机

C. 装作没看见，任其发展

D. 给那位下属难堪，让其下不了台

4. 你正在跟老板汇报工作，你的助理急匆匆地跑过来说有你的一个重要客户的长途电话，这时你会(　　)。

A. 说你在开会，稍后再回电话过去

B. 向老板请示后去接电话

C. 说你不在，叫助理问对方有什么事

D. 不向老板请示，直接跑去接电话

5. 去与一个重要的客人见面，你会(　　)。

A. 像平时一样随便穿着

B. 只要穿得不要太糟就可以了

C. 换一件自己认为很合适的衣服

D. 精心打扮一下

6. 你的一位下属已经连续两天下午请了事假，第三天上午快下班的时候他又拿着请假条过来说下午要请事假，这时你会(　　)。

A. 详细询问对方因何要请假，视原因而定

B. 告诉他今天下午有一个重要的会议，不能请假

C. 你很生气，但什么都没说就批准了他的请假

D. 你很生气，不理会他也不批假

7. 你刚应聘到一家公司就任部门经理，上班不久后你了解到，公司中有几个同事本来想就任你的职位，老板不同意才招了你。对这几位同事，你会(　　)。

A. 主动认识他们，了解他们的长处，争取成为朋友

B. 不理会这个问题，努力做好自己的工作

C. 暗中打听他们，了解他们是否具有与你进行竞争的实力

D. 暗中打听他们，并找机会为难他们

8. 与不同身份的人讲话，你会(　　)。

A. 对身份低的人，你总是漫不经心地说

B. 对身份高的人说话，你总是有点紧张

C. 在不同场合你会用不同的态度与之讲话

D. 不管是什么场合，你都是一样的态度与之讲话

9. 你在听别人讲话时，你总是会(　　)。

A. 对别人的讲话表示兴趣并记住所讲的要点

B. 请对方说出问题的重点

C. 对方老是讲些没用的话时，你会立即打断他

D. 对方不知所云时你很烦躁，就去想或做别的事

10. 在与人沟通前你认为比较重要的是应该了解对方的(　　)。

A. 经济状况、社会地位　　B. 个人修养、能力水平

C. 个人习惯、家庭背景　　D. 价值观念、心理特征

评分方法：

题号为1、5、8、10选A得1分、选B得2分、选C得3分、选D得4分，其余题号选A得4分、选B得3分、选C得2分、选D得1分，将十道测验题的得分加起来就是你的总分。

结果分析：

总分为11～20分：因为你经常不能很好地表达自己的思想和情感，所以你也经常不被别人所了解，许多事情本来是可以很好解决的，正是你采取了不适合的方式，所以有时把事情弄得越来越糟，你需要严格地训练自己提升沟通技能。只要你学会控制好自己的情绪，改掉一些不良的习惯，你随时可能获得他人的理解和支持。

总分为21～30分：你懂得一定的社交礼仪，尊重他人，你能通过控制自己的情绪来表达自己，并能实现一定的沟通效果，但是有较多的地方需要提高，你缺乏高超的沟通技巧和积极沟通的主动性，许多事情只要你继续努力一点就可以大功告成。

总分为31～40分：你很稳重，是控制情绪的高手，所以他人一般不会轻易地知道你的底细，你能不动声色地表达自己，有很高的沟通技巧和人际交往能力，只要你能明确意识到自己性格的不足并努力优化，便能取得更好的成果。

## 二、案例分析

1. 卡恩和雷尔是高中同学，但自从12年前高中毕业以后两人再没有见过面。

在一个晴朗的周末，他们各自带着自己的孩子在公园里相遇了。

首先，两个人在确认了对方是高中同学后都表现出了惊讶。这时，他们不自觉地相互观察，并开始形成某种印象。卡恩注意到雷尔面容清然而整洁但他的衣服似乎并不高档；

雷尔注意到卡恩身上的背包，并一眼就认出那是很有名气的牌子，自己也到商店看过，但由于太贵放弃了。

接着，两人从开始的惊讶之中慢慢恢复过来，开始聊起各自高中以来的经历。他们在相互寒暄了几句之后，开始谈论起各自的工作。这在男人之中是最普通的话题，也是男人们相互评价的方式。雷尔说他现在是一家便利店的经理，而卡恩说他是一家知名企业的技术总监。虽然两人的谈话不过是共享信息，但在男人之间也是一种无形的竞争，取胜的方法就是表明自己拥有更高的职位，毫无疑问，卡恩赢了，因为技术总监的地位似乎更高。此外，卡恩还有名牌包，这也使得他又增加了分数。而可怜的雷尔，到目前还没有什么引以为豪的事呢，然后，因为他们都带着孩子，所以又谈到了各自的家庭。雷尔说他与高中时的班花结了婚，而卡恩当时也很喜欢这个善良漂亮的女孩子。但卡恩不仅没有娶到当年的班花，还在一年前离了婚，现在他每两周才有一次对孩子的探视权。在这一点上，雷尔的分数显然更高。他们谈了一会儿后，各自带着孩子回家，说日后有机会一定要再聚聚，但他们都很清楚这样的概率几乎为零，因为他们连彼此的联系方式都没有留下。

（资料来源：陈建伟，《沟通的艺术》，北京，中华工商联合出版社，2017。）

思考并讨论：

(1)结合所学知识，分析一下卡恩与雷尔沟通了吗？

(2)他们分别获得了哪些信息？

(3)这些信息是通过什么方式获得的？

2. 一个不该发生的空难悲剧。

这是一个让人心痛的空难案例。1990 年 1 月 25 日晚上 7 点 40 分，阿维安卡 52 航班飞行在南新泽西海岸上空 11277.7 米处的高空。飞机上的油量可以维持近 2 个小时的航程，在正常情况下飞机降落至纽约肯尼迪机场仅需不到半个小时的时间，看上去飞机正常降落没有问题。然而，出现了一系列的耽搁。首先，晚上 8 点整，肯尼迪机场管理人员通知阿维安卡 52 航班由于出现了严重的交通问题，他们必须在机场上空盘旋待命。晚上 8 点 45 分，阿维安卡 52 航班的副驾驶员向肯尼迪机场报告他们的燃料快用完了。管理员收到了这一信息，但在晚上 9 点 24 分之前没有批准飞机降落。遗憾的是，阿维安卡机组成员再也没有向肯尼迪机场传递任何情况十分危急的信息，但飞机座舱中的机组成员却紧张地相互通知他们的燃料供给出现了危机。

晚上 9 点 24 分，阿维安卡 52 航班第一次试降失败。由于飞机高度太低以及能见度太差，故无法保证安全着陆。当肯尼迪机场指示阿维安卡 52 航班进行第二次试降时，机组成员再次提到他们的燃料将要用尽，但飞行员却告诉管理员新分配的飞行跑道“可行”。晚上 9 点 32 分，飞机的两个引擎失灵，1 分钟后，另外两个引擎也停止了工作，耗尽燃料的飞机于晚上 9 点 34 分坠毁于长岛，机上 73 名人员全部遇难。

空难发生后，当调查人员查看了飞机座舱的通话记录并与当事的管理员交谈之后，他们发现导致这场悲剧的原因主要在沟通上。由于没有沟通到位，没有表达清楚，导致了 73 条人命全部遇难的巨大悲剧。

以上案例中：

(1)沟通的要素有哪些?

(2)他们为什么沟通失败?

三、自我介绍

要求如下，最好让大家听完你的介绍后，能记住你的名字和特点。

1. 请登台，面对大家，用简洁的语言做一个3分钟的自我介绍。介绍内容需包括你的基本信息；你的优点、特长以及你的愿望。

2. 如演讲结束，时间未到，请继续留在台上，可以随便讲一些其他话题，吸引大家的注意力。

3. 演讲时注意抬头挺胸，面带微笑，目光与台下同学交流。

4. 音量适中，口齿清楚，语速合适。

5. 上台先与大家打招呼，问好，结束时要表示感谢。

# 第二节　沟通的类型和原则

## 案例引入

**秀才买柴**

有一个秀才去买柴，他对卖柴的人说：“荷薪者(担柴的人)过来!”卖柴的人听不懂“荷薪者”三个字，但是听得懂“过来”两个字，于是把柴担到秀才前面。秀才问他：“其价如何?”卖柴的人听不太懂这句话，但是听得懂“价”这个字，于是就告诉秀才价钱。秀才接着说：“外实而内虚，烟多而焰少，请损之。”(你的柴火外表是干的，里头却是湿的，燃烧起来，会浓烟多而火焰小，请减些价钱吧。)卖柴的人因为听不懂秀才的话，于是担着柴就走了。

## 一、沟通的类型

依据不同的划分标准，沟通可以分为以下的类别。

### (一)按沟通媒介划分

口头沟通：面谈、讲话、演讲、讨论会等。

书面沟通：各种文件、信函、备忘录、告示等。

非语言沟通：手势、眼神、表情等体态语言。

电子媒介沟通：电话、传真、手机、电子邮件、即时通信工具等。

### (二)按沟通范围划分

自我沟通：自我内在沟通。

人际沟通：与他人的沟通。

团队沟通：组织内部的沟通。

公众沟通：公众范围的沟通。

#### （三）按沟通方向划分

上行沟通：组织内自下而上的沟通。

下行沟通：组织内自上而下的沟通。

平行沟通：组织内同一级别的横向沟通。

## 二、沟通的原则

要想有效地沟通，还得掌握一些基本的原则。

#### （一）尊重的原则

美国行为科学家马斯洛(Maslow)在他1943年发表的《人类动机理论》中提出了著名的需要层次论，其中尊重需要属于第四层次。尊重需要包括自我尊重的需要和获得别人尊重的需要。人一方面要感到自己的重要性，另一方面也必须获得他人的认可，包括给予尊重、赞美、赏识和承认地位，以支持自己的感受。

被尊重是人的本质需要，人们渴望被肯定，受到称赞，就像美国哲学家杜威说的那样，人类本质里最深远的驱动力就是希望具有重要性。既然我们如此渴望尊重，那么毫无疑问，尊重是人际沟通的首要原则。人们只有学会尊重，才会实现真正意义上的沟通。

美国哈佛大学前校长查理·爱略特说过：生意上的往来，并无所谓秘诀，最重要的是要专注眼前同你谈话的人，这是对那人最大的尊重。好的沟通就是使沟通对象感到被重视、被尊重。

#### （二）真诚的原则

沟通是达成共识的过程。要做到有效沟通，我们同样需要将真诚注入沟通。真诚可以赢得真心，创造一种和谐的氛围。"精诚所至，金石为开"，说的就是做事要诚心诚意，与人相处也是如此。以诚待人会让你在人际关系中取得成功，没有人会拒绝真诚，他们也会用真诚回应你。曾经有人做过一个统计：从描述人品的词语中选出你认为最重要的几个，真诚被排在了第一位，崇尚真诚是时代的主旋律。沟通最基本的心理保证是安全感，没有安全感的沟通是难以发展的，只有抱着真诚的态度与人沟通，才能使对方有安全感，觉得你可信，从而引起情感上的共鸣。用真诚去沟通，会得到意想不到的效果。

20岁的小李技校毕业，在一家机械公司做推销员。他很珍惜这份工作，工作起来很卖力，半年内就跟33位顾客做成了生意。之后，他发现他们公司卖的设备比其他公司同样性能的机器的价格高，纯真的小李深感不安。他想，如果订货的客户知道了，对他会产生怀疑的。于是，他决定逐家逐户地去拜访客户，老老实实地说明了情况，承诺以后会以优惠的价格交易，如果客户不满意，也可以解除合同。小李这种真诚的态度，使大家很感动，没有一个人毁约，小李的客户不但没有少，反而越来越多。

真诚不仅表现在语言上，更体现在行动上，沟通也是一种行动。

#### （三）换位思考的原则

换位思考指站在对方的角度客观看待问题，对不同的价值观、信仰和习俗能够以宽容的态度对待，设身处地地为对方着想，避免产生误会，也容易达成共识。在人际交往中，把自己摆在对方的位置上，设身处地地体验、理解他人的内心世界，注意形成彼此之间的共同感受，这是一种增进理解、促进相互接纳的有效方式。不同的生活，不同的环境，不同的人生观，不同的思考方式，不同的身份决定了思考角度的不同。当你不知道他人的想法和需要时，你不妨换位思考，设身处地地想一想。

很多人在和他人沟通的时候总是希望别人认可自己的想法，喜欢让别人按照自己的意思去行事，但别人也希望你照他的想法去做。如果你想掌握主动权，就要主动去搭建沟通的桥梁，转换立场，站在对方的立场上理解事情。有人之所以难以沟通，是因为你没有用他的沟通方式和策略去沟通。例如，有老师说：这个学生没法沟通，我已经叫他不要打游戏了，努力学习，他就是不听，我都跟他沟通了 100 遍了，他仍然不听。这是因为老师只是重复了 100 次错误的沟通行为，却期待得到正确的沟通结果。正确的做法是站在他的立场，了解他的动机，用适合他的方式与他沟通。

在应用换位思考方式时需注意如下六点。

第一，不要强调你为对方做了什么，而要强调对方能获得什么或能做什么。

非换位方式：今天下午我们会把你们所需要的东西准备好。

换位方式：你们需要的东西正在整理中，预计今天下午能完成，届时将准时送达。

第二，参考对方的具体要求或指令。

非换位方式：你的要求……

换位方式：你需要的关于沟通方面的书籍……

第三，除非你有把握对方会感兴趣，否则尽量少谈自己的感受。

非换位方式：我们很高兴授予你“优秀班干部”称号。

换位方式：通过你的努力，你获得了今年的“优秀班干部”称号。

第四，不要告诉对方他们将会如何感受或反应。

非换位方式：你会很高兴听到你被公司录用的消息。

换位方式：你通过了公司的全部考核，恭喜你，你被录用了。

第五，涉及褒奖内容时，多用“你”而少用“我”，褒奖的内容与双方都有关时尽量用“我们”。

非换位方式：作为班集体的一员，你会享受到免费野炊餐具。

换位方式：我们为所有的班级成员提供免费野炊餐具。

第六，涉及贬义内容时，避免让“你”为主语，以保护对方的自我意识。

非换位方式：你在发表任何以在该机构工作经历为背景的文章时，必须要得到主任的同意。

换位方式：本机构的工作人员在发表以在此工作经历为背景的文章时，必须要得到主任的同意。

## 案例

艾森豪威尔是第二次世界大战时的盟军统帅。有一次，他看见一个士兵从早到晚一直在挖壕沟，就走过去跟他说："大兵，现在日子过得还好吧?"士兵一看是将军，敬了个礼，说："这哪是人过的日子哦！我在这边没日没夜地挖。"艾森豪威尔说："我想也是。你上来，我们走一走。"艾森豪威尔就带他在那个营区里面绕了一圈，告诉他当一个将军的痛苦，肩膀上挂了几颗星以后还被参谋长骂得难受，打仗前一天晚上睡不着觉的压力，以及对未来前途的迷惘。最后，艾森豪威尔对士兵说："我们两个一样，不要看你在坑里面，我在帐篷里面，其实谁的痛苦大还不知道呢，也许你还没死的时候，我就活活地被压力给压死了"。这样绕了一圈以后，又绕到那个坑附近的时候，那个士兵说："将军，我看我还是挖我的壕沟吧。"

（资料来源：陈桃源，《职场沟通与交流能力训练教程》(第一版)，北京，高等教育出版社，2015。）

**(四)及时反馈的原则**

沟通既然是双向的，就不能缺少一定的信息反馈。缺乏反馈就不是完整的沟通，同时也会产生以下两种不同的后果：一是他不知道你在讲什么；二是他只按照他的想法去做。

正面的反馈是对对方做得好的事情给予表彰，希望好的行为再次出现。建议性的反馈就是在别人做得不足的地方给他一个建议。需要注意的是建议性的反馈是一种建议，而不是一种批评。建设性反馈是怎样才能做得更好，批评只是指出这样做不好。

如果要求别人做事情，有必要让对方养成一个习惯——反馈和汇报，提醒他不要忘记。反馈不单是要求对方汇报，同样也要求自己在做事的过程中需要经常向对方了解和汇报情况。

### 案例

拉拉的博客里有下面这段博文。

1. 我刚开始接管这个部门的时候，本着尽量不给老板李斯特找麻烦的原则，我会尽量不把难题交给他，很多困难都自己想办法协调解决。但是这样做的结果，就是老板轻视我，他根本不了解我工作的难度。

后来我就改变了这个策略，遇到问题我还是自己想办法解决，但是每当这个时候，我会带着我的解决方案去找老板开会。

每次开会，我会尽量挑一个他比较清醒而不烦躁的时候，单独地只讨论某一方面的一个大的困难。我让他了解困难的背景。等他听了头痛的时候，我再告诉他，我有两个方案，分析优劣给他听，他就很容易在两个中挑一个出来了。

这样，他对我工作中困难的难度和出现的频率，以及我积极主动解决问题的态度和技巧，就有了比较好的认识。

2. 每次大一点的项目实施过程中，我会主动地在重要阶段给老板一些信息，就算过程再顺利，我也会让他知道进程如何，把这当中的大事摘要给他。最后出结果的时候，我会及时通知他，免得他不放心，我从来不需要他来问我结果。这样，他觉得把事情交给我，他可以很放心，我的执行力绝对没有问题。

这样一来，我的老板就觉得我很牢靠，不会给他找麻烦。经过一段时间的磨合，拉拉和李斯特之间的信任建立起来了。李斯特遇到问题开始会找拉拉商量了。

## 思考与训练

一、思考与讨论

假如你有一份策划案急着要交，可你无论如何都做不出来，就去问你的同事，他却说现在有点忙，并要你去问别人。这时，你会怎么想？

现在假设你是你的同事，有人来向你请教一份很紧急的策划案，但是你手头还有一件更重要的事情，你会对他说你很忙，建议他去问问别人时，你听到他的一些想法，你的感受如何呢？

1. 人身攻击："有什么了不起！装高深！"

你的感受和反应：

2. 否定对方："我看你也不知道吧！"

你的感受和反应：

3. 暗自报复："你这根老油条啊！看你下次怎么找我帮忙！"

你的感受和反应：

4. 表示理解和感谢："哦，打扰你了，我去问问小马吧！你先忙着！"

你的感受和反应：

二、资料分析

资料1：

4月的一天晚上，美资企业EMC中国区总裁L回办公室取东西。到门口才发现自己没带钥匙，而此时他的秘书R已经下班。L有点恼火，立即拨打秘书R的手机，对方未接。数小时后，L还是难抑怒火，于是在凌晨1时13分通过内部电子邮件系统给秘书R发了一封措辞严厉且语气生硬的"谴责信"。这封英文邮件译成中文后，主要内容如下。

R，这个礼拜二我刚告诉你，想东西、做事情不要想当然，今天晚上你就把我锁在门外，我要的东西都还在办公室里。问题就在于你以为我随身带了钥匙。从现在起，无论是午餐时间还是晚上下班后，你要跟你服务的每一名经理都确认无事后才能离开办公室，明白了吗？

总裁L在给秘书R发送这封邮件的时候，还同时抄送给了公司其他四位高管。

两天后，秘书R用中文给总裁L回信，语气之强硬，措辞之严厉，丝毫不输来信。在这封"发飙信"中，她声明了六点意见。

第一，我做这件事是完全正确的，我锁门是从安全的角度考虑的，公司之前不是没有丢过东西，如果一旦丢了东西，我无法承担这个责任。第二，你有钥匙，你自己忘带了，还要说别人不对。造成这件事的主要原因在于你自己，不要把自己的错误转嫁到别人身上。第三，你无权干涉和控制我的私人时间，我一天的工作时间为 8 个小时，请你记住，中午和晚上下班后的时间都是我的私人时间。第四，从到 EMC 第一天上班到现在为止，我工作尽职尽责，加过很多次的班，我并没有任何怨言，但是如果你要求我加班是为了工作以外的事情，我无法做到。第五，虽然咱们是上下级的关系，也请你注意一下你说话的语气，这是做人最基本的礼貌问题。第六，我要在这里强调一下，我没有猜想或者假定什么，因为我没有这个时间，也没有这个必要。

本来，这封咄咄逼人的回信已经够令人吃惊了，秘书 R 还选择了更加火爆的做法，她把这封“发飙信”连同总裁的“谴责信”抄送给了 EMC 中国区的所有员工，包括北京、成都、上海、广州等地的员工。

几天之内，这封火爆的邮件就被 R 的同事在全国外企中广泛转发。从北京、上海到广州，所有知名外企都在疯狂转发。“女秘书 PK 老板”的火爆事件在网上被炒得沸沸扬扬，迅速成为各大外企员工议论的热点。也因此，R 被一些网友称为“史上最牛女秘书”。

事件本身很简单，职场人士难免会遇到。但是，由于双方所采取的应对态度与处理方式导致事件超出其本身所涵盖的意义而变得复杂起来。很快，女秘书 R 被迫离职，并且自己声称再次求职会受到影响，“这事儿闹得太厉害，我已经找不到工作了。”她没有料到邮件会被同事转发出去，也没有料到局面会如此糟糕。EMC 公司的形象也因此蒙受损失，不久，总裁 L 也被调离 EMC 中国区。

（资料来源：徐静，《秘书实训》(第二版)，北京，高等教育出版社，2012。）

思考并讨论：

(1)你对案例中女秘书和总裁的言辞有何看法？

(2)本案例沟通失败的主要原因是什么？问题主要是出在沟通技巧上吗？

资料 2：

威森为一家画室推销草图，他经常去拜访一位著名的服装设计师，设计师从不拒绝接见，但也从来不买他的东西。威森一次次失败后，改变了思路。他把未完成的草图，带到买主的办公室。“如果你愿意的话，希望你帮我一个小忙，这是一些尚未完成的草图，能否请你告诉我，我们应该如何把它们完成才能对你有所帮助？”。这位买主默默看了那些草图一会儿，然后说：“把这些图留在我这几天，然后再回来见我。”三天以后，威森又去了，获得了他的某些建议，取了草图回到画室，按照买主的意思把它们修饰完成。结果呢？草图全部被接受了。

思考并讨论：

(1)威森之前为什么没有推销成功？

(2)后来又为什么推销成功了？

(3)说说这个案例带给你的启示。

# 第三节　沟通的障碍

## 案例引入

**腼腆的女孩**

小佳是一个腼腆的女孩，每次去应聘，都是输在面试上。见了面试官，如履薄冰，手脚不知往哪放，头不敢抬，眼睛也不看人，低着头在那儿等。本来平时都能回答上来的问题，这时脑子一片空白，还出现所答非所问的现象，回来后她又懊恼不已，自惭形秽。越是这样，就越是严重影响下次面试的心态，她从而产生自卑心理，形成恶性循环，对自己慢慢失去了信心。

后来，小佳请职业顾问为其做了面试辅导，掌握了一定的方法，有了一定的信心，虽然又经过两次失败，但一次比一次大有进步。每次回来后，职业顾问就与她一起分析问题所在，然后进行压力面试、场景练习。第三次，小佳终于成功了，去了一家心仪的公司。

（资料来源：童革、龙陵英，《表达与沟通能力训练》(第二版)，北京，高等教育出版社，2014。）

人们在沟通的时候常常因为各种各样的障碍使沟通不能如愿以偿，这些障碍主要来自沟通者自身的因素或是外在环境的影响，包括生理、心理、观念、文化环境等。

## 一、沟通中的心理障碍

心理障碍在病态心理学上是指一个人由于生理、心理或社会的原因而导致的各种异常的心理过程和异常人格特征的异常行为方式。在这里，我们认为凡是影响人际交往的心理因素，都可以列在心理障碍之列，如自卑、嫉妒、猜疑、孤僻等，这些心理会严重妨碍人际沟通，甚至给沟通者的整个人生带来严重后果。

### (一)自卑

自卑是人际交往中最常见的心理障碍之一，是对自己的知识、能力、才华等做出过低评价的一种心理现象。自卑心理源于心理学上的一种消极的自我暗示，自卑的人总是感觉自己不如人，低人一等，轻视、怀疑自己的力量和能力；也表现在交往过程中，过多地约束自己的言行，以至于无法充分地表达自己的思想和感情，想象成功的体验少，想象失败的体验多。在与权威、长者、名人交往时，自卑的表现尤为突出。在交往沟通时经常处于被动，不引人重视，由此失去很多机会，阻碍人际关系的发展。

要克服自卑心理要做到以下几点。

第一，要敢于正视自己的不足。对于一些不可改变的事实(如相貌、身高等)完全可以用自己其他的优势来弥补，大可不必自惭形秽。

第二，要正确地与人相比。每个人都有自己的长处，也有自己的短处。自己这方面不行，也许另一方面比别人强。因此不能笼统地与别人相比，更不能拿自己的短处和别人的长处相比较，明智的做法是学会扬长避短。古希腊哲学家苏格拉底相貌丑陋，家有悍妻，生活不幸福，但他矢志哲学，哲学上的成就使他名垂青史。

第三，突出自己，挑前面的位子坐。坐在前面能建立信心，因为敢为人先，敢上人前，敢于将自己置于众目睽睽之下，就必须有足够的勇气和胆量。久而久之，这种行为就成了习惯，自卑也就在潜移默化中变为自信。

第四，正视别人。眼睛是心灵的窗户，一个人的眼神可以透露出情感，传递出微妙的信息。正视对方的眼睛，看着他的眼睛说话。

第五，昂首阔步，快步行走。心理学家认为，人的行走姿势、步伐与其心理状态有一定关系。懒散的姿势、缓慢的步伐是情绪低落和缺乏自信的表现。改变行走姿势与速度有助于调整心境，昂首挺胸，步伐轻快，会使自卑逃遁，自信滋生。

第六，练习当众发言。在大庭广众下讲话，需要巨大的勇气和胆量，这是培养自信的重要途径。许多原本木讷或口吃的人，都是通过练习当众讲话变得自信起来，如萧伯纳、田中角荣等。

### (二)自傲

自傲与自卑相比，也源于错误的自我评价，自傲者喜欢过高地估计自己，在交往沟通中表现为妄自尊大、自吹自擂、盛气凌人，而且不愿和自认为不如自己的人交往，这样的人当然不会受到其他人的欢迎。自傲者要学会尊重他人，善于发现他人的优点，这样才有利于客观评价自己，同时要学会严于律己、宽以待人。

### (三)羞怯

羞怯是一种常见的心理现象。羞怯心理，人皆有之，只是程度不同而已。有羞怯心理的人常表现出不敢与陌生人接近，不敢在众人面前发表自己的意见，常因内心紧张而临场失控。生理症状主要有心跳加快，呼吸急促，词不达意，不敢正视对方，脸红，浑身冒汗，声音极低等。羞怯的人由于拘谨而不能充分地表达自己的见解与情感，使自己陷于被动地位，导致沟通与交际失败。

要克服羞怯，不妨试试以下方法。

第一，自我鼓励。多给自己壮胆，多给自己鼓劲，随时注意调整好自己的情绪，害羞就会逐渐被克服。

第二，保持松弛。松弛是克服羞怯心理的关键，羞怯的人往往过于在乎他人对自己的看法，而常常处于紧张状态，此时应尽量用玩笑或幽默来自我解脱。或者紧张时，自己也可以进行深呼吸运动克服由此产生的心跳加速、胃肠不适、脸红等表现。

第三，学会微笑。人际交往的身体语言中，最具魅力的是微笑。微笑是友善的表示、自信的象征。微笑可以使你摆脱窘境，可以缩短你与他人之间的感情距离，可以化解朋友之间的误会，同时微笑可以减少你羞怯的感觉。

第四，努力用知识充实自己。知识储备丰富自然会增强人际吸引力，使人交往自如，所以，我们要勤奋学习，努力充实自己。

第五，多锻炼自己的交往能力。要充分利用一切机会积极锻炼自己，学会和各种各样的人打交道，关键时刻要表现自己。聚会、联谊会时要多和周围的人交谈。

**(四)恐惧**

恐惧是指惧怕人际交往，就是通常所说的社交恐惧症。这类人往往极其敏感，除了亲近的人之外，他们很难与外界沟通，往往还没有行动体验就先预想到了糟糕的结果。例如，担心别人注意他们，担心被指责，担心自己受到伤害，担心被排斥，担心自己融不进人群里去，无法正常与人打交道。久而久之，拉大了与周围人的距离，妨碍了与他人的正常交流沟通。

第一，不否定自己，不断地告诫自己“我是最棒的”“天生我材必有用”。

第二，不苛求自己，能做到什么地步就做到什么地步，只要尽力了，不成功也没关系。

第三，不回忆不愉快的过去，过去的就让它过去，没有什么比现在更重要的了。

第四，友善地对待他人。助人为快乐之本，在帮助他人时忘却自己的烦恼，同时也可以证明自己的价值存在。

第五，找个倾诉对象，有烦恼是一定要说出来的，可能他人无法帮你解决问题，至少可以让你发泄一下。

第六，到人多的地方去，让人流在眼前经过，试图给人们以微笑。

**(五)猜疑**

猜疑是人性的弱点之一。人一旦掉进猜疑旋涡，会处处神经紧张，事事捕风捉影，节外生枝，挑起事端，损害正常的人际关系，害人害己。

造成猜疑的原因如下。

第一，对环境、对他人、对自己缺乏信任。有些人在某些方面自认为不如别人，总以为别人在议论、算计或看不起自己。

第二，对过去挫折的自我防卫。有些人曾经由于轻信别人，在交往中受过骗，蒙受了巨大的挫折与失败，因此不愿再信任别人，凡事都要猜疑再三。

克服猜疑心理的方法如下。

第一，理性思考，不无端猜疑。当发现自己生疑时，不要朝着猜疑的方向思考，而应问自己为什么我要这样想？理由是什么？如果怀疑是错误的，还有哪几种可能发生的情况？在做出决定之前，多问几个为什么，这样有利于克服猜疑心理。

第二，加强交流，解除疑惑。猜疑往往是心灵闭锁者人为设置的心理屏障，只有敞开心扉，将心灵深处的猜测和疑虑公之于众，或者面对面地与被猜疑者推心置腹地交谈，让深藏在心底的疑虑大曝光，增加心灵的透明度，才能有利于彼此之间消除隔阂，增强相互信任，从而获得最大限度的消解。

第三，要综合分析被猜疑对象的长期表现，识破各种离间计。当自己开始猜疑某个人时，最好能先综合分析一下他平时的为人和经历，以及与自己多年共事交往的表现，这样有助于将错误的猜疑消灭在萌芽状态。

## 二、沟通中的语言障碍

语言是沟通的主要载体，人们借助语言更加便捷地表情达意，交流思想，协调关系。因为不同的语言或者对同一语言的不同理解，往往使双方产生误解或争执，使人们偏离有效的沟通，产生间隙。

### (一)不同语言造成沟通障碍

据《语言学及语言交际工具问题手册》的统计，全世界的语言有5561种，每一种语言又有多种方言。以中文为例，还分为七大方言。因为每种语言的语音词汇都是独有的，不懂的人是很难听懂它所表达的语义的，这给沟通带来了极大的困难，也必然会造成沟通与交流的障碍。不懂外语，就无法明白外国人所说的话，就更不要说沟通了。

### (二)语义不明产生歧义

语义不明不能正确地表达思想，还可能会产生歧义。例如，病人去化验科，护士指着前方一个牌子说："非本科人员不得入内"，那人大怒："我就化验个尿，还要本科文凭。"这里，护士指的"本科"是指本科室，病人说的"本科"是指本科学历。

### (三)专业术语引起理解障碍

职业的不同，双方在经验水平和知识结构上的差距过大都会产生"隔行如隔山"的沟通障碍。因为人们长期受职业的影响，说话时不知不觉就会带出一些专业术语，让不懂这行的人听得云山雾罩，对方又不好意思说听不懂，结果就影响了沟通的效果。如果证券公司跟你说这个股票可以买，最近正好"除权"，没有几个人能明白"除权股"是什么意思。其实除权股的意思是，股息已经分过了，这样的股票通常比较便宜，逢低把它买进，因为将来有涨价的空间。可是对这种除权股的专业术语，一般人是听不明白的。

## 三、不同习俗与文化带来的障碍

习俗就是习惯、风俗，是在一定文化历史背景下形成的具有固定特点的调整人际关系的社会因素。习俗世代相传，是经过长期重复出现约定俗成的习惯做法，虽然不具有法律一般的强制力，但通过家族、邻里、亲朋的舆论监督会形成强大的约束力，往往促使人们入乡随俗、和睦相处。忽视习俗因素容易导致沟通障碍。

例如，在中国，喝酒干杯有时是一种人情，是给对方面子，喝酒不干杯显得不够热闹。像在一些西方国家等国，他们也是经常喝酒的，但都是你想喝多少就倒多少，至于要不要干杯，就看你自己了。

所以，在与人沟通时，要多研究一下他们的习俗和文化，尊重对方的习俗文化，这样，与他们相处时可以让我们不犯忌，从而更好地沟通。

## 思考与训练

一、自卑心测试

如何才能知道自己是否自卑呢？请你诚实做好以下的测试。

1. 你是否会将过失转嫁别人？

2. 你是否经常发脾气？
3. 在他人面前，你是否会十分在意别人的想法，甚至变得胆怯？
4. 你是否常回忆光荣的过去？
5. 面对陌生人时，你是否会自卑？
6. 你是否会对陌生的事情感到害怕？
7. 你是否害怕失去工作？
8. 和上司交谈时，你是否感到局促不安？

以上答案中只要有一处是肯定的，就表示你的自信正在亮起黄灯。

二、思考并讨论

**错失良机**

1967年，瑞士研究人员提出了一项新的发明——石英表，遭到了瑞士厂商们的嘲笑与拒绝。他们对自己“昨日”的手表非常自信，认为这种没有滚珠、没有齿轮、没有发条的东西不能被称为手表。

研究人员遭到拒绝之后，把手表拿到博览会上展览。一位日本商人一下子看中了这款手表，马上生产出批量的石英表。由于它物美价廉，很快就得到世人的青睐。

以前，瑞士占据了全世界手表市场65%的份额。可在今天，日本在世界手表业中夺取了更大份额。

（资料来源：童革、龙陵英，《表达与沟通能力训练》（第二版），北京，高等教育出版社，2014。）

思考并讨论：

1. 你认为瑞士厂商错失良机的原因是什么？
2. 小组讨论，谈谈要适应社会的发展，我们应该具备什么样的心理素质？

## 本章小结

本章主要讲述了沟通的含义、沟通的类型和原则、沟通的障碍。

沟通的障碍主要来自沟通者自身的因素或是外在环境的影响，包括生理、心理、观念、文化环境等。

心理障碍，在病态心理学上是指一个人由于生理、心理或社会的原因而导致的各种异常的心理过程、异常人格特征的异常行为方式。自卑、嫉妒、猜疑、孤僻等，这些心理会严重妨碍人际沟通，甚至对沟通者的整个人生带来不良影响。

沟通中的语言障碍主要表现在：不同语言造成沟通障碍；语义不明产生歧义；专业术语引起理解障碍。

不同习俗与文化也会给沟通带来障碍。在与人沟通时，要多了解一下他们的习俗和文化，尊重对方的习俗文化，才能更好地沟通。

# 第二章　学会倾听

## 学习目标

1. 理解倾听的含义及意义，了解影响倾听的因素。
2. 了解倾听的过程及层次。
3. 懂得并克服倾听的障碍。
4. 了解并戒除常见的不良倾听习惯。

## 第一节　倾听概述

### 案例引入

**懂得倾听的汽车销售员**

欧洲有一位汽车销售员，因为懂得倾听，十年内他卖出多达五百辆奔驰汽车，成为名列全球前几名的超级销售员。当他谈论此问题时，他告诫每一个人：“每个顾客就像一本书，你要用心倾听才读得懂。”刚开始的时候，他是个很业余的销售员，客人一上门，只交谈三句话他就希望客户赶紧付钱买车走人，于是他的业绩总是挂零。直到有一次，一位顾客要他先闭上嘴巴，忍无可忍地对他当头棒喝，他这才意识到了自己的问题：“我说得太多，听得太少了。后来，我要求自己先不要说话，让客人先说话，这样才听得到对方的需求与考虑，而不是径自推销。”有一位女士曾经下巴抬得很高地到他的店里看车，他的同事亲切地趋前问候：“您是来看车吗?”女士很不悦地答道：“我来这里不是看车又是看什么呢?”这时，他端上杯水，一语不发地站在一边，替下那名因此而生气甚至恼羞成怒的同事。女士冷冷地开口：“你们的业务员服务态度很差，卖的车又贵。”他很谦虚地请教：“您说得很对，那我们要如何改善呢?”他请对方到贵宾室坐下……30分钟后，一笔两百万元的订单就到手了。

同事惊奇地问他是怎么做到的，如何搞定了那个麻烦的女人。他说：“我什么都没说，只是安静地听她抱怨了20分钟。”原来这位客户早就锁定了一款车，但逛了几家车行都没碰到一位令她满意的业务员。这位推销高手用心地听她抱怨，一边附和响应，同时他也在整理自己的思绪。等到客户气消以后，他又开始与对方聊起对付那些推销狂的经验，还提醒她购车要选对地方。于是不到 30 分钟，交易就顺利地完成了。

（资料来源：高原，《气场修成手册》，长沙，湖南文艺出版社，2012。）

## 一、听与倾听

倾听是人类最复杂的行为之一，它是一个过程，不能简化为“只是听听”。人们总是把听和倾听混为一谈。虽然两者都用到了听觉器官，但听与倾听是不同的两个概念。“听”是人体感觉器官接收响声的行为。换句话说，“听”是人的感觉器官对声音的生理反应。“听”只有声音，没有信息，即只要耳朵听到谈话，就是在听，它是被动的、自动的、自然的，听到并不意味着理解。

倾听是一种智力行为，一种情感活动。倾听和其他任何认知行为一样，需要具备一定的智力基础。倾听虽然以听到声音为前提，但更重要的是我们对声音必须有所反应，必须有主动参与的过程。在这个过程中，我们必须思考、接收和理解，并做出必要的反馈。同时，倾听的对象不仅局限于声音，还包含理解别人的语言、手势和面部表情等。在此过程中，我们决不能闭上眼睛只听别人说话的声音，还要注意别人的眼神及感情表达方式。

正如美国学者汤姆·彼得所说：“倾听”就如很多看起来显得很简单的想法，但实际行动起来却并不简单的行为一样。但是，如果我们，尤其是我们的组织要生存下去，就必须要训练人们如何来倾听。对人们而言，它将成为一种思维倾向，甚至是一种生活方式。

## 二、倾听的重要性

倾听在我们的生活中扮演着至关重要的角色。想想你自己日常生活中一天的倾听行为：早上被闹钟叫醒；打开电视，收听天气预报和新闻；打开电脑，浏览网页上最新上传的视频和弹出的广告；一边打开手机一边去学校听同学和老师讲话；听音乐或者看电视；吃饭时听家人聊天。显然，倾听在你一天的交流中占据了很大一部分。随着大众媒体的发展，我们的生活越来越依赖于通过声音接收信息。弗里德曼（Freedman）评论这种现象说：“这种转变虽然缓慢，但我们正在努力地将我们的交流方式由印刷文字向图像和声音转换，由书本向电视、电影、收音机、CD 或 MP3 转换。今天我们绝大多数人喜欢看或听而不是阅读。”

“我们真的在倾听吗？”大多数都没有意识到我们的耳朵也应该积极地参与交流，无法有效倾听已经成为许多人沟通失败的罪魁祸首。

### （一）倾听是最基本的语言技能

在语言发展的四个重要领域中，倾听是最基础的，是语言发展过程中的第一项技能。说、读、写的能力直接或间接地依赖于倾听技能。

### （二）倾听是获取信息的重要方式之一

倾听可以获得信息。在教育发展的每个阶段，倾听都是最主要的课堂教育方法。从幼儿园到大学，倾听都是最重要的一种获取知识的方法。

一个善于倾听的人，总是能够从别人的谈话中获得新的知识，了解新的信息，接受新的见解。“听君一席话，胜读十年书”，通过倾听，不仅可以了解对方要传达的信息，感受对方的感情，还能依此推断出性格、目的等信息。在信息时代，每个人都是一个“信息源”。只要你善于倾听，你就不会孤陋寡闻，有道是处处留心皆学问。

**(三)倾听能够给人留下良好的印象**

一般来说，人们都喜欢发表自己的意见，如果你愿意给他们一个机会，他们就会觉得你很和蔼可亲，值得信赖。戴尔·卡内基(Dale Carnegie)曾举过一个例子，在一个宴会上，他坐在一位植物学家旁边，专注地听着植物学家跟他谈论各种有关植物的趣事，几乎没有说什么话，但分手时那位植物学家却对别人说，卡内基先生是一个很有意思的谈话家。可见，学会倾听，实际上已踏上了成功之路。

**(四)倾听可以帮助或安慰别人**

心理学家已经证实：倾听能减轻心理压力。随着社会的发展、工作节奏的加快以及生活压力的增大，很多人都有心理压力。这种心理压力大多表现为忧郁、烦闷和浮躁，这些情绪威胁和损害着人的身心健康，是人们健康的大敌。而倾听就是这样一个可以帮别人排解负面情绪、缓减心理压力的渠道。

## 三、影响倾听的主要因素

作为倾听者，我们在倾听过程中被许多因素影响着，这些因素主要包括文化、性别、年龄、大脑半球分工、身体和心理状态、态度等。

**(一)文化**

传播学者认为文化是所有沟通行为中的一个主要决定因素，因为一个人的文化在本质上定义了这个人是谁，他怎样通过认知过滤器进行沟通。当一个人进行跨文化交流时，文化对他的影响尤为显著。比如，在美国和加拿大，理解是倾听者的责任；而在日本和沙特阿拉伯，说话者要确认倾听者理解一切。因此，我们要调整自己的沟通风格，学会在不同文化中倾听并且做出恰当反馈。

**(二)性别**

研究发现，在倾听中，男性倾向于事实，女性倾向于情绪。女性能够听到一条信息的更多内容，男性则倾向于按照他们自己的目标重新建构信息，并对情感因素反应更小。

**(三)年龄**

一个人的倾听能力会随着年龄的增长而发生变化。从婴幼儿到青年，人们在不断的倾听中获得更多的经验，获得良好有效的倾听能力。随着年龄的老化、器官的衰退，老年人的倾听敏感度会逐渐降低。

**(四)大脑半球分工**

双大脑理论表明，左半脑和右半脑各司其职，两个半脑相互促进又相互干扰。右半脑倾向于用空间、整体、非语言以及感性的方式处理主要由画面和图像构成的信息，而左半脑倾向于用逻辑与分析来处理以语言、数字和符号构成的高度组织的信息。所以，建立半脑之间的合作能力，可以极大地提高人们信息处理和倾听的能力。

**(五)身体和心理状态**

一个倾听者的身体状态对他的听觉会产生影响，老年性耳聋和眼花是所有人必须面对的事实。因此，保护我们的听觉和视觉，从而保证感觉器官在尽可能高的水平上运作是十分必要的。

**(六)态度**

态度与倾听紧密相连，这些要素包括兴趣、责任、他人导向、耐心、平等、开放等。

有效倾听者基本上是兴趣广泛的人，他们对很多话题和很多人都特别感兴趣。他们会主动倾听对他们有用的信息。消极的倾听者缺乏兴趣，不愿去倾听。

以自我为中心的倾听者更关心他们自己，他们最喜欢的用语是“我”“我的”，最喜欢的声音是他们自己的，对自己的故事更感兴趣，不愿意倾听他人的故事；与之对应的是以他人为中心的倾听者，这种人会压制自己讲话的欲望，尽可能多地集中精力去倾听别人。

无效倾听者总是表现出很多不耐烦的信号，他们会不时地看表、手指不停地做敲击动作等，而耐心的倾听者会关心他人，关心他们的倾听行为会怎样影响别人的自尊。

思想封闭的人很少倾听，他们拒绝接受不同的想法、观点和立场；思想开放的人既自信也谦卑，很少自我防卫，可以被挑战，能够承认错误，他们会认真听取对方的想法，学习很多东西。

倾听者在整个沟通中，都会受到上述因素的影响，从而提高或降低倾听效率。作为一名倾听者，我们应该主动倾听，不断练习，提高自己的倾听能力。

## 思考与训练

一、听题写答案

请大家在一张纸上由上至下标出 7 个数字，教师念 7 道题，每道题念一遍，学生写下答案。老师查看答案，再念一遍题，逐题询问，请答对的同学讲解答案。

1. 我国法律是否规定成年男子不得娶其已故配偶的姐妹为妻？

2. 有人造了一栋四面墙的房子，只是每面墙上都开了一个面向南的窗口，有一只熊敲门，它是什么颜色的熊？这个房子在什么地方？

3. 我国每年都庆祝 10 月 1 日国庆节，英国是否也有 10 月 1 日？

4. 如果你只有一根火柴，当你走进一间冰冷的房间，发现里面有一盏油灯、一个燃油取暖器、一个火炉，你会先点燃哪个？

5. 平均一个人一生可以有几次生日？

6. 根据国际法规定，如果一架飞机在两个国家边境失事，那些不明身份的幸存者应当被安葬在他们准备坐飞机去的国家还是出发的国家？

7. 一位考古学家声称发现了公元前 48 年标有 4B. C 的钱币，可能吗？

答案：1. 否；2. 白色，在北极；3. 是；4. 火柴；5. 一次，其余是纪念日；6. 不能埋活人；7. 不可能，公元前钱币上不会标出 B. C。

二、案例讨论

一对夫妻是大学同学，妻子要去南方出差，这对夫妻有一位共同的老同学两年前从本地调到南方工作，妻子要顺便看看她。他们去超市想给同学买点东西，选了一种东北特产——木耳，选完后，妻子觉得同学家也是东北的，这种特产也不是什么新鲜东西，还不如送她一条丝巾。就对丈夫说："不给她带木耳了……"没等妻子说下一句，丈夫指责妻子说："你怎么那么小气！这点儿木耳能值几个钱！"妻子很委屈，丈夫还不承认错误，两人因此闹得很不愉快。如果丈夫不那么自以为是想当然，听妻子把话说完，他们就不会因此事闹矛盾了。

（资料来源：李颖娟、丁旭，《人际沟通与交流》（第二版），北京，清华大学出版社，2015。）

讨论：

1. 这对夫妻为什么闹矛盾？
2. 你或者你身边的人犯过类似的错误吗？带来了什么样的后果？以后怎么改正？

# 第二节　倾听的过程和层次

### 案例引入

在《你是信息》一书中，罗杰·艾尔斯讲了下面这个故事，是关于一个刚搬到另外一个城镇的人的故事。

他走到法院想交一些新朋友，看到一位老人坐在外面，旁边还有一条狗。这个初来乍到的人走过去问："你的狗咬人吗？"老人看了他一下，回答说："不。"他便弯腰去轻拍这条狗，但是那条狗几乎把他的胳膊咬下来了。

他赶快跑开，说："你说你的狗不咬人的。"那个老人抬头看了看："这不是我的狗。"

（资料来源：［美］安德鲁·D·沃尔文，《倾听的艺术》（第一版），上海，复旦大学出版社，2016。）

## 一、倾听的过程

倾听不只是一个瞬间，它是一个过程。倾听的过程可以分为五个步骤：接收、理解、记忆、评估和回应。这五个步骤是重叠的。当你在倾听他人讲话时，你基本上在同时进行这五个步骤。比如，我们在听某人讲话时，不仅听到对方讲话的信息，同时也在评估他，有时也会反馈。倾听是一个循环的过程，经过这五个步骤，说话者和倾听者一起达成共识。如图 2.1 所示。

**图 2.1　倾听的过程**

第一步：接收。

倾听是从听开始的，当空气的振动到达你的耳膜时，你就听到了声音，它是一个无意识、被动的过程。倾听则不同，倾听是有意识的。

在接收阶段，你不仅要注意别人说了什么(包括语言和非语言信息)，还要注意别人省略了什么。

你可以通过以下方法来提高自己的接收能力。

第一，把注意力集中在说话者的语言和非语言信息上，而不要集中在你下一步要说的话上。如果你开始准备自己的反馈，你将错过说话者后面的内容。

第二，避免分心，关掉一切影响你的声音。

第三，保持自己的倾听者角色，避免插话。

第二步：理解。

理解是获悉说话者意思的阶段，是把握说话者的思想和情感的阶段。你可以通过以下方法来提高你的理解技巧。

第一，你在说话者开口之前不要揣测他的意思。如果你这么做了，就会阻碍你听到说话者真正想表达的内容。

第二，从说话者的角度来理解信息。在你真正理解说话者所要表达的意思之前，避免提前做出判断。

第三，如有需要，询问一些额外的细节或者例子。这不仅表示你在倾听对方，而且还表明你想了解更多。那些没有被理解的信息是很容易遗失的。

第四，用自己的语言复述说话者的意思。你可以默念，也可以大声说出来。如果你默念，将帮助你重新组织并得到更多的资料；如果你大声说出来，也可以帮你确认自己对说话者所表达的意思的理解。

第三步：记忆。

有效倾听取决于记忆。例如，当小王说她计划买一辆新车的时候，有效的倾听者会记住这个信息，并在以后的会面中询问她有关车的事情。

如果你想记住别人的话或信息，你可以尝试以下方法。

第一，确定中心概念。即使是最随便的闲谈，也有中心意思。记住这些主题，随着谈话的进行，不断地重复这些主题。

第二，用更容易记忆的方式来总结信息，但不要忽略关键细节。如果你能把关键内容分类记忆，那么你就能记住更多的信息。比如，你想记住15～20种要去超市采购的东西，把它们分成农产品、肉类、罐头食品来记忆，就会更容易记住它们了。

第三，在心里不断重复那些名字或者关键概念。

第四步：评估。

评估即用某种方式评价信息，这种评价可以从两方面进行。

第一，评价说话者隐含的意思和动机。比如，莉莉说她快要升职了，你可能会判断她告诉你这个消息的意图。

第二，有些时候，你的评估带有批判和分析的性质。比如，你在商务会上听到某个提案时。

进行评估时要注意以下几点。

第一，完全弄懂说话者的观点后再开始评估。

第二，把事实和说话者的观点、你的理解区分开来。

第三，识别偏见、个人利益。这些可能使说话者所说的内容带有偏见。比如，女性不适合当记者。

第五步：反馈。

反馈就是在沟通过程中使信息源察觉到的倾听者的回答或是反应，反馈可以在说话者讲话的时候反应，也可以在说话者讲完以后反应。倾听者与说话者之间的反馈越多，倾听者对信息的理解就越准确。

下面是让反馈更有效的一些建议。

第一，在对方说话的过程中，通过使用一些表示你正在倾听的信号来表明你对说话者的支持，如点头或者“我明白”“嗯”。

第二，确认说话者感知到了反馈。

第三，全神贯注地倾听是一种特殊的反馈。要做到全神贯注地倾听首先要保持眼神的接触；其次是身体的姿势应该采取直接的、身姿前倾和近距离的，而不是不停变换姿势、坐立不安、拉大距离等；还应保持回应的面部表情，使用简洁的语言表达回应说话者。

## 二、倾听的层次

第一层次是“听而不闻，心不在焉”，表现为不做任何努力地听，你可以从他的体态语言看出。他的眼神没有和你交流，他可能会左顾右盼，他的身体可能会倒向一边。听而不闻，意味着没有好的结果，当然更不可能达成双方都认同的观点。

第二层次是“假装倾听”。如心中有其他想法，出于礼貌假装倾听；下级惧怕上级权力，假装倾听。假装倾听的人会努力做出倾听的样子，他的身体会大幅度地前倾，甚至用手托着下巴，实际上并没有用心在听。

第三层次是“选择倾听”，表现为遇到喜欢的话题就认真对待，听到不同意见或不感兴趣的内容就应付。

第四层次是“专注地听”，表现为每句话都认真听了，但并未用心，未动用真情实意。这是种被动而呆板的倾听，仍然不利于有效地交流，只是态度不错。

第五层次也是最高层次，是“积极思考、解读对方”，就是真正地用心听，设身处地地倾听，这种倾听不是装样子，也不是被动地听，而是为了了解对方和感受对方的思想感情而倾听。

## 思考与训练

一、测测你的倾听能力(每题回答的选项有经常、有时、很少)

1. 听别人说话时，注视着他的眼睛。

2. 通过对方的外表、讲话内容及方式来判断是否有必要继续听下去。

3. 说服自己接受讲话人的观点或看法。

4. 着重听取具体事例而不注意全面的陈述。

5. 不但注意听取事实的陈述，而且还参考事实背后别人的观点。

6. 为了澄清一些问题，要经常向讲话人提问。

7. 直到别人结束一段讲话，才对他的发言发表看法。

8. 有意识地去分析别人所讲内容的逻辑性和前后一致性。

9. 别人说话的时候，预测他的下一句话，一有机会就插话。

10. 在别人说完之前就发言。

评分规则：

2、4、9、10 题，回答“经常”得 1 分，回答“有时”得 2 分，回答“很少”得 3 分。

1、3、5、6、7、8 题，回答“经常”得 3 分，回答“有时”得 2 分，回答“很少”得 1 分。

得分 26 以上，具备很强的倾听能力，但在某些方面或许还有提高的余地；得分 20～26，具备一定的倾听能力，但有待进一步提高；得分 20 以下，倾听能力较差，有待全面提高。

二、列出你认为在生活中要成为一个有效倾听者所必须拥有的倾听技巧，并与你的同学一起分享

三、拓展训练

1. 两人一组，抽签决定交谈的对象。

2. 各自找到自己的交谈对象，寻找彼此投缘的话题，可以谈谈自己的见闻和兴趣、爱好。沟通时间 3 分钟，交谈时用心倾听。

3. 小组交谈结束后，两人彼此上台介绍交谈对象的性格、特点、兴趣、爱好等，介绍是否符合事实，由交谈对象做出回应。

4. 评选出最佳沟通组合。

评价标准：

(1)用心倾听，彼此尊重，相互感觉良好，占 40%。

(2)能了解彼此的兴趣爱好，性格特点等，占 40%。

(3)语言简洁、流畅，体态大方，占 20%。

# 第三节 倾听障碍和不良倾听习惯

## 案例引入

**巴顿尝汤**

巴顿将军为了显示他对部下生活的关心，搞了一次参观士兵食堂的突然袭击。

在食堂里，他看见两个士兵站在一个大汤锅前。

“让我尝尝这汤!”巴顿将军向士兵命令道。

“可是，将军……”士兵正准备解释。“没什么可是，给我勺子!”巴顿将军拿过勺子喝了一大口，怒斥道：

“太不像话了，怎么能给战士喝这个？这简直就是刷锅水!”

“我正想告诉您这是刷锅水，没想到您已经尝出来了。”士兵答道。

（资料来源：李颖娟、丁旭，《人际沟通与交流》(第二版)，北京，清华大学出版社，2015。）

在倾听过程中，我们会被许多因素影响，这些因素有自身的，也有来自外界的。因为这些因素的影响，倾听往往难以达到应有的效果。一般来说，影响倾听的因素有倾听障碍和不良倾听习惯。

## 一、倾听障碍

倾听障碍主要表现在以下几个方面。

### (一)环境因素引起的障碍

任何沟通都是在一定的环境中进行的，环境因素是影响倾听效果的最重要因素之一。环境因素不仅包括客观环境因素，如谈话场所的选择、环境布置、噪音大小、光照强弱、温度高低、气候状况、座位安排，而且还包括主观环境因素，如交谈双方的心情、性格、衣着以及谈话人数、话题等。

环境因素主要从两个方面影响倾听的效果：一方面，干扰信息传递的过程，消减、歪曲信号；另一方面，影响沟通双方的心境。这正是人们在沟通时很注重挑选环境的原因。上级在会议厅里向下属征询建议，下属会十分认真地发言，但若是换在餐桌上，下属可能会畅所欲言地谈自己的看法，甚至谈一些自认为不成熟的想法。出现这些差别是由于不同场合人的心理压力和情绪以及交谈氛围大不相同。

### (二)倾听者自身的障碍

倾听者在整个交流过程中具有举足轻重的作用。不仅倾听者本人的知识水平、文化素养、职业特点、理解信息的能力直接影响倾听效果，而且倾听者对说话者个人的态度也会影响倾听效果。一般来说，来自倾听者自身的障碍主要表现在以下方面。

1. 理解能力

倾听者的知识水平、文化素质、职业特点及生活阅历往往与他本身的理解能力和接受能力紧密联系在一起，具有不同理解能力的倾听者必然会有不同的倾听效果。有效的沟通要求倾听者与讲话者在沟通的内容方面有相通之处，否则就是“对牛弹琴”了。

2. 倾听习惯

在倾听过程中不同的人有不同的习惯，有些不良习惯会直接影响倾听效果。

(1)急于发言。人们都有喜欢发言的倾向，很容易在他人还没有说完的时候就迫不及待地打断对方，这样往往不能把对方的意思听懂、听全。其实，许多时候只要认真听完别人的讲话，心中的疑问也就消除，无须发言了。

(2)忙于记要点。有的倾听者觉得应记下说话者所说的每一个字，于是在听的时候忙于记笔记，不幸的是，在说话者说到第三点时，他才给第一点画上句号，以致忽略了完整的倾听。

(3)吹毛求疵。有的倾听者并不关注讲话者所讲的内容，而是专门挑剔讲话者的毛病，讲话者的口音、用字、主题、观点等都可能成为倾听者挑剔的对象。倾听者甚至会抓住某个细微错误而贬低说话者的风格和观点。这种个人的偏颇观念时常导致敌对情绪的产生，从而影响倾听。

(4)缺乏耐心。有的倾听者缺乏耐心，在倾听时发出很多不耐烦的信号，比如，他们会不时看表，向门口移动，手指不停地敲击桌面，或者问“还有什么事吗”“这会什么时候结束”这种问题，经常在说话者暂停时插话，帮助说话人结束句子，而往往忽略了说话者正要说的话题。

(5)以自我为中心。以自我为中心的人更关心他自己，他们不喜欢听，更愿意说关于他们自己的任何事。他们最喜欢用的词是“我”“我的”，有的倾听者表现出过于看重自我的心态，对说话人的每个话题他都有意无意地以自己生活中的事件回应。比如，他会说：“那让我想起，我……”这便打断了说话人的思路，甚至引开了话题。

(6)心不在焉。这类人由于分心的事太多，因而无法把注意力集中到对方说的话上，往往一边听，一边还想着或干着别的事，显得三心二意。这种行为给人的感觉是他们对对方所讲的内容不感兴趣，使说话者没有信心说下去。当然，这类人有时也假装集中注意力，但实际上却在走神。

3. 感情过滤

人人都爱听奉承话，好听的话即使说得言过其实，也不会引起听者的反感，难听的话即使说得恰如其分，也不会给听者以满足。每个人都是选择自己喜欢听的来听，当某人说到一些自己想听的话时，我们会“竖”起耳朵，接收所有的信息，不管是真理还是谎言和谬误，相反，遇到不想听到的内容时，我们会本能地排斥，也不管这些内容对自己是否有用。可以说，在倾听过程中，情感起到了听觉过滤器的作用，有时它会导致盲目，而有时它则排除了所有倾听的障碍，例如，你会很满足地从别人口中证实自己的思想，并由此感到快乐。但要注意，运用感情过滤信息，有可能就无法正确地倾听并理解说话者所讲内容的含义。

4. 心理定势

每个人都有自己的好恶，都有根深蒂固的心理定势和成见，所以与看似不喜欢或不信任的人交流时很难以客观、冷静的态度接受说话者的信息。比如，当一个自己讨厌的人在台上讲得手舞足蹈时，你会认为他太虚伪，是乱吹一气，因此不屑于听他讲话，甚至会东张西望，或用手不停敲打桌面，向对方发出“你有完没完，我已经不想听了”的信号；再比如，当一个平时比较啰嗦的人要求与你谈话时，你会无心听他讲，因为你觉得他讲的许多都是废话，实际上这样也会错过一些有用的信息。

5. 心智时间差

正常人大脑的运转速度极高，每分钟能处理500个字以上，比普通人的说话速度快许多。为了填补这一段时间的空白，在听的同时，你的大脑很自然地会游走到其他想法上去，但是当你回过神来时会发现，这段时间你走神走得太远了，遗漏了许多重要的内容。应该说，这是正常心理反应的结果，但为了更好地倾听，这一过程还是应该控制的。

### (三)说话者引起的障碍

说话者引起的障碍主要包括语言因素引起的障碍和身体语言障碍两种。

1. 语言因素引起的障碍

(1)语言层次。语言是说话者表达观点和想法所使用的基本工具。使用不同的语言工具以及不同的语言背景和习惯，都会影响倾听的效果。

(2)声音层次。这是人们利用听觉器官接受说话者信号的层次，不同的音量、音调、语调等传递着不同的内容。

(3)语法层次。不同的语言表达方式、表达习惯会使同样的语言产生不同的表达效果，甚至意思完全相反。

(4)语义层次。语义表达不明会给倾听带来障碍。

2. 身体语言障碍

身体语言是沟通的重要组成部分。恰当的身体语言有助于倾听者理解，而身体语言运用不当则会给倾听带来障碍或者误解。如有人说话不喜欢与人有目光接触，但缺乏目光接触将不可避免地减少听话人对说话人的注意力和兴趣。

另外口头语言与身体语言不相符，也能给倾听者造成障碍。比如当你说“3”时，却伸出了5个手指，如果听者注意到你的动作，必然会产生疑惑。

## 二、不良倾听习惯

在日常沟通中，有一些人存在着某些不良的沟通习惯，这些不良习惯会严重阻碍人际沟通，我们应尽量避免和消除。

### (一)带着偏见去听

如果你认定某个人很笨、没有能力，就不太会关注这个人说话的内容，因为你早已给这个人下了定论，真正的倾听要求我们只有在听完全部内容后才能做出评价。

### (二)喜欢挑剔

这类人总是怀着批判的态度听别人讲话，过分在意对方话语中的毛病，而不是其中包含的有价值的信息。一旦发现对方话语中的毛病，就急忙提出自己的见解。

**（三）断章取义**

这类人要么有选择地听取自己最想知道的内容，而对其他信息不予注意，要么拘泥于细节或事例而忽略了讲话者言论或观点的主旨。其结果是对信息的把握不够完整，容易造成误会。

**（四）畏惧困难**

有时信息太难或过于专业化会使倾听者产生畏惧心理，所以就干脆横下心来不听了。这类人往往习惯于逃避一切复杂和困难的问题。

**（五）喜欢扮演专家的角色**

这类人俨然是解决难题的专家，随时准备给予他人帮助和建议，听不了几句话就开始在脑子里搜寻正确的建议。殊不知，就在你尝试给别人开处方和说服他们的时候，你可能错过了更重要的信息。

**（六）表情呆滞**

这类人在情感上比较冷漠，往往只注意听到的内容，而没有任何非语言信号与说话人沟通，这种态度常常会影响说话人的情绪。

**（七）阿谀奉承**

这类人很注意与说话人的关系，不愿意得罪说话人。当说话人说到得意的时候，倾听者常常不失时机地表示自己的钦佩或羡慕。这类人永远不会给予对方任何真实的批评性的反馈，明知对方的谈话内容中有明显的错误，也不愿意指出。

**（八）自我辩解**

许多人在一定程度上都具有自我辩解的倾向。当他们听到对自己的批评意见时，总是急于为自己辩解，明明知道自己错了也不愿意爽快承认。

**（九）随意转换话题**

谈话时，这类人常常突然改变话题，岔开原来的话题，把话题引到自己感兴趣的话题上。

## 思考与训练

一、复述故事

老师讲一个故事，然后让学生上台进行复述，最后分小组进行评议。

二、传话游戏

分小组并将每个小组排成一列，将事先写好的一句话发到第一位同学手中，然后收起字条由第一位同学将信息传递出去，最后一名同学收到信息后，到讲台上复述。找一名同学对照字条进行核对，看哪个团队的信息传递得既快又准确。

三、夫妻对话表演：请两男两女四位同学分别扮演剧中人物，进行情景演练

情景对话一

妻子：累死我了，一下午谈了三批客户。最后那个女的，挑三拣四，不懂装懂，烦死人了！

丈夫：别理她，跟那种人生气不值得。（给妻子出主意）

妻子：那哪儿行啊！顾客是上帝，是我的衣食父母。（觉得丈夫不理解她，烦躁）

丈夫：那就换个活儿干呗，干嘛非得卖房子呀？

妻子：你说得倒容易，现在找份工作多难啊！甭管怎么样，每个月我还能拿回家三千块钱。都像你的活儿，是轻松，可是每个月那几百块钱够谁花呀？

丈夫：嘿，你这个人怎么不识好歹？我想帮帮你，怎么冲我来啦？

妻子：帮我？你要是有本事，像隔壁家的丈夫那样，每月挣个四五千，就真的帮我了。

丈夫：看着别人好，和他过去！不就是那几个臭钱吗？有什么了不起？

情景对话二

妻子：累死我了，一下午谈了三批客户。最后那个女的，挑三拣四，不懂装懂，烦死人了！

丈夫：大热天的，再遇上个不懂事的顾客是够呛。快坐下喝口水吧。

妻子：唉，挣这么几个钱不容易。

丈夫：是啊，你真是不容易，这些年，家里主要靠你挣钱撑着。

妻子：话不能这么说，孩子的功课、人品，没有你下力，哪儿能有今天的模样。唉，我们都不容易。

演出后，分小组讨论情景一中的这对夫妻为什么会闹别扭，问题出在哪里？而情景二中的夫妻为什么如此恩爱，奥秘又在哪里？看完了这两个情景剧，对你有什么启发？

## 第四节　有效倾听的技巧

### 案例引入

一位酗酒的司机因鲁莽驾驶被捕，他的车滑出了高速公路，翻了好几个跟头，撞在了一棵树上。司机从车里走出来，看上去好像并没有受伤，但他告诉逮捕他的警察说他感觉不好，得去医院。警官断定这位司机这样说只是想逃过被监禁的惩罚，于是拒绝了他的要求。那天深夜，这位男子因严重内出血被紧急送往医院。男子死后，警局被指控犯下了疏忽罪。在法庭上法官就提到，这名男子曾再三要求需要医疗救助，但那位警官并没有倾听。

（资料来源：[美]安德鲁·D·沃尔文，《倾听的艺术》(第一版)，上海，复旦大学出版社，2015。）

在人与人的交往中，听是一项非常重要的技能。真正的听并不只是在别人说话的时候保持安静就可以了。当你享受一段对话或者想从中学到一些东西时，听就会变得很自然。

如果你是一位善于倾听的人，会发现别人自然而然地被你吸引。你的朋友会更加信赖你，你们的友情也会进一步加深。当然，因为你的倾听和理解，成功对你来讲也变得不那么困难了。当你认真倾听他人的时候，会知道他们想要的是什么，什么会伤害或激怒他们。你会很容易打开局面并融入集体。

反之，不善于倾听的人就不那么讨人喜欢，他们除了关心自己，对其他人一概漠不关心。“我对你要说的事情一点也不感兴趣。”这种拒人于千里之外的姿态，会让他失去朋友或者恋人。这种人最后往往会感到孤独、被人疏远。然而，可悲的是，不善于倾听的人常常不明白问题出在哪里，他们只是换用其他型号的香水，穿上新衣服，努力让自己变得幽默风趣一些，说着自认为“有趣的”话题……但深层次的问题依然存在。

认真地听是一种承诺和肯定，承诺他人你能理解他们的感受和想法。也就是说要放下自己的偏见和信念、自己的追求和兴趣，只有这样才能真正走进别人的内心世界，从他人的角度审视某件事情。听也是一种肯定，让对方知道“我很关心你正在经历的事情，你的生活和经历是很重要的”。人人都会喜欢这种充满积极和肯定的倾听。

## 一、创造良好的倾听环境

倾听环境对倾听的质量和效果具有重要的影响，交谈双方如果能够选择并营造出一个良好的倾听环境，就能够在很大程度上改善倾听的效果。一般来说，良好的倾听环境包括以下内容。

### (一)适宜的时间

如果有可能，可根据沟通的需要，慎重选择有助于倾听的时间。某些人工作效率最高的时候是早晨，所以他们适合把重要的汇报安排在早晨；对多数人来说，一天当中心智最差的时候是在午餐后和下班前，因为在饱食后很容易疲倦，而人们在下班前不愿被过多耽搁。因此，应尽量避免在这些时间里安排重要的倾听内容。另外，在时间长度上要尽量避免时间限制，如果你只有几分钟的时间，而这个谈话又很重要或很复杂，需要更多的时间；那么最好把它定在另一个时间段。在这种情况下，你可向对方解释，说明你需要足够的时间深入地与他探讨，对方一般会很乐意与你重新确定谈话的时间。

### (二)适当的地点

谈话地点的选择也很重要。地点的选择必须保证交谈时不受干扰或打扰。要尽量排除所有分心的事，比如关掉手机，或者在门上挂一块免扰牌。另外，还要适当安排办公室的家具及座位，要使家具安放的位置不至于妨碍谈话，座椅的摆放应能够使交谈双方直接看到对方的眼睛，这样不仅能够集中交谈双方的注意力，而且易于观察对方的非语言表现。

### (三)平等的氛围

要根据交谈内容来营造氛围。讨论工作上重要的事情时，应该营造一个严肃、庄重的氛围，而在联欢晚会上，则要营造一个轻松、愉快的气氛。要知道，同样的一句话在不同的氛围下传到听者耳朵里的效果是不同的。但不管哪种氛围的营造，都要遵循平等、信任、协调的原则，这样才能使谈话的氛围成为有利的条件，而不至于变成沟通障碍。

## 二、努力培养倾听的兴趣

在倾听时，倾听者既要保持良好的精神状态，又要以开放的心胸和积极的态度去倾听，这样不仅能够听到谈话的主要内容和观点，还能够较容易地跟上说话者的节奏。即使自己对说话者所说的话感到失望，也要试着努力倾听正面的及有趣的信息。一个有效的倾听者，常常会在倾听过程中思考以下问题。

说话者谈论的主要内容和观点是什么？

说话者采取了什么样的表达方式？

哪些内容和观点对自己具有借鉴价值？

从说话者身上自己能够学到什么？

这些问题不仅能够帮助倾听者培养倾听的兴趣，还能让倾听者学到很多东西。如果倾听者对所谈论的话题很感兴趣，说话人就会受到鼓舞。

## 三、专注地听

虽然注意听别人说话的内容对有效倾听来说是重要的，但很多因素会让我们分心。比如对方的一句话就勾起了你的一系列联想，等你的思绪回到谈话中的时候，很多关键的信息已经溜走了。作为听众，应注意使自己不要偏离谈话的主题，也不要纠结于那些无关紧要的细节。

有时，人们只听和自己明显有关的信息。这种倾听会妨碍你拓宽自己的视野。不要把所有的信息都解读成你自己理解的信息，而要换个角度看问题。

倾听者常犯的一个错误是当说话者还在讲话时，就开始关注自己该如何回应，这将妨碍你听到完整的信息。这时候你可以做个记号，接着倾听。

## 四、积极参与

倾听是一个需要积极参与的过程。为了充分理解交流的意义，你需要提一些问题并给予反馈。积极地听包括解述、澄清和反馈三部分。

### (一)解述

解述是将对别人所说的话的理解转化为自己的语言。这对于更好地去听是非常必要的。它能让你始终积极地去理解对方所说的，表示出你对说话者的兴趣。用自己的话表述，也给了说话者一个机会去展开他们原来要表达的意思。可以多用以下的一些引导语来阐述。

“您说的是……”

“换个说法……”

“基本上您觉得是……”

“按我的理解，您的意思是……”

“刚才咱们说的是……”

“您指的是……”

你要随时准备解述对方说的任何一句对你重要的话。用这种方法，你能得到以下好处。

大家会非常感谢你真诚的倾听。

能够阻止不断升级的怒气，化解危机。

能消除误解。一些错误的假设、过失和误会都会当场化解。

帮助你记住说过的话。

当你进行解述时，很难再去争论、建议、走神、幻想等。实际上，解述是针对大多数倾听障碍的一种矫正方法。

**(二)澄清**

澄清经常与解述一起使用。这意味着你要不断地提出问题以得到更准确的信息。倾听的目的是要完全理解他人说的内容，因此，需要你询问更多的信息和背景，了解更多的细节。

澄清还可以帮助你强化倾听的重点，避免听到的只是一些模糊不清的信息，你会因此了解到别人内心的真实想法以及相关事件的起因。背景澄清还会让其他人知道你感兴趣的是什么。澄清行为向对方传达了这样一种态度：我非常愿意理解你所说的，为此我对很多细节感兴趣。

澄清经常用提问的方式去实现。提问能让你确认你对说话者的想法和情感的理解是否准确，而且往往还会得到额外的信息。这些问题要能进一步向说话者展示你对他/她的兴趣和关心，而不要去问一些与话题无关的问题。提问时要注意以下几点。

1. 澄清时提问要明确

进行有效的提问是沟通双方共同的责任，因为它可以使双方受益，即双方都能从提问和回答中获得对事物更深刻的认识，但提问问题时一定要做到明确具体。这里所说的明确具体，既包括表述问题的词义明确具体，便于理解，也包括问题的内容明确具体，便于回答。如果提问的问题含混不清或过于抽象，不仅回答者难以回答，还有可能造成曲解或误解。

另外，在提问时还要尽量做到语言精练、观点明确、抓住重点。否则，回答者可能还没有听到你的提问就对问题或对你本人产生了反感。

2. 澄清时提问要少而精

恰当的提问有助于双方的交流，但太多的提问会打断讲话者的思路，扰乱其情绪。至于提多少问题合适，则要根据谈话的内容、交谈双方的个人风格特点而定。

在交谈时必须牢记一点，那就是多听少问。

3. 澄清时提问应紧扣主题

提问是为了获得某种信息，问什么问题要在倾听者总目标的控制掌握之下，要能通过提问把讲话人的讲话内容引入自己需要的信息范围。这就要求提出的问题紧紧围绕谈话内容和主题，不应漫无边际地提一些随意而不相关的问题，因为这样既会浪费双方时间又会淡化谈话的主题。

4. 澄清时提问应注意把握时机

提问的时机十分重要，交谈中如果遇到某个问题未能理解，应在双方充分表达的基础上再提出问题。过早的提问会打断对方思路，显得十分不礼貌；过晚的提问会被认为精神不集中或未能理解，也会产生误解。一般情况下，在对方将某个观点阐述完毕后应及时提问。及时提问有利于问题的及时解决，但“及时提问”并不意味着反应越快越好，最佳的时机还需要倾听者灵活地捕捉。

5. 澄清时提问应采取委婉、礼貌的方式

提问时应讲究提问的方式，避免使用盘问式、审问式、命令式、通牒式等不友好、不礼貌的问话方式和语气。如果交谈的气氛较为紧张，有些人会对他人的行为、语调或话语产生防卫性反应。解决方法之一就是用开放性的、友好的问句代替。“为什么”型的问题，因为简单地问一问“为什么”易被看成是威胁性的提问。例如，为避免造成紧张的防卫气氛，我们最好不说“你为什么没准时到，让我们误车了”，而应说“由于你没能准时到场，我们误了车”。

此外，提问还应根据对方的文化素养、性格等特点。有的人率直、热忱，你也应坦诚直言；相反有的人生性狡黠多疑，你最好旁敲侧击，迂回进攻。

**(三)反馈**

积极的倾听取决于反馈。你对他人所说的话进行解述和澄清，无非是希望能理解他的意思，然后说出自己的想法进行反馈。你甚至可以不加任何判断地分享你的感受和想法。这是一种本能的反应，无须隐瞒和争辩。

反馈也能帮助对方了解其所说的话的效果和影响，这是更正错误和消除误解的一个机会。对于他们来说，也是从你那里获得新的有价值观点的一个机会。

反馈有三个重要的原则：及时、诚实和鼓励。

及时意味着你一旦理解了谈话的意思(在解述和澄清后)就要给出反馈，哪怕只滞后几个小时，反馈就会变得没有价值。

诚实意味着要给出你最真实的反应。当然不必把你的感受表达到催人泪下的程度，但至少不要采用粗暴的方式，因为粗暴的方式很少是真诚的。

鼓励意味着充满支持。可以委婉地说出你要说的话，尽可能不引起他人的反感。举个例子，“我觉得你有一些事没有告诉我”这种表达比“你骗我”来得更适合；而“我想你可能真的错了”则比“你真是一个傻瓜”更易于被人接受。

在倾听过程中，有效反馈可以起到激励和调节的作用。但要做到有效反馈，还要注意以下几点。

1. 反馈语言要明确具体

反馈要使用具体明确、不笼统、不抽象和不带有成见的语言。例如，“你的任务完成得很好啊!”就不如“这次会展的组织工作完成得非常好，达到了我们预想的目的”，后者更明确具体。

2. 反馈的态度应是支持性的和坦诚的

反馈要明确具体，但不能不照顾对方的感受，真正的双向沟通和反馈，是一个分享信任并达成共识的过程，而不是其中一方试图主导交流或评审对方的过程。要达到沟通的目的，必须把对方置于与自己同等的地位，任何先入为主、盛气凌人的做法都是不可能被接受的。例如，一位经理当着大家的面对一位下属的报告进行这样的反馈：“你的报告提交得太晚了，不仅如此，字号还小得像蚂蚁一样。重新打印一份，马上交给我!”这样的反馈虽然具体明确，但却完全没有心理上的平等沟通，因而是无法与对方建立起信任和理解的关系的。

3. 把握适宜的反馈时机

一般情况下，应给予对方及时的反馈。及时的反馈往往有利于问题的解决，否则矛盾逐渐积累，会越发不可收拾。但是及时的反馈并不意味着立刻做出反应，还必须灵活地捕捉最佳时机。有时需要及时反馈，而有时反馈应在接受者准备接受时给予。如当一个人情绪激动、心烦意乱、对反馈持有抵触心理时，就应推迟反馈。反馈时机还与谈话者言语中所表现出的感情有关。善于反馈的人应能识别对方言语中哪些是真情实感，哪些是表面情绪，并只对对方的真诚情感进行反馈。

4. 反馈必须要适度

尽管反馈在沟通中十分重要，但反馈也必须要适度，因为不适当的反馈会让对方感到窘迫，甚至反感。如果把判断方式作为反馈，这类判断最好能保持中立态度，不要简单地评论，如“这简直是大错特错！”另外，要记住的是反馈只能是反馈，不能直接作为建议，除非对方有这样的要求。

## 五、换位倾听

换位倾听就是倾听时站在对方的立场考虑问题，将心比心，这样你才能真正聆听对方的声音，才能更好地理解他人，避免误解与冲突。

比如，当对方情绪突然爆发时，如果我们不能换位思考，也许很难保持冷静。这时你可以思考以下几个问题，让自己保持开放式的倾听姿态。

(1)他为什么会出现这种情绪？

(2)这个人正经历着什么样的磨难？

(3)他这样做的目的是什么？

换位思考就是要不带偏见地接纳。说话时总喜欢评判和挑错会让你没法真正地去听。当你戴着有色眼镜的时候，就不能客观地面对谈话方传递给你的信息。

这种挑错式的谈话会让你很有满足感，但也会给你带来不少恶果。

(1)大家都知道你说的是错的，你却自以为是，在别人眼里，你就像个小丑。

(2)你只接纳你知道的信息，于是你无法再进步。

(3)你的周围全是“庸才”，比你强的都被你否定掉了。

(4)别人一和你说话，你就抬杠，别人完全提不起和你说话的兴趣。

每个人或多或少都会有一些偏见，自己认为神圣的东西不想被人说得一文不值，不喜欢别人戳自己的痛处，也不认为某个自己不喜欢的人的话有什么可取之处。本能地和对方发生争论，去反驳对方的观点，这些都是倾听的大敌。

## 六、客观评判

这需要两个步骤。

第一步是将他人所说的和你所了解的背景、当事人、事情经过进行比对。先不要做出评判，只需简单地记录一下沟通是怎么符合已有的事实的就可以了。

第二步是要将听和观察结合起来。观察讲话人的声调、语气、面部表情和姿态是否与所表达的内容一致。如果有人告诉你他有一件很不愉快的事，但他却面带微笑、双手轻松地交叉在脑后。这就和他所说的内容很不相符，是明显的心口不一。如果说话方肢体动作、面部表情、声音和用词与你所听到的不一致，你要及时反馈给对方并要求对方澄清。如果你忽略这种不一致，得到的就是不完整或偏离事实的信息。

## 思考与训练

### 莫尔斯代码服务员招聘

很久以前，电报是最快捷的长距离通信手段。有一位年轻人去应聘莫尔斯代码报务员的职位。按照招聘广告上的地址，他来到一个宽敞的大房间，里面人来人往，声音嘈杂，“嘀嘀嗒嗒”的发报声不绝如缕。

接待员给每位应聘者一张表格，要求他们先把自己的履历填好。这位年轻人填写完表格后与先到的一名应聘者一起坐着等候。过了几分钟，这名年轻人突然站起来，径直走入老板办公室。其他应聘者都感到奇怪：没见接待员出来通知，他为什么擅自闯进去？他们都暗暗高兴，心想这位年轻人冒冒失失的，肯定要被老板刷下来。

然而，没过一会儿，老板就笑吟吟地陪着这位年轻人走出办公室，同时宣布：“先生们，报务员这个职位已经找到人了。谢谢你们的光顾。”其他7名应聘者既纳闷又不服气，其中一人问老板“他是最后一个到这里的。可您连面试的机会都没给我们，就把工作交给了他。这显然不公平”。

老板答道：“非常抱歉。你们坐在这里等待的时间确实不短，但发报机一直在用莫尔斯代码的嘀嗒声向你们传递如下消息：如果你听得懂发报机发出的信号，你就直接进入我的办公室。但你们当中没有一个人听到或听懂发报声，只有这位年轻人做到了。理所当然，这个职位是属于他的。”

（资料来源：徐静、陶莉，《有效沟通技能实训》(第一版)，北京，中国人民大学出版社，2014。）

讨论：

最后到来的年轻人却应聘成功对我们有何启示？本案例中其他7名应聘者为什么没听到“嘀嘀嗒嗒”的发报声？其倾听障碍是什么？如何克服？

1. 请认真聆听老师的陈述，然后回答问题。

上中学的小明特别聪明，心算能力很强。有一天，老师出了一道心算题目来考考他：

有一辆公共汽车，车上有28个人。到了一站上了18人，下了3人；到了下一站上了5人，下了20人；然后又上了16人，下了2人；到了下一站又上了4人，下了18人；之后上了7人，下了4人；到了下一站上了2人，下了5人；最后上了6人，下了10人。

请问现在车上还有多少人？这辆公共汽车停了多少站？上车人数最多的是第几站？下车人数最多的是第几站？

2. 一位大婶到邻居家串门，说了以下一番话，你能猜出这位大婶说话的真实意图吗？

“哟，大兄弟，大妹子，哟，还有大侄子，你们都在呢！刚吃完饭吧？你瞧我来得真不是时候。我是说好些日子不来坐坐呀，老不照面就显得生分了，俗话说，‘远亲不如近邻’嘛。你们吃的什么饭？今儿个我买的洋白菜可真好，又嫩又甜，我们小住最喜欢吃洋白菜了。要说小住的功课可不如大侄子好哇，也腼腆，不爱搭理人儿。这不是，她们老师说组织她们到郊区那叫什么——‘满足’。不，不是‘满足’，好像是‘远足’。小住不敢去，她自个儿没出过门儿，怕丢了。我就告诉她说‘怕什么，有隔壁你大哥呢，他还不照顾你吗’……”

3. 听说互动训练。

先请一位同学上台进行题为“我爱……”的即兴演讲，其他同学认真聆听并仔细观察。然后，请几位同学概括该演讲的主要观点，并对其观点发表自己的看法。

4. 传话游戏。

请出 5 位同学担任倾听者，其中 4 位先离开教室，剩下的同学留在教室里进行观察并记录有效的和无效的倾听行为(即复述、眼神交流、插话等)。

教师告诉留在教室里的同学 A 一段故事或给他读一段文章。另一位同学 B 回到教室里，A 把故事重复给 B 听，这样两者就进行了一次对话。然后 C 进来，B 再把故事讲给 C 听。这样传话，直到 5 个人传完一遍。

由 E 把自己听到的故事写到黑板上。5 位同学比较自己的记录，会发现前后两个版本相差甚大。

教师引导学生分享活动感受。

5. 倾听习惯训练。

同桌的两位同学组成一组，以人际沟通中的倾听为话题，进行一次 20 分钟的现场聊天。训练过程中务必达到以下要求：选择合适的位置以便听清对方的话；复述对方的话，以确认是否理解观察到的对方的身体语言；做出回应和反馈之前，先让对方把话说完；谈话过程中通过点头等非语言行为鼓励对方；不关注对方的衣着和外貌，眼睛看着对方；注意对方的潜在情绪；在倾听时给出鼓励性的回应，如“我明白”“嗯”“是的”等；专注于对方所说的话；记下对方所说的关键之处，总结自己对对方所说内容的理解；适当模仿对方的身体语言，使其放松；考虑对方的立场。

6. 请根据换位倾听的原则完成以下练习。

(1)有位女同学说：“我太胖了，所以我没有一个好朋友。”这位女同学现在面临的问题是什么？

(2)班长说：“班里纪律不好，老师批评我，可管得太严，同学又抱怨我，真不知道该怎么办。”你从班长的话中感受到了哪些情绪？

(3)某位同学对你说：“也不知道老师是怎样批改作文的，我认真写的才得了 70 分，而我同桌从网上下载拼凑的竟得了 80 多分。”这位同学现在最不满意的是什么？

## 本章小结

本章主要讲述了倾听的基础知识，倾听的过程与层次，倾听的障碍与不良倾听习惯，以及有效的倾听技巧。

倾听是一种智力行为，也是一种情感活动。倾听是重要的，它是最基本的语言技能，是获取信息的重要方式之一，能够给人留下良好的印象，可以帮助或安慰别人。倾听被许多因素影响着，这些因素主要包括文化、性别、年龄、大脑半球分工、身体和心理状态、态度等。

倾听的过程有接收、理解、记忆、评估、反馈。倾听的层次分为：听而不闻，心不在焉；假装倾听；选择倾听；专注地听；积极思考，解读对方。

倾听的障碍主要表现在环境因素的影响；倾听者自身的因素；说话者引起的障碍。

不良习惯会严重阻碍人际沟通，我们应尽量避免和消除。不良的倾听习惯有带着偏见去听、喜欢挑剔、断章取义、畏惧困难、喜欢扮演专家的角色等九种。

要让倾听变得有效，需要训练以下这些技巧：创造良好的倾听环境；努力培养自己倾听的兴趣；专注地听并积极参与；还要注意换位倾听与客观评判。

# 第三章　语言沟通

## 学习目标

1. 了解语言沟通的定义与分类、语言沟通的特点语言沟通能力的构成和语言沟通的层次。

2. 学习影响语言沟通的因素、语言沟通的原则。

3. 掌握有效的语言沟通技巧。

## 第一节　语言沟通概述

### 案例引入

有个人为了庆祝自己的40岁生日，特别邀请了4个朋友来家中吃饭，3个人准时到达了，只有一个不知何故迟迟没有来。主人有些着急，不禁脱口而出："急死人了，该来的怎么不来呢?"在座的有一位客人听了之后很不高兴，对主人说："你说该来的怎么还不来，意思就是我们是不该来的，那我告辞了，再见!"说完就气冲冲地走了。一人没来，另一人又气走了，主人急得又冒出一句："真是的，不该走的却走了。"剩下的两个人中一人听了生气地说："照你这么讲，该走的是我们啦！好，我走。"又把一个客人气走了，主人急得如热锅内的蚂蚁，不知所措。最后留下的这一个交情较深，就劝主人说："朋友都被你气走了，你说话应该留意一下。"这人很无奈地说："他们全都误会了，我根本不是说他们。"最后这朋友听了，再也按捺不住，脸色大变道："什么？你不是说他们，那就是说我啦？莫名其妙，有什么了不起。"说完铁青着脸也走了。

（资料来源：https：//wenku. baidu. com/view/0f05c363aaea998fcd220e1f. html，访问日期，2019-3-13，有改动。）

语言沟通无处不在。不论是文字或符号、有意或无意，还是积极或消极，语言沟通是我们每个人每天都要做的事情，是我们生活中必不可少的部分。人们通过沟通这个桥梁，可以分享彼此的情感和知识，消除误会，增进了解，达成共同认识或共同协议。西方国家一直把语言沟通能力作为衡量人才的一个重要标准，他们甚至认为口才是发明创造的重要因素之一。如今，我国也非常重视考察一个人的语言沟通能力。所以，掌握并拥有语言沟通技能是非常有必要的。

## 一、语言沟通的定义与分类

### (一)语言沟通的定义

根据沟通所借用的媒介的不同，可将沟通划分为语言沟通与非语言沟通。语言沟通是指以语词符号为载体实现的沟通，主要包括口头沟通和书面沟通。

### (二)语言沟通的分类

#### 1. 口头沟通

所谓口头沟通是指借助于口头语言实现的信息交流，它是日常生活中最常采用的沟通形式。主要包括口头汇报、讨论、会谈、演讲、电话联系等。口头沟通也是我们在学习、工作和生活中要做的最重要的事情之一，口头沟通技能是我们必须掌握的技能。

口头沟通是所有沟通形式中最直接的方式。口头沟通的最大优点是传递速度快，并且能即时反馈。也就是说，这种沟通方式可以使信息在最短的时间内被传送，并且能够在最短的时间内得到对方的回复。所以，这种沟通方式可以立即澄清信息传递中的含糊之处，即如果接收方对发送方所传递的信息有所怀疑时，可以迅速反馈给发送方，使发送者及时检查其中表达不够明确的地方并予以改正。

这样，可以将误解发生的可能性减至最低限度。同时，口头沟通可以使沟通者清楚地看到对方的面部表情、听到语调的变化，从而提高沟通的效果。此外，在上级同下属的会晤中，这种沟通方式也可以使下属感到被尊重、被重视。由此可见，口头沟通大大有助于对问题的了解。

但是，口头沟通也并不是完美无缺的，它自身也存在着缺陷。比如在信息“接力”中，每个人都可以根据自己的偏好增删信息，以自己的方式诠释信息，由此可见，在口头沟通中，信息失真的可能性相当大。另外，口头沟通通常无法留下书面记录，有时还浪费时间以至于很不方便。

#### 2. 书面沟通

书面沟通是公共关系的工作途径之一，用书面媒介的形式与公众交流信息，沟通情况，主要用于内部公众之间的沟通，其形式有内部报刊、信件、公告板、标语和各种辅助出版物。内部报刊的形式有普通报纸式、杂志式和文件式，发行方式有赠阅和销售两种。信件也是书面沟通的一种方式，信件有组织信件和私人信件两种，此外还有辅助出版物，如时事通讯、各种手册说明和有关的书籍等。

书面沟通本质上讲是间接的，这使得其有许多优点。书面沟通可以正式或非正式，可长可短，可以使写作人能够从容地表达自己的意思，词语可以经过仔细推敲，而且还可以不断修改，直到满意地表达出个人风格。书面材料是准确而可信的证据，所谓“白纸黑字”。书面文本可以复制，同时发送给许多人，传达相同的信息，在群体内部经常受限于约定俗成的规则，且书面材料传达信息的准确性高。

当然，书面沟通也有自己的缺陷。它耗时长，成本高，不能及时收到反馈或者没有反馈。首先是准备起来比较麻烦，这需要良好的写作技能，而这些技能又不是天生的，需要沟通者通过学习来掌握。书面沟通也需要精心准备，并对信息的接收者、沟通可能出现的预期结果保持高度的敏感性，这又增加了准备的复杂性。相对于口头信息沟通而言，书面沟通的另一个缺点是不能及时提供信息反馈，也无法确保发出的信息被接收到，即使是接收到，也无法确保接收者对信息的解释正好是发送者的本意。发送者往往要花很长的时间来了解信息是否已被接收并被准确地理解。

## 二、语言沟通的特点

语言沟通是人们相互联系、相互合作的一种手段和方式。社会性是人的基本属性，社会学家马斯洛曾指出社会性的需求是人的基本需求之一，而人的社会性又是通过类同的语言、生活与文化维系的，语言沟通在其中发挥着不可替代的基础性作用。从形式上看，语言沟通是个体之间的具体行为，因此具有个体性；从过程上看，语言沟通是不能由单独一方完成的，即使直接面对的语言沟通对象不是人，它也必定存在着一个客体。

### (一)社会性

第一，人类的沟通都是在一定的社会条件和时空场合下进行的，不同的社会条件和时空场合决定着语言沟通的具体方式和风格。

第二，语言的社会性决定了语言沟通的社会性特点。语言随着社会的产生而产生，随着社会的发展而发展，社会性是语言的本质特点之一。

第三，语言沟通的双方具有社会性，也决定了语言沟通的社会性特点。

### (二)个体性

从语言沟通的具体形式上看，任何语言沟通又都有个体性特点。首先，无论是语言沟通中哪种形式的沟通，都是通过个体来实现的，离开了个体的脑力和体力劳动，任何沟通都无法进行。其次，任何语言沟通都要最终落实在具体的个体之间。最后，语言沟通的出发点和归宿是个人的需要和对需要的满足。很多社会需要归根结底是由个人需要产生的，最终需要的满足也要落实到具体的个人身上。语言沟通能力的个体性最终需要的满足还体现在不同个体语言沟通能力的差异上。个人在社会经历、文化素质、从事职业以及气质、性格、教养等方面不同，所形成的思想意识、价值观念、生活习惯、兴趣爱好等就都会有所差异，人与人之间的语言沟通也会表现出各自不同的特点和水平。

### (三)双向性

语言沟通还具有双向性的特点，这是由沟通的特点决定的。比如阅读，我们阅读的过程也是一种语言沟通的过程，在这一过程中我们直接面对的沟通对象或者说沟通客体是语言文字，而实际上我们沟通的真实对象仍旧是隐藏在语言文字背后或者说存在于语言文字其中的人，也就是该语言文字的作者。由于时空的限制，我们只是以这种中介的方式与作者进行语言沟通，进行信息交流、思想交流或情感交流。

## 案例

财务部陈经理总会每月按照惯例请手下员工吃一顿，一天，他走到休息室叫员工小马，通知其他人晚上吃饭。

快到休息室时，陈经理听到休息室里面有人在交谈，他从门缝看过去，原来是小马和销售部员工小李在里面。

小李对小马说："你们陈经理对你们很关心，我见他经常请你们吃饭。"

"得了吧。"小马不屑地说，"他就这么点本事笼络人心，遇到我们真正需要他关心、帮助的事情，他没一件办成的。你拿上次公司办培训班的事来说，谁都知道如果能上这个培训班，工作能力会得到很大提高，升职机会也大大增加。我们部几个人都很想去，但陈经理却一点都没察觉到，也没积极为我们争取，结果让别的部门抢了先。我真的怀疑他有没有真正关心过我们。"

"别不高兴。"小李说，"走，吃饭去。"

陈经理只好满腹委屈地躲进自己办公室。

案例中员工小马的错误在于，作为下属他没有把自己和同事想去参加培训的意愿让领导知道，领导也不可能面面俱到，了解每个员工的适时想法；同时小马更不该在背后议论领导，这表现出对领导的极不尊重。陈经理没有替员工今后发展着想，缺少领导高度。上司应该在上班或业余时间主动多和下属接触，及时了解下属的思想动态，下属有意愿可以和领导沟通，不管结果怎样，下属都应该感激领导的关心。

（资料来源：http：//www. docin. com/p-723025548. html，访问日期，2019-3-13。）

## 三、语言沟通能力的构成

口才的较量，不只是语言运用艺术的较量，更是思想、知识、思维、心理等各个方面的综合较量。"一言知其贤愚"，在一定意义上说，说话是一个人思想、品质、学识、智慧等方面的综合反映。因此，一个人要有较强的语言沟通能力，一般离不开相应的素质、修养和能力。

### （一）素质

素质有些是先天的，有些是后天的。对语言沟通能力而言，能够对其产生影响和制约作用的主要是心理素质。心理素质主要指人的气质、性格、兴趣、爱好等方面较为稳定的、本质的个性心理特征。这些心理特征，对于语言材料的采集、构思和表达都会有一定的影响。

气质分为胆汁质型、多血质型、黏液质型和抑郁质型。不同气质的人在同一环境里，会有不同的态度和举止，在语言沟通过程中虽各有侧重。有的语言高昂，有的低沉；有的感情奔放，有的细腻；有的风格粗犷，有的纤弱。我们了解了自己的气质类型，通过学习和实践，扬长避短，改变自己有缺陷的地方，从而更好地实现进行语言沟通的目的。

性格是一个人区别他人的个性心理特征。不同性格的人在说话内容、方式及其风格等方面也不相同。

性格既有先天的因素，也有后天的因素。通过后天的培养和环境的熏陶，性格是可以得到改善的。一个人要培养自己的语言沟通能力，就要注意不断地把自己的性格向积极的方面锻炼和培养，克服语言沟通中的诸多心理障碍，提高实际语言沟通能力。

兴趣和爱好对于语言沟通来说也有重要的影响，有了它，语言沟通者就有了积极沟通的动因。同时，兴趣爱好的深度和广度也在一定程度上决定着语言沟通的深度和广度，从而影响着语言沟通的实际效果。

**(二)修养**

修养是指知识、理论、艺术、思想等方面的水平。修养主要靠后天的培养，影响语言沟通能力的修养主要有思想修养和文化修养。

思想修养对语言沟通者来说具有非常重要的作用。语言沟通者的思想修养包括思想水平和理论水平，概括为世界观、人生观、价值观、生死观、幸福观、荣辱观、责任感、义务感等内容。

有良好思想修养的人，说起话来能高瞻远瞩，一语中的。如果一个人的脑子里空空如也，即使他能巧舌如簧，说话滔滔不绝，其话语内容也多半是空洞无物，不能打动人心。因此，要让自己有话可说，又言之有物，就必须注意丰富我们的头脑，提高自身的思想修养。

文化修养是指文化知识储备量的大小。语言沟通者文化修养高，说话就能够撒得开、收得拢，不至于因为文化知识的欠缺而沉默寡言。

**(三)能力**

能力是完成一定活动的本领，包括完成一定活动的具体方式和顺利完成一定活动所必需的心理特征。语言沟通能力是在素质修养的基础上培养起来的，除此之外，人们还必须同时具备以下几种能力。

第一，观察能力。如通过观察发现新奇的事物等，人们在观察过程对声音、气味、温度等事物有一个新的认识。观察能力是人们用各种感觉器官摄取信息的基本途径，是提高语言沟通水平所必需的。要提高观察能力就要在提高观察的“细、全、深”上下功夫，敏锐地观察，仔细地透过现象看到本质。

第二，想象能力。想象能力是指人们把观察所摄取到的材料，在头脑中融合升华，重新组合，创造出新事物形象，或根据语言的表述而产生相应事物形象的一种心理能力。对于语言沟通来说，丰富的想象力可以激活思维，使你的语言沟通在深度、广度和力度的基础上更增添新颖、活泼的色调。

第三，思维能力。思维能力是指一个人在思维活动中所表现出来的能力。思维能力的强弱，具体表现在思维的快慢、思维的深浅、思路的明晰与模糊等方面。在语言沟通的口头表达过程中，语言与思维基本上是同步展开的，通常是边说边想或者边想边说。这样，思维敏捷的人，表达时就不会或者很少出现断档、结巴和延缓之类的现象。

第四，表达能力。表达能力是指沟通者运用语言来表达思想、抒发感情的能力。表达能力具体表现为灵活选择材料、恰当运用不同的语言表达形式和技巧来增强语言的表现力和震撼力。

案例

大学生小王和小李，她们住在同一间宿舍，本来是很要好的朋友，后来产生了矛盾，相互之间就不再说话了。小王嗓门大，性格开朗，为人热情、善良，说话直来直去。有时候在别人休息的时候也大声说笑，走路、拿东西声音都很大，为此小李曾提醒过她几次，但是小王有时候还是不注意，小李对此很不满。小王经常替小李买饭，有一天她卡里钱不够了，还要替小李买饭，就大着嗓门对小李说："你就不能早点起来，自己去买饭吗？总让人家给带！"结果俩人就开始吵起来，以往积攒在心里的怨气也都爆发出来，从此两人同住一个屋檐下，却形同陌路，不再讲话。

讨论：

1. 分析一下两人在沟通和行为表现方面各自存在什么问题？

2. 目前的状况，如何解决小李和小王之间的矛盾？她们应该怎么做？

3. 如果你是她们的室友，你打算如何帮她们缓和关系？

## 四、语言沟通的层次

沟通是一种体察对方特定处境、迅速选择恰当表达方式以争取认同与配合的沟通形式。在运用语言进行沟通的过程中，沟通存在着不同层次，可以将其归纳为"沟而不通""沟而能通"和"不沟而通"三个层次。

沟而不通指花费很多时间和精力却收不到预期效果。理论上它已经不算是沟通，有名而无实。沟而能通就像沟里的水畅通无阻，大家在和谐的气氛中畅所欲言，并且能够互相理解。不沟而通是少数人之间的，一种先天存在或经过后天长期磨合之后形成的一种特有的默契，是沟通的最高层次。

### (一)沟而不通

沟而不通包括开口说话和闭口不言两种情况。开口说话但最终沟而不通常常有如下表现。

第一，当面反驳。这种表现又分为两种情况。一是自以为是。即听的人认为说的人说得不对，不管客观上说的人是否正确，听的人认为不对，就要加以反驳。二是恼羞成怒。即听的人明明知道说的人是对的，但由于对方惹怒了自己，偏说对方是不对的，强词夺理地加以反驳。

第二，不以为然。不管对方说什么，你说你的，我做我的，全然无所谓。

第三，假装虔诚。听者装出一副很认真的表情，给说者的感觉是他在认真听，并且完全赞同和接受说者的观点和建议，其实他心里完全是另一种想法。直到日后的行为中，说者才发现当日自己是白说了。

第四，不懂装懂。有时听的人自己认为对方说的是对的，或者确信说的人所说的话一定是对的，但由于层次不同，听的人根本无法真正领会对方的意思，出于面子又不好追问，只能佯装明白，而在他的频频点头中说的人也来了兴致，结果说到最后才发现对方打一开始就没懂，这时说的人通常会有一种上当受骗的感觉，往往心里很恼火。

这些情况通常是开口说话却导致沟而不通的表现。

不说话一般有两种情况。一是双方高度默契，无需开口，彼此便能心领神会。这非但不是沟而不通的情况反而是不沟而通的表现，是沟通的最高境界。二是相对无言，但全没有默契的影子，双方似乎都感觉到没有和对方开口说话的必要，或根本不知道说些什么，从何说起，这是广义的沟而不通的情况。

## 案例

**口“剑”腹“蜜”，事与愿违**

一天晚饭后，我妻子朱莉要去楼下办公室处理邮件。我和孩子都觉得有点失望，我们希望她能多陪我们一会儿。

于是，我对楼下的朱莉喊道：“朱莉！别工作了！你多长时间没陪我们玩了，现在你应该陪家人！”

我咄咄逼人的语气惹恼了朱莉，她生气地回答说：“不行，我必须回复这些邮件。”

结果，我本来希望与朱莉沟通，却因为选择对话的方式不对，让朱莉认为我不理解她、批评她，因此我觉得我们的关系疏远了一点。

（资料来源：[美]约翰·戈特曼、琼·德克莱尔，《人的七张面孔——人际关系背后的心理奥秘》，杭州，浙江人民出版社，2014。）

一般来说，沟而不通主要有以下原因。

第一，听不进去。就我国来说，特定的文化传统使我们往往十分重视情感因素。这一特点在语言沟通中的表现就是，通常情况下我们并不十分在乎对方说什么，却相当在意对方怎么说，说的方式和说的过程中所附带的情感、态度对我们的接受至关重要。说些什么，涉及说话的内容，这是听进去之后才知道的，而怎么说，则表现出说话人和听话人之间的关系如何。因此，处于什么样的身份、立场和态度来说，通常成为听话人听进去的关键。说话人和听话人往往只有保持相同的立场，或者有一个互相认同的基点，呈现出所谓的同路人的关系时，听的人才容易放心地听下去。

第二，惹对方生气了。有时候人们在沟通中很容易在有意或无意中惹怒对方。通常来讲，人在心理上普遍怀有警觉性和怀疑心，情绪也容易发生变化，这是一种自我保护的本能表现。因此，人往往在沟通中一句话听得不顺，就会想得很多，而且会越想越多，也越想越生气。在这种情况下，人往往容易迷失理性，顾不得讲理或忘了讲理，这当然也会导致沟通阻塞，造成沟而不通的后果。

第三，有意不合作。有时候由于某种原因或为了达到某个目的，对方可能采取无理取闹的方式，使沟通难以进行，造成沟而不通的困境。面对这种情况，说者必须善于观察、用心体会、善于化解，只有这样才能达到沟通的目的。

第四，沟通双方在生活习惯、知识背景、文化储备等方面存在着巨大层次差异或语言障碍，不能形成语言共振。听者如果不具备正确解析说者语码的能力，当然也会导致沟而不通。在这种情况下，说者就应该以合作为原则，尽自己的努力主动转换语码或变换自己的表述方式。

要使沟通变得有效，最重要的一点是调整心态，拥有一颗“平等心”。无论是面对比自己地位高的或地位低的沟通对象都要把对方看成和自己差不多的平常人。只有做到了平视自己和对方，才能放开自己，促使沟通顺利畅快地进行。

另外，精彩的开场白和快速发现双方的共同话题也能使沟通有个良好的开端。

美国作家马克·吐温在没有成为知名人士以前，很不善于沟通。一次，有人把他介绍给后来成为美国第 18 任总统的格兰特将军。当时马克·吐温竟然想不出一句可说的话，而格兰特将军也保持着平日的庄重和严肃，不说一句话。最后，马克·吐温说：“将军，我感到尴尬，您呢？”

格兰特将军保持着平时的庄重和严肃，没有采取主动降低自己心理地位的行为，而马克·吐温又没有调整好自己的平常心态，因此紧张得“想不出一句可说的话”，最终两人没有达到实现良好沟通的效果。

**（二）沟而能通**

沟而能通是语言交际中比较普遍的现象。如果我们在特定场合能准确把握双方关系，并用适合这种关系的方式进行沟通，就能达到良好的交际效果。

如何能更好地沟而能通，以下几个原则是需要特别注意的。

第一，讲求同情性。

在语言沟通的时候要注意同情性有时甚至大于合理性。我们在语言沟通中要先引起对方的同情，在感情上让对方把我们看作同路人，再进一步讲理，通常比较有效。如果开门见山，一下子就讲道理，反倒很可能引起对方的反面驳斥，最终不欢而散，沟而不通。

比如说，在和别人谈判之初，最好先找到一些双方观点一致的地方并表述出来，给对方留下一种彼此是合作伙伴的潜意识。这样接下来的谈判就容易朝着一个达成共识的方向进展，而不是剑拔弩张地对抗。当遇到僵持时也可以拿出双方的共识来增强彼此的信心，化解分歧。

第二，强调合理性。

尽管现今我们的法律意识在逐步增强，但由于传统文化的影响，除非对簿公堂，否则我们大多不愿意从法律角度谈事情，因为谈法律好像伤感情，缺少人情味。所以在我们的文化背景中，语言沟通往往强调合理性大于合法性。一般情况下合理性比合法性更能成为沟而能通的条件。先由情入理，有理讲理，到了讲理实在解决不了的时候，再去讲法。

语言沟通不是单方面的你说我听，或我说你听，而是良性的双向交流，是思想、能量的交换。沟通的最终目标是使沟通双方达到关系融洽并收到最佳效果。在语言沟通中，由情入理，以“通情”来求“达理”，往往使沟通更有效。通情就是出于合作，彼此尊重，实现先在情感上的认同和共融，然后再来寻求合理点，这样效果可能会更好。情不能通，理则很难达。总之，在语言交际中，在沟通与交流中，我们要尽量做到从尊重出发，从合作出发，通情达理，从而使我们的交流和沟通变得融洽而愉快。

### (三)不沟而通

《孙子兵法》中讲：不战而屈人之兵，善之善者也。沟通也是一样的。如果我们在生活中没有采用任何沟通行动却能收到沟通的效果，那当然也是“善之善者”，是最好的沟通状态。

做到不沟而通往往是极难的，因此它也成了很多人遥不可及的梦想。然而，默契极好者终可以达到不沟而通的境界，那是一种用心的语言来沟通的方式，是一种相当了解后的高度的默契。往往通过一个神态、一个动作，一方就可以准确地了解对方的用意和企图，快速完成应该做的事情。

如果我们能够注意以下几点，我们是可以逐渐掌握这种能力的。

第一，随时随地地养成注意对方举动的习惯。

毫不关心对方，不注意观察对方的举动，当然无法不沟而通。平时养成良好的习惯，多注意对方的举动，主动地捕捉对方的肢体语言，长此以往我们就可以通过往日的经验判断出对方的用意和心思。

第二，用心体会对方所发出的无声信息。

采用将心比心的换位思考方法，把自己当成对方，想想他所希望我们做出什么样的反应，平时多体会，沟通时才能把握得准确。这就要求我们要不断有意地锻炼自己这方面的推测能力，而且要务求精准。

第三，寻找若干使用方案，择优而行。

看准对方的需要，模拟出几个可能的方案，再根据对方的具体情况，选一个自己认为最适合的做定案。即以尝试的心态先试试看，对了，最好；不合适，再进行调整。若是效果好，便是不沟而通。久而久之，我们的判断就会越来越准确，效果也会越来越好。

中国人十分讲究人与人之间的默契，高度的默契便是不沟而通，是一种难得的沟通美景。有时候人们不需要说话，光靠眼神、动作就能传达意思。赤壁之战时，一阵风刮过，刮起的旗角于周瑜脸上拂过使他猛然醒悟，大叫一声，往后一倒，口吐鲜血，只有诸葛亮知道周瑜的心病，开出“欲破曹公，宜用火攻；万事俱备，只欠东风”的药方，这也是不沟而通的例子。

## 思考与训练

一、自我测试

**你善于交谈吗?**

对下列题目做出“是”“有时”或“否”的选择。

(1)你是否时常觉得“跟他多讲几句也没有意思”?

A. 是　　B. 有时　　C. 否

(2)你是否觉得那些太过于表现自己的人是肤浅的和不诚恳的?

A. 是　　B. 有时　　C. 否

(3)你与一大群人或朋友在一起时，是否常觉得孤寂或失落?

A. 是　　B. 有时　　C. 否

(4)你是否觉得需要时间一个人静静地思考，才能整理思路?

A. 是　　B. 有时　　C. 否

(5)你是否只会对一些经过千挑百选的朋友吐露心事?

A. 是　　B. 有时　　C. 否

(6)在与一群人交谈时，你是否时常发觉自己在东想西想一些与谈论话题无关的事情?

A. 是　　B. 有时　　C. 否

(7)你是否时常避免表达自己的感受，因为你认为别人不会理解?

A. 是　　B. 有时　　C. 否

(8)当有人与你交谈或对你讲一些事情时，你是否时常觉得很难聚精会神地听下去?

A. 是　　B. 有时　　C. 否

(9)当一些你不太熟悉的人对你倾诉他的生平遭遇以博得同情时，你是否会觉得不自在?

A. 是　　B. 有时　　C. 否

评分规则:

每题选"是"计 3 分，选"有时"计 2 分，选"否"计 1 分。各题得分相加，统计总分。

如果你的总分是 22～27 分：表示你只有在极需要的情况下才会同别人交谈，或者对方与你志同道合，但你仍不会以交谈来发展友情。除非对方愿意主动地频繁跟你接触，否则你便总处于孤独的个人世界里。

如果你的总分是 15～21 分：表示你比较热衷于与别人交朋友。如果跟对方不太熟悉，你刚开始时会表现得很内向，不太愿意跟别人交谈。但时间久了，你便乐意常常搭话，彼此谈得来。

如果你的总分是 9～14 分：表示你与别人交谈不成问题。你非常懂得交际，善于营造一种热烈的气氛，能鼓励对方多开口，使得彼此十分投合。

二、案例讨论

南朝时期，齐高帝曾与当时的书法家王僧虔一起研习书法。有一次，高帝突然问王僧虔:"你和我谁的字更好看呢?"王僧虔巧妙地回答:"我的字臣中最好看，您的字君中最好看。"

(1)王憎虔是如何利用语言技巧的?

(2)你从上述案例中学到了什么?

三、情景模拟

与小组同学一起模拟以下场景，并讨论怎样表达可以更好?

(1)你是学生会成员，要说服同学们为一个需要换肾的同学捐款，你将怎么说?

(2)你是一名公司职员，因工作努力，成绩突出，想让老板加薪，你将怎么说?

# 第二节　影响语言沟通的因素和原则

## 案例引入

19世纪，维也纳上层社会的妇女们喜欢戴一种又高又宽的帽子，而且在帽檐上装饰着五颜六色的羽翎。女士们一进入剧场，观众就只能看到她们戴的帽子，而看不见戏台。剧场经理在无可奈何的情况下，只好一再请求女士们脱下帽子，可谁也不予理睬。这时，经理灵机一动，根据女士们爱美和爱年轻的心理状况和特点，说："年纪老一点的女士们可以不脱帽的。"话一出口，女士们纷纷脱下帽子，因为她们面临美女与老妇的选择，维也纳的上层妇女，谁也不愿意把自己当成老妇。其实她们戴那种又高又宽的帽子，也正是追求美、追求年轻的一种表现。

事实上，人们的每一次沟通都是在具体的环境中，面对各种各样的对象展开的。而不同的环境、场合、对象等因素也会影响到沟通的效果。

## 一、影响语言沟通的几种因素

### (一)社会环境

社会环境主要包括一个社会的政治制度、风俗习惯、民族的历史文化传统等。社会环境是语言赖以生存、使用和发展的根本条件，本身就是一个大语境，它对人们使用语言具有很强的制约作用。语言表达者对不同的社会环境应该有充分的认识和了解，而且能够在具体的沟通活动中，采取行之有效的、与之相适应的语言表达方式。

### (二)时空场合

1. 时空场合的含义

语言沟通离不开一定的场合，不同的时空场合对语言沟通有不同的制约。时空场合包括具体的时间背景和空间场合。时间背景是指语言沟通的具体时间；空间场合是指语言沟通所处的具体地点。时、空两个因素是不能被割裂开的，它们相互影响、相互制约，共同在语言沟通中起着重要作用。

生活中时空场合对语言沟通起制约作用的例子不在少数。比如简单的两个字"走吧"，从同为学生身份的沟通对象口中说出，不同的时间背景就有不同的含义。还有十分钟上课，这时的"走吧"是说"一起上课去"；午饭时间，这时说"走吧"意思是"一起去食堂吃饭"；周末，海报栏里贴出了放映电影的海报，甲和乙都知道海报内容，这时甲对乙说"走吧?"意思则是"晚上一块看电影去吧?"诸如此类的例子是非常多的。当"走吧"离开沟通的具体时空场合，所能表达的只是抽象、概括的意义，而当它在被赋予特定的环境因素时就能生发出明确的语义内容，简洁、有力地完成它的沟通使命，从而使我们的语言沟通活动更加轻松、省力。

2. 时空场合对语言沟通的制约与作用

语言沟通双方都是在一定的时间背景、特定的空间场合下进行语言沟通活动的。这种活动与时间一起流动，随场合的变化而变化，所以时空背景对语言沟通的制约作用是十分明显的。

首先，时空场合会影响语言沟通者的情绪，对语言沟通有诱导和暗示作用。

语言沟通容易受到沟通者心理状态的影响，沟通环境又影响人的心理状态，所以沟通环境会影响语言沟通。以口头沟通为例，一个不善言谈的人在令他兴奋的场合，同样会侃侃而谈；相反，一个很爱说话的人，在特定的场合中也会缄默无语。无论是爱说话还是不爱说话，其兴致和激情与时空场合是有密切关系的。

时空场合对语言沟通表达形式的制约包括以下几个方面。

第一，对说话声音的控制。如果在公交车上，声音嘈杂，我们有什么话要说，就要把声音放大一些，以便对方听到，这是合作原则的一种体现。但是如果在图书馆的阅览室里，我们有话要说，就应该尽量放低声音，以免对其他同学造成干扰，这也是出于对其他同学的合作态度。

第二，对说话情态的控制。不同场合对在语调上、感情色彩上以及面部表情等方面的语言沟通都有所限制，比如在追悼会和在联谊会或欢庆宴会上的情态一定是不同的。

第三，对沟通词语的选择。不同场合对于词语的选用也有讲究。某法院曾经审理一起案件，因被告对作案时间交代不清楚，为了核实，审判长决定传被告之妻到庭作证，由于过分着急，他脱口而出："把他老婆带上来!"法庭上顿时哗然，严肃的气氛被冲淡了。这句话之所以不得体，是因为它处于一个特殊的沟通环境之中。在这样的环境中，审判长应当使用法庭用语，比如"传证人某某到庭"，实际上审判长混用了法庭用语和日常生活用语。可见，词语的选择是受时空背景制约的。

第四，对语言句式的选择。一般来说，我们说话要求句式完整，但在特定的场合就要有所不同。比如作为路标，"陡坡，慢!"就是一个非常适合行车场合向司机传递信息的方式，其结构简略，语气急促，都是受这种特定的时空场合制约的。

时空场合对沟通容量的制约，是指在特定的时空场合，我们应该注意说适量的话。比如在公共场合进行演讲，有的人滔滔不绝，用语言的触角抓住了每一位听众，自然令人佩服；而有的人把自己的意思浓缩起来，犹如一串闪亮的珍珠，也让人拍手叫绝。

其次，时空场合可以丰富词语意义，使语言沟通含有无限之意。

语言沟通所表达的意义有很多不是字面本身的意义，而是通过一定的时空背景临时被赋予的。比如上课的时候，到中午 12 点了老师仍然在拖堂，一个前排的学生就小声地对老师说："老师，12 点了!"这种时空场合下，"12 点"的含义就有了新的拓展，它不仅表示了一个具体的时间，还包含有"该下课了"这个言外之意。这是时空场合给一个句子增加的附加意义。

最后，时空场合还可以影响语言的感情色彩。例如在唱卡拉 OK 时，一个同伴特别活跃，情绪异常激动而高涨，你可以开玩笑地对他说："真能疯!"这里"疯"的感情色彩就由原本的贬义变成了褒义，有一种喜欢宠溺的意味在里面，而这种改变是由"唱卡拉 OK"这样的时空场合所给予的。

3. 主动选择有利的时空场合

场合是决定说话效果的重要因素，特定的话只能在特定的场合中说，这是由于一定的场合会构成一种特定的氛围。如果我们说一些与氛围不大协调的话，便会影响语言的沟通效果。比如谈恋爱选择有浪漫情调的咖啡厅，这都有利于双方在友好的氛围中进行感情的交流；情侣看电影一般选择爱情片，而一般不会选择战争类的片子看等，都是一个道理。

场合按不同的标准有不同的分类，按是否有私密性它可以分为公开场合和私下场合；按人的心境可以分为严肃场合和轻松场合；按沟通者的处所可以分为居家场合和赴他场合等。

公开场合的特点是：听众多，沟通面广，人员集中。在这种场合下的语言沟通者，首先要注意仪表的端庄，举止的大方；其次要注意语言内容的合适性，不要热情了某些人而冷落了另一些人。像教师上课，演讲者演讲，大会上发言以及朋友亲人间比较大型的聚会等，都是在公开场合中进行的语言沟通活动。

与公开场合相比较，私下场合的特点是听众少，气氛比较融洽。在这种场合下沟通，双方之间的距离要比公开场合下的距离拉近了许多。因此，在这种场合下人们不必过于拘谨，一些适宜较亲密或不宜公开场合说的内容都可在私下场合中表达出来。因此，人们就需要在平日的语言沟通中注意选择与话题性质相吻合的场合。假如我们认为自己的话题只有极小范围的针对性，我们就应该找一个私下的场合进行；相反，假如我们觉得自己的话题有广泛的针对意义和较强的感染力，我们便可以选择或创造公开场合以扩大影响。

另外，人们还可以根据自己的话题选择私下场合的公开场合或公开场合的私下场合。如在饭桌上，十个朋友一起吃饭，在该场合中对全体人员说的话就是私下场合中的公开场合；如果自己的话题只适合对该场合中的某一个人说，你小声地对身边的一个人说了，并没有面对其他人，你的音量也不能够让其他人听见，那么这就是公开场合中的私下场合。经常看到在宴会进行一段时间后或人们吃得差不多时，分别时几个人一块在窃窃私语就是这种情况。

有时，某一话题或说话的方式与当时的气氛处于一种融洽统一的状态，其沟通效果会格外好。比如在一位可敬的师长的追悼会上，你声泪俱下地朗诵了字字含情的悼词，会起到很强的感染效果，因为你的话题及表达方式是和追悼会的场合相吻合的。但是，如果某一话题或说话方式与当时的气氛处于一种逆向流动的状态，沟通效果就会一落千丈，而让人产生不适甚至反感，如殡葬场所悬挂“经济搞上去，人口降下来”之类的标语，犯的就是没有看清时空场合的错误。

总而言之，时空场合对语言沟通的影响很大，我们应该根据不同的时空背景选择与之相适应的语言内容和沟通方式，也应该根据不同的语言沟通内容和沟通目的选择与之相适应的沟通场合，使其充分发挥影响，为我所用。

### (三)语言沟通的对象

我们过去经常以“对牛弹琴”这个成语来挖苦对方是“牛”，但从另一个角度来看，这其中当然也有“弹琴人”的不对，因为美妙的音乐对于牛而言不如一把嫩草更有意义，这是弹琴人没有找准合适的欣赏对象而造成的后果。

语言沟通总是要有特定对象的。语言沟通效果如何，不仅受社会环境、时空场合的影响，同时还受到沟通对象的制约。同社会环境、时空场合一样，沟通对象也是语言沟通的客观因素。

俗话说，隔行如隔山。不同职业的人之间，可能形成一定程度的隔膜。因此，和不同职业的人进行语言沟通，人们就要根据具体情况恰当地展开话题，只有这样才能达到沟通的目的。而沟通对象的文化程度对语言沟通效果有很大影响。文化程度不同，人们对语言的识别能力和理解水平就会不一样。因此，针对人们的文化程度的不同，语言沟通的内容和方式也要有所不同。沟通者应注意把握适当的深度，使对方能够理解，否则就会事与愿违。一般说来，饱读诗书的人，喜爱典雅庄重委婉有深度的话，对话语也比较敏感；而读书尚浅的人，则喜欢直来直去、通俗简略、接近生活的语言。而沟通对象的心理状况同样也会影响语言沟通的效果。

人的性格也是构成沟通对象的因素之一。作为个人对现实稳定的态度和习惯化的心理特征、行为方式，性格对语言沟通的制约作用是很大的。如性格内向、老成持重的人，喜欢真诚质朴、亲切大方，与他们交谈不应该轻率怠慢、模棱两可，而自信、秉性耿直的人则喜欢活泼明快，说话直来直去。与性格多疑敏感、心胸狭窄的人谈话，要精细稳重、字斟句酌，不宜信口开河、直来直去。如果说性格开朗、粗犷豪放的人喜欢热情爽快、豁达大度，那么他们与性格温文尔雅、有学识才华的人交谈则不妨畅所欲言，旁征博引，含蓄诙谐，但千万不要巧言令色，卖弄知识。

沟通对象的年龄也是语言沟通中不可忽视的重要因素。我们在与不同年龄的人交谈时，实际上不论在内容上还是在形式上都要注意区别对待。比如说，与老年人、与孩子交谈和与青少年交谈之间就有很多不同。

## 案例

有一天，药店老板要出去，他就对他儿子说："我要出去了，你有没有把所有的药品名称都记起来?"他儿子就说："记起来了。"过了一会，有一位教授来了问道："令尊在吗?"阿达就说："没有令尊这种药。"教授又问："那令堂在吗?"阿达说："也没有令堂这种药。"教授看了看阿达，叹气失望而归。

这则笑话是在说明教授说话没有看清对象，没有考虑到小孩的接受能力和理解能力。

### (四)沟通双方的关系

在语言沟通中，采用什么方式以及选择哪些词语等进行沟通，跟沟通的具体时空场合有关，更和具体时空场合中交际双方的特定关系密切相关。这是因为人与人之间可能存在多种关系，如既是父子关系又是上下级关系，既是同事关系又是朋友关系等。那么在不同的具体场合，其中的某一种关系必然凸显出来，而我们的沟通内容和方式就要以适合这一关系为准则。如果不考虑特定场合中的特定关系并根据这一关系采用适当的沟通方式，我们就可能在交际中"碰钉子"。

"见什么人说什么话"，就其积极意义而言，就是想要与他人对话，必要时要事先把握对方的个性，随机应变地采用不同的说话方法。

在特定场合，交际双方的特定关系对语言沟通的方式方法以及成功与否至关重要。在语言沟通中，人们不仅要注意沟通对象的身份、性格、年龄、职业、情绪等，还要特别注意沟通对象与自己的关系，只有准确把握特定场合中两者的特定关系，选择适合这一关系的沟通方式才能获得良好的沟通效果。

三国时期死于曹操之手的杨修，就是没有把握好自己与曹操的特定关系，屡犯曹操之忌而最终招来杀身之祸的。有一次，曹操派人建造了一个花园，完工后去检查时没有直接评价，只是在门上题(写)了一个“活”字。众人不解其意，只有杨修说：“门内添‘活’字，乃‘阔’字也。丞相嫌园门阔耳。”后来重修停当，曹操大喜。但是当得知是杨修解其意时，疑心甚重的曹操便心有不悦，并对其有了戒心。

而随后，杨修又以“一人一口酥”之解，分食了塞北送与曹操的“一盒酥”。曹操很是不满，杨修却没有及时了解曹操的心理，没有认识到自己与曹操的关系在曹操心中已经发生了恶变，在被曹操问及此事时，他仍满不在乎地说：“盒上明明写着一人一口酥，岂敢违丞相之命乎?”

后来，曹操故意以“梦中杀人”为借口遮掩自己害怕被暗杀的心理时，杨修又说道：“丞相非在梦中，君乃在梦中耳。”这一次次的口出无忌，使他与曹操的关系在曹操心中渐渐走向对立，从不悦到不满再到不可容忍，因此当杨修再次以“鸡肋”来“动摇军心”时，曹操便毫不犹豫地杀了他。

或许杨修的本义只是显示自己的聪慧和才华，并无恶意，但是他没能认识到自己的对象是什么样的一个人以及自己与对方的关系是怎样的，喜欢猜疑嫉妒的曹操怎会容得下这样一个明了自己心思的人在自己的身边？因此，杨修最终被曹操杀害的惨剧是注定的。

相反，如果注意到对方的身份、性格、地位等特点，考虑到沟通双方的特定关系，再假以巧妙的措辞，相信人们(沟通者)自然会收到良好的沟通效果。

## 二、语言沟通的基本原则

语言作为沟通的工具，最终目标就是表达内容的有效性。无论你出于怎样的目的，都不希望自己的讲活没有效果，甚至适得其反。说话的目的有四个方面，不论说话者是否意识到，说话一定具有以下四个目的中的一个或几个：引起听者行动；提供知识或者信息；引起共鸣、感动与了解；让听者感到快乐。

要使沟通顺利进行并收到良好的效果，有些基本原则需要遵循。

### 案例

一对夫妻在商店的柜台前。妻子问丈夫：

“你看，我穿那件衣服，粉红色的那件，怎么样?”“哪件?”

“那边，从左边数，第五件。”“挺好。”

“好像颜色太刺眼了。哦，那件怎么样，天蓝色的?”“不错。”

“要不，那边那件，半边红半边黑，挺新颖，好吗?”“可以。”

这位丈夫对妻子的问话一律给予了肯定的回答，这很符合语言沟通中的礼貌原则和表面上的合作原则。但在这种场合下，妻子是不会十分满意的。妻子需要的不是这种语言上的表面合作，而是对方真心参与进来，给自己一个合理化建议的合作。夫妻两个一起出来买衣服，妻子最想听到的是丈夫的真实意见，而丈夫简单的肯定回答对妻子来说只是敷衍了事的表现，并非是真心合作的态度。

**(一)合作原则**

语言是为了沟通，而沟通无论是最初还是现在，其最终目的在一定程度上都是为了合作。在语言沟通中，双方都希望所说的话语能够相互理解，彼此总是要相互合作的，因此都遵循“合作原则”来达到预期的目的。

在语言沟通中，如何根据沟通目的和沟通对象，选择合适的语言积极配合非常重要。首先在上面的对话中，这对夫妻是一对特殊的沟通对象。说特殊，是因为他们关系很亲近，彼此说话时不需要客套，完全可以有话直说。其次，妻子向丈夫询问的目的显然是想得到丈夫明确的意见，而不是形式上的赞同。在这种情况下，丈夫应该真实诚恳地表达自己的意见，比如“我觉得那种款式不太适合你”“你穿红色的更好”，等等。这样的回答虽然没有给妻子的话以正面肯定，但对妻子来说是明确、积极的，表现了丈夫积极合作的姿态。妻子听了这样的话不但不会生气，反而会很高兴。

合作原则是人们在语言沟通中尽量要遵循的重要原则，它要求沟通者在语言沟通过程中要尽量配合对方。像上面的对话，丈夫就应该舍弃表面的礼貌而说出自己的真实意见，即使不同意妻子的选择，那也是一种更高层次意义上的合作。当然，在表达自己的想法时，一方要注意说话的语气和方式，不能太尖刻，也不能像有些夫妻那样，与周围的人说话和和气气，与自己的妻子(或丈夫)说话时就句句带刺，好像仇人一样。

而一旦当双方对话陷入僵局，一方则尽量选择礼貌原则，哪怕是放弃自己的真实想法也要尽量寻求双方的协调一致，这也是一种更高层次上的合作原则的体现。

当夫妻间谈话出现这种情况时，彼此针锋相对往往会使冲突更加尖锐。这时，一方就更需要注意礼貌原则，即尽量减少与对方在观点上的不一致，尽量增加与对方在观点上的共同点，避免针锋相对的回答，此时一方的主动退让是休战的最好办法。

语言沟通中的合作原则有一个下位原则，即俯就准则。合作原则中的俯就准则是指沟通双方中的一方在语言能力上明显高于另一方，但是为了能够和沟通对象顺利地沟通，便将之转换为一种对方能理解的方式去表达，积极主动去解决语言沟通中出现的问题，从而让语言沟通顺利进行。

**(二)得体原则**

得体原则是指在语言沟通中话语内容得当，表现方式得体。得体的语言沟通来源于知识、修养、阅历，以及由此产生出来的智慧等。

语言沟通的得体原则，就是根据语言环境和沟通目的等，充分运用此时、此景，以最佳的方式来传递最适当的信息。一个人在社会立足很重要，而得体的交谈方法和言语是使人立足的重要方法之一。

语言沟通中的得体原则，体现在两个方面：一是内容得体，二是形式得体。如果你能做到以下六点，你的说话就能很得体。

第一，清楚简洁，话要说清楚，意思要表达明白。我们要去除不必要的杂音。有些人在每一句话的最后习惯加上“啊”等语助词，像是“就是说啊”“当然啦”，在比较正式的场合，就会显得不够庄重稳重。

第二，有见解才能有沟通，提出自己的见解比说一大堆废话强很多。很多人喜欢在和别人沟通的时候耍滑头，不愿意把自己的想法说出来，总想从别人那里套出一些话，其实这种做法不仅不能起到沟通的作用，还会让别人对自己产生很多不好的想法，所以与人交谈的时候，千万不能随声附和，人云亦云，要从大处着眼，提出自己的见解，并用朴实的语言表达出来。当然要注意一点，你所提出来的意见一定要符合实际的情况，不能让别人听了之后一头雾水。为了在生活中要讲出有深度的话，最重要的一点就要透过现象看本质，用自己独特的视角去发现和思考问题，尽可能触摸到事物的灵魂层。

第三，从大处着眼，从小处着手，和别人说话的一个最大的忌讳就是脱离实际情况，所以在和别人沟通一些很重要事情的时候，一定要先从很小的事情谈起，并且将这些事情与实践结合起来，说经验，谈想法，千万不可夸大事实，只有这样才能抓住对方的心，让对方能够和你很愉快地沟通出个结果。在日常的沟通交流中，只有做事讲求实际，才能不附带任何个人情感色彩地做人。

第四，说实在话，办实在事，让别人信你。在和别人沟通的时候，一定要注意自己的态度，要实实在在、恭恭敬敬的，说话的时候，不必高谈阔论，婉转动听，只要言简意赅就可以了，通常情况下，问题的关键也就在那几句简单朴实的话语当中。

第五，说话的时候一定要注意对方的想法，正所谓“投其所好”。如果你聊天内容的领域对方从来没有涉及过，建议你不要主动去聊这类话题，因为别人不感兴趣，你说得再多，都是一个人的独角戏，这个时候，一定要观察细微，意识到对方不感兴趣，马上换一个话题。如果继续一个人侃侃而谈，不懂脸色，别人对你的厌恶度会持续增加，直到彻底聊不下去时结束。

### 案例

西方的政治家普遍接受了优秀的语言沟通训练。希拉里在美国废品回收业大会演讲时，一名女子突然将一只鞋扔向希拉里。她本能地向左躲闪，未被击中。当台下一片惊愕时，希拉里反而很镇定：“有人向我扔什么东西吧？这是不是马戏团表演的一个环节？”她还手搭凉棚寻找扔鞋者并开玩笑地说：“老天，没想到固体废物回收还如此有争议。谢天谢地，幸好她不像我一样打垒球。”这样得体且不失幽默的回答得到了在场观众的肯定。

**(三)尊重、真诚、礼貌原则**

尊重、真诚和礼貌是我们在语言沟通过程中应当积极倡导和努力追求的美德和修养。在语言沟通过程中我们首先要做到的就是尊重对方。

## 案例

在美国，一个颇有名望的富商在路边散步时，遇到一个衣衫褴褛、骨瘦如柴的，摆地摊卖旧书的年轻人在寒风中啃着发霉的面包。有着同样苦难经历的富商顿生怜悯之情，便不假思索地将8美元塞到年轻人手中，然后头也不回地走了。没走多远，富商忽然觉得这样做不妥，于是连忙返回来，从地摊上捡了两本旧书，并抱歉地解释说自己忘了取书，希望年轻人不要介意。最后，富商郑重其事地告诉年轻人说："其实，您和我一样，也是商人。"

两年以后，富商应邀参加一个商贾云集的慈善募捐会议时，一位西装革履的年轻书商迎了上来，紧握着他的手不胜感激地说："先生，您可能早忘记我了，但我永远也不会忘记您。我一直以为我这一生只有摆摊乞讨的命运，直到您亲口对我说，我和您一样都是商人，这才使我有了自尊和自信，从而创造了今天的业绩。"这便是尊重的力量。

（资料来源：https：//zhidao. baidu. com/question/376593277. html，访问日期，2019-4-10。）

在语言沟通中，学会尊重是非常必要的，它对语言沟通向良性发展具有重要作用。尊重应该是礼仪之本，也是待人接物的基本美德。同时，尊重不能偏袒于一方。语言沟通首先要求的是自尊为本，强调自尊自爱。一个人不讲自尊，就不可能得到别人的尊重。人首先要尊重自己，站有站相，坐有坐相，举止大方；其次要尊重交往的对象，让自己成为一个懂礼貌的人。我国是礼仪之邦，"礼"应该以尊重为支撑，它的背后应该是真诚、善意、宽容和理解，真正的礼貌语言就应该是内心表示尊重的、有适当形式的语言。

最后，要真诚对待他人。要想沟通得好，要想达到长久的、友好的合作，真诚是不可或缺的。真正打动人心的讲话并不在于说得多么流畅、多么动听，而在于真诚地表达。一个成功的销售者并不一定是个口若悬河的人，但却一定是一个善于真诚表达的人。如果你能够用得体的话语表达出你的真诚时，你就赢得了对方的信任，建立起相互之间的信赖关系，对方也可能由信赖你进而喜欢你说的话，更进一步喜欢你的为人。因此，我们要打破伪善，呼唤真诚回归。而在跟人沟通时，真诚待人，这样让自己的语言有重量，才有办法得到别人的信任。

## 思考与训练

一、案例讨论

春秋战国时期，有一位著名的医学家，名叫扁鹊。有一次，扁鹊谒见蔡桓公，站了一会儿，他看看蔡桓公的脸色，然后说："国君，你的皮肤有病，不治会加重的。"蔡桓公不相信，还很不高兴。

过了十几天，扁鹊又前来拜见蔡桓公，他仔细看看蔡桓公的脸色说："国君，你的病已到皮肉之间，不治会加重的。”蔡桓公见他尽说些不着边际的话，气得没有理他。扁鹊走后，蔡桓公还没有消气。

又过了多天后，扁鹊又来朝见蔡桓公，神色凝重地说：“国君，你的病已入肠胃，再不治就危险了。”蔡桓公气得叫人把他轰走了。

再过了十几天，扁鹊一见到蔡桓公，转身就走。蔡桓公很奇怪，派人去追问。扁鹊叹息说：“皮肤上的病，用药物敷贴就可以治好；皮肉之间的病，用针灸可以治好；在肠胃之间，服用汤药就可以治好；但是病入骨髓，那么生命已掌握在司命之神的手里了，我是无能为力了。如今国君的病已深入骨髓，所以我不敢再去谒见了。”蔡桓公听后仍不相信。

五天之后，蔡桓公遍身疼痛，连忙派人去请扁鹊，这时扁鹊已经逃往秦国躲起来了。不久，蔡桓公便病死了。

讨论：

(1)蔡桓公为何没有把扁鹊的话当作一回事？

(2)请从语言沟通的角度分析扁鹊的失误，并说明应该怎样改进其语言沟通策略？

二、情景模拟

情景一：老板派人叫你去他办公室，询问你某项目进度如何，而你正在为下一步该如何推进这个项目发愁，你该如何回答？

场景二：你在楼道里遇上了同学小李，他悄悄地拉住你，说你的舍友小张品行有问题，你该如何回答？

场景三：你的同事丽丽接完客户的电话，非常生气，她恼火地说：“这工作真不是人做的”，你该怎样说呢？

三、以下这些语言是生活中经常听到的，和小组同学讨论一下它们的表达效果怎么样？怎么说才更好？

1. 你怎么不如××懂事呢？

2. 你哥哥考试得了A，而你连B也得不到。

3. 天啊，你这个大学生还不如小学生知道得多！

4. 小赵，你接电话的方式太差劲了，所以从现在起你必须接受职业化的训练。

5. 你竟然喜欢穿红色衣服，把自己的脸映衬得像猪肝一样，实在太了不起了。(朋友皮肤比较黑，穿了件大红色的衣服)

四、比较这两种说话方式，讨论他们的沟通效果有什么不同？你学到了什么？

1. 爸爸对儿子说：“这个礼拜六我们一起去看电影。”儿子问：“看什么片？”爸爸有些不高兴：“看什么片，还要挑吗？要去就去，不去拉倒。”

2. 爸爸对儿子说：“这个礼拜六我们一起去看电影。”儿子说：“好，我们一起看。”然后去问妈妈看什么片，妈妈说：“《小鬼当家》。”如果儿子看过了，也不要直接说出来，而是应该说：“好，我们一起去看，不过我功课很多，看完回来你们先睡，我还要做作业。”妈妈问：“你那么多作业，干吗去看电影？”“爸爸说去，我们就要去。”妈妈肯定会说：“你这孩子，我跟爸爸讲叫你不要去。”

# 第三节　有效的语言沟通技巧

## 案例引入

一个留学生在美国受雇于一家出租汽车公司，有一次，他在负责给一位小姐送货时因路上堵车迟到了10分钟，他连忙对小姐说："对不起，刚才遇上堵车。"小姐只看了他一眼，没说什么。但当他赶回公司时，老板说："你被解雇了，你可以回家了。"他感到迷惑不解，老板提醒他，应该对客户说："对不起，这全是我的错。请您相信，不会再有第二次了。"

生活处处是学问，如何说话更是重中之重。有效的沟通不仅要学会倾听，还要掌握说话的技能。自古就有"良言一句三冬暖，恶语伤人六月寒"的说法，可见语言表达的重要性。具有高超语言技巧的人，能在沟通中赢得主动，反之，会使自己陷入被动，从而影响沟通的效果和生活的质量。那么，怎么说话才是有效的呢？

## 一、了解沟通对象

俗话说：知己知彼，百战不殆。我们在进行人际沟通时，也要注意了解自己的沟通对象。针对不同的沟通对象采用不同的语言，方能收到良好的沟通效果。

### （一）了解沟通者的需求

人们的需求各种各样，往往是隐藏在内心深处的。沟通时，我们要善于从对方的语言和肢体语言所透露的信息来判断他的需求。比如在谈话过程中，对方不断地看表或者打哈欠，表明他已经厌倦了这场谈话，想要尽快结束谈话。如果谈话中，对方眼睛一直看着你，表明他对你的谈话很感兴趣。

针对不同心理状态的沟通者，我们所采用的沟通方式也是不同的。比如面对一个心里苦闷的人，你要善于倾听；而面对一个兴高采烈的人，你要适时助兴；面对一个悲伤的人，要及时安慰他。

### （二）了解沟通者的个性

人的性格分为很多种类，不同的性格影响人的行为习惯和沟通风格。我们和人沟通时应事先把握沟通者的个性，采用不同的沟通方式进行沟通才能收到良好的沟通效果。比如，对坦诚直率的人要多进忠言，对胆小怯懦的人要多鼓励等。

孔子就做得很好。有一次，孔子的学生子路问孔子："听到了是不是马上见之于行动？"孔子回答说："有父亲、哥哥在，怎么能不向他们请示就贸然行事呢？"过了一些天，冉有也问孔子同样的问题，孔子回答说："听到了当然要马上行动"。公西华对此十分迷惑，不明白为什么同一个问题老师却有不同的回答。孔子解释道："冉有办事畏缩、犹豫，所以我鼓励他办事果断一些，叫他看准了马上就去办；而子路好勇过人，性子急躁，所以我得约束他一下，叫他三思而行，征求父兄的意见。”公西华听了老师的回答，顿时明白了。实际上，孔子正是看到子路和冉有具有不同的性格，而选择了不同的回答。

沟通中，对对方的个性、兴趣、背景等情况了解得越多，就越能调整自己，选择恰当的话题和沟通方式以配合对方，增强沟通效果。

## 二、口头语言沟通要适情应景

沟通离不开具体的环境、时间、地点、场景等，不同的情景，需要选择不同的沟通方式。

### (一)准确定位双方的角色

与人沟通时，要注意对方的身份、年龄、职业、性别等。与长辈交谈，要温文尔雅、尊卑有序；与上级交谈要有理有据、谦恭自信；与客户交谈，要热情大方、细心周到；与爱人交谈要温柔体贴。

### (二)说话要注意场合

沟通时语言要和具体的场合相协调。场合一般分为正式场合和非正式场合，要根据场合变换沟通的方式、语气、措辞等。正式场合不能过于随意，可以使用书面语；非正式场合可以适当地使用幽默、轻松的语言；喜庆的场合，如婚礼、生日宴上，不要说不吉利的话；而葬礼上则不要说开心的事情。

鲁迅先生在他的《立论》这篇文章里有一个这样的故事。

一户人家生了一个男孩，全家高兴透顶了。满月的时候，主人抱出来给客人看——大概自然是想得一点好兆头。

一个人说：这孩子将来要发财的。他于是得到一番感谢。

一个人说：这孩子将来要做官的。他于是收回几句恭维。

一个人说：这孩子将来是要死的。他于是得到一顿大家合力的痛打。

第三个人之所以遭到痛打，就是因为他说话没有分清楚场合。

所以沟通时话题的选择、内容的安排、言语形式的选用都要根据具体场合来选择，与场合氛围相协调。

## 三、准确清楚地表达

话不在多而在于精，简洁准确的语言最能抓住对方的注意力。尤其是正式场合，比如报告会、座谈、演讲中，要求说话者对所说的内容要有深刻的理解，对整个说话过程做出周密的安排。

要做到这点，首先是要发音正确。清楚准确的发音可以依靠平时的练习，朗读书报，多听广播等方式。除此之外，说话的时候避免用一些生涩的词汇，简洁的句式。比如你在介绍你家乡话的时候说有“入声字”，那么大多数人对这个名词都是一头雾水，但是如果你说比普通话多了一个声调，听的人很容易就明白了；有人说话喜欢重复使用同一句式，说一个“好”就行了，完全不必说“好好好”。

其次，信息要完整。一条清晰的信息应当是完整的，能准确反映出你的想法、感受、需要和观察，在表达时不要有遗漏，也不应当模糊、抽象。做到这点也不难，只要我们说话时要表达清楚四个要素：我们观察到什么？有什么想法？有什么感受？需要什么？完整地表达信息，做到没有遗漏和不混淆是一项技能，只要通过不断的练习就能逐步学会。

最后，说话条理清楚也很重要。有些人讲了很多话，人们却不知他在说什么。这可能是因为他东拉西扯，语言缺少组织和系统。要克服这个缺点，要求我们在话未出口时，先在脑子里构思一个轮廓，厘清自己的思路，抓住重点，先说什么后说什么，然后按秩序一一说出。那些与主题无关的话，统统戒除。比如口头禅，有人讲话时总喜欢用很多“然后”“呃”等词，这些都会影响听众的接收，不利于听众了解和把握事情的实际情况，影响表达的效果。

## 四、生动形象地表达

在说清楚的基础上，我们要做到生动形象地说，使用修辞手法可以使我们的语言更生动形象。在口语表达中，我们可以适当使用修辞手法来表情达意，增强语言表达的效果。常用的修辞手法有比喻、对比、引用、双关等。

### （一）比喻

比喻就是打比方，以此物比彼物。

比如，钱锺书在《围城》里描写苏小姐脸红的比喻就很贴切：

苏小姐双颊涂的淡胭脂下面忽然晕出红来，像纸上沁的油渍，顷刻布到满脸，腼腆得迷人。

这里用“像纸上沁的油渍，顷刻布到满脸”作比，把苏小姐脸红的变化过程描述得非常贴切，具有创造性。

人们说话是为了描绘事物、阐述道理或表达情感等，要把这些东西表述得生动具体，使别人印象深刻，并不是一件容易的事。如果能运用贴切的比喻，就能化难为易且具有说服力。当然，也不能滥用比喻，否则就会出现“比喻不当”的情况，或落入老生常谈的俗套。

### （二）对比

对比是把两个相对或相反的事物，或者一个事物的两个不同方面并举出来，相互比较的一种修辞方式。

臧克家先生就非常善于运用对比表达思想，例如，有的人活着，他已经死了；有的人死了，他还活着。

将同一事物的不同方面进行对比，往往可以把道理说得更透彻、更全面。鲁迅在他的《战士与苍蝇》里写道：有缺点的战士终究是战士，完美的苍蝇竟不过是苍蝇。这里，鲁迅把战士和苍蝇进行对比，使战士的形象更加鲜明。

### （三）引用

说话时，引用古文、名人名言、典故等来证明事物，阐释道理，借助于多种多样的语言材料，产生以少胜多、寓意深刻的效果，使我们的语言表达言之有据，增强说服力和感染力。

可以借用小幽默、小笑话来增加谈话的幽默风趣，营造和谐的氛围。例如，问：“现代化大生产运用的是高等知识，为什么还叫我们补习初中课程呢?”答：“有个笑话，一个人在吃第五个烧饼时饱了，他说，早知如此，何必吃前四个呢?”这似乎并没有直接回答问题，但借用这个小笑话就足以说明“初中课程”与“高等知识”之间的关系。这种侧面回答幽默风趣，通俗易懂，要比正面回答好多了。

运用引用表达时，力求精当，所引用内容既要有权威性、说服力，又要有新颖性。

**(四)双关**

双关就是有意识地使用同一个词或同一句话，在同一个语言环境中兼有两重意思，表面上是说这件事，实际上是指另一件事。一语双关，不仅能使话语含蓄、幽默，还能加深语义，引人思考，给人以深刻的印象。

例如，纪晓岚与和珅同朝为官，纪晓岚任侍郎，和珅任尚书。有一次，两人同饮，和珅指着一条狗问：“是狼是狗?”纪晓岚非常机敏，立即意识到和珅是在转弯抹角地骂自己，就马上给予还击。他泰然自若地回答道：“垂尾是狼，上竖是狗”。这“是狼”与“侍郎”谐音，“上竖”与“尚书”谐音。和珅用谐音攻击纪晓岚，自以为稳操胜券，聪明卓绝，没想到纪晓岚用同样的技巧以其人之道，还治其人之身，使狡猾的和珅没有占到丝毫便宜。

## 五、抑扬顿挫地说

除了恰当使用各种修辞手法之外，还要让你的声音富有“表情”，声音的“表情”是通过说话人的发音、强调方法、语气顿挫和语调的变化来表达出来的。灵活运用停顿、重音、语速、语调等，让自己的声音抑扬顿挫，带上表情，可以为你的语言表达增色不少。

**(一)停顿**

停顿是指语流中的间歇。停顿是体现语言节奏和意义不可缺少的表达手段，恰当的停顿可使讲话内容得到更清楚的表述，加强语言的清晰度和感染力，使语言呈现鲜明的节奏感，还可以引起听众的注意和思考。同样一句话，不同停顿所表达的意义不同。

比如，下面的这些文字就是利用语音停顿位置不同，表达了完全不同的意思。

下雨天/留客天/留我不留。

下雨天留客/天留我不留。

下雨天/留客天/留我不/留。

停顿的方式有生理停顿、语法停顿和强调停顿。

生理停顿即说话者根据气息需要，在不影响语义完整的地方做一个短暂的停歇。要注意，生理停顿不要妨碍语义表达，不割裂语法结构。

语法停顿是由口语表达中的层次结构及语法关系决定的。一般来说，语法停顿时间的长短同标点大致相关。如句号、问号、叹号后的停顿比分号、冒号长；分号、冒号后的停顿比逗号长；逗号后的停顿比顿号长；段落之间的停顿则长于句子之间停顿的时间。

强调停顿是根据语义的变化而做出的一些停顿。为了强调某一事物，突出某个语义或某种感情，而在书面上没有标点、在生理上也可不做停顿的地方做了停顿，或者在书面上有标点的地方做了较大的停顿，这样的停顿我们称之为强调停顿。

### （二）重音

重音是指朗诵、说话时句子里某些词语念得比较重的现象。一般用增加声音的强度来体现。重音有语法重音和强调重音两种。

1. 语法重音

在不表示什么特殊的思想和感情的情况下，根据语法结构的特点，句子的某些部分重读的叫语法重音。语法重音的位置比较固定，常见的规律如下。

一般短句子里的谓语部分常重读。

动词或形容词前的状语常重读。

动词后面由形容词、动词及部分词组充当的补语常重读。

名词前的定语常重读。

有些代词也常重读。

如果一句话里成分较多，重读也就不止一处，往往优先重读定语、状语、补语等连带成分。例如：

我们是怎样度过这惊涛骇浪的瞬息的！

快把那炉火烧得通红！

值得注意的是，语法重音的强度并不十分强，只是与同语句的其他部分相比较，读得比较重一些罢了。

2. 强调重音

强调重音指的是为了表示某种特殊的感情和强调某种特殊意义而故意说得重一些的音，目的在于引起听者注意自己所要强调的某个部分。语句在什么地方该用强调重音并没有固定的规律，而是受说话的环境、内容和感情支配。同一句话，强调重音不同，表达的意思也往往不同，例如：

我去过上海。（回答“谁去过上海”）

我去过上海。（回答“你去没去过上海”）

我去过上海。（回答“北京、上海等地，你去过哪儿?”）

### （三）语速

语速就是语流的速度，即在相同时间内所发音节(字数)的多少和口头表达进展的快慢急缓程度。语速的变化是表情达意的重要手段，是语言节奏的主要标志。如果快慢的节奏处理恰当，往往能够生动形象地反映生活图景，烘托环境气氛，加强口语效果，产生较强的艺术感染力。

语速同个人的风格、心理状态、演讲内容、语言环境等多种因素密切相关，和语言的轻重、停顿也密切相关。说话和演讲时，要从实际内容出发，根据情节的发展、感情的变化来确定演讲或说话的速度，要做到快慢得体、缓急适合、快而不乱、慢而不滞，使语言有节奏变化。

语速可分为快速、中速、慢速。就现代汉语来说，每分钟说 250 字以上为快速，每分钟 200 字左右为中速，每分钟 150 字左右为慢速。不同的语速可以用来表达不同的内容和感情。

(1)快速。一般用来表示紧张、激动、惊惧、欢乐、兴奋的心情，叙述急剧变化的事情，表现人物活泼、机警、热情、狡猾、泼辣的性格。抨击、斥责、控诉、雄辩、争吵、急呼，宜用快速。

(2)中速。一般用于感情没有多大变化的地方，或用于一般的记叙、议论和说明的场合。

(3)慢速。大多用来叙述平静、庄重的情境或用来表示沉重、悲伤、哀悼、沮丧的心情，还可以起强调的作用。记叙、说明、追忆、闲谈、絮语，宜用慢速；表现年老、稳重、迟钝的人物的言语、动作，宜用慢速。

口语表达最忌自始至终采用一成不变的速度。说得快时，要特别注意吐字的清晰，不能为了快而含混不清；说得慢时，要特别注意声音的明朗实在，不能因为慢而显得疲沓、松垮。总之，在语言表达时，速度要做到“快而不乱”“慢而不拖”。

**(四)语调**

说话时，字有字调，句有句调。我们通常称字调为声调，称句调为语调，是指语句的高低升降。语调是有声语言所特有的，它是句子的语音标志，任何句子都带有一定的语调。借助语调，同样一个“我”字，采用不同的语调可以回答不同的问题。

谁是班长？——我。(语调平稳，句尾稍抑)

你的电话！——我？(语调渐升，句尾稍扬)

谁负得了这个责任？——我！(语调降得既快又低)

你来当班长！——我?!(语调曲折)

语调是千变万化的，它的基本类型分为以下四种。

1. 平调

语调平稳，没有明显的升降变化(语句音高变化不明显)。一般用于不带有特殊感情的陈述和说明，以及表示迟疑、深思、冷淡、悼念、追忆、庄严等思想感情的句子。例如：

在我的家里，珍藏着一件白色的确良衬衫。(《一件珍贵的衬衫》)

在一个晴朗的下午，总部和党校的同志刚做完宿营准备工作，朱总司令来了。(刘坚《草地晚餐》)

愿母亲在地下安息！(朱德《回忆我的母亲》)

我到现在终于没有见，大约孔乙己的确死了。(鲁迅《孔乙己》)

2. 升调

语句音调由低逐渐升高(句子开头低，句尾明显升高)。常用于表示疑问、反诘、惊异、命令、呼唤、号召的句子。例如：

“这儿到底出了什么事?”奥楚蔑洛夫挤进人群里去，问道，“你在这儿干什么？你究竟为什么举着那个手指头……谁在嚷?”(契诃夫《变色龙》)

“共产主义是不可战胜的!”(杨沫《坚强的战士》)

这是胜利的预言家在叫喊：让暴风雨来得更猛烈些吧！(高尔基《海燕》)

如今建国伊始，百废待举，不正是齐先生实现多年梦想，大有作为之时吗？(沙叶新《陈毅市长》)

3. 降调

语句音调由高逐渐降低，末字低而短。这种语调一般用于陈述句、感叹句、祈使句，表示肯定、坚决、赞美、祝福、祈使、允许和感叹等感情。在普通话语句中降调出现频率高。例如：

十二年过去了，那小姑娘的爸爸一定早回来了。(冰心《小橘灯》)

他从破衣袋里摸出四文大钱，放在我手里，见他满手是泥，原来他便用这手走来的。(鲁迅《孔乙己》)

然后他待在那儿，头靠着墙壁，话也不说，只向我们做了一个手势："散学了，你们走吧。"(都德《最后一课》)

多可爱的小生灵啊！(杨朔《荔枝蜜》)

4. 曲调

语句音调曲折变化，对句子中某些音节，特别地加重、加高或延长，形成一种升降曲折的调子。这种语调常用来表示夸张、强调、反语等较为特殊的语气。例如：

"哈！这模样了！胡子这么长了！"一种尖利的怪声突然大叫起来。(鲁迅《故乡》)

"友邦人士"，从此可以不必"惊诧莫名"，只请放心来瓜分就是了。(鲁迅《友邦惊诧论》)

## 思考与训练

一、游戏

发给参与游戏的每位同学一张预先准备好的统一标准大小的白纸，要求大家把眼睛闭上(游戏过程中不允许睁开眼睛，严格按照要求操作)。

游戏规则如下。

请参与游戏的人把自己手中的白纸对折，做好不要动。

请参与游戏的人再把自己手中的白纸对折，做好也不要动。

请参与游戏的人把自己手中白纸的右上角撕掉，撕好不要动。

请参与游戏的人把自己手中的白纸旋转180度，不要动。

请参与游戏的人再撕掉手中白纸图形的右上角，不要动。

然后请参与游戏的人再撕掉手中白纸图形的右下角(这时可能有的人将这个角撕掉了，提前撕掉的就省略这一步)。

游戏结束后，请参与游戏的人把眼睛睁开，打开手中撕出的图形。结果会发现，参与者手中所撕出的图形没有一样的，有的甚至不是按统一要求做出来的，相差甚远。

讨论：为什么会出现不同的结果?

二、朗诵

### 你的名字

纪 弦

用了世界上最轻最轻的声音，
轻轻地唤你的名字每夜每夜。

写你的名字。

画你的名字。
而梦见的是你的发光的名字。

如日，如星，你的名字。
如灯，如钻石，你的名字。
如缤纷的火花，如闪电，你的名字。
如原始森林的燃烧，你的名字。

刻你的名字！
刻你的名字在树上。
刻你的名字在不凋的生命树上。
当这植物长成了参天的古木时，
呵呵，多好，多好，
你的名字也大起来。
大起来了，你的名字。
亮起来了，你的名字。
于是，轻轻轻轻轻轻地呼唤你的名字。

(1)请根据诗歌的内容和表达情感的需要，判断句子的重音、停顿、语速、语调等，并用“·”表示重音，用“/”表示停顿，用“↗”表示升调，用“↙”表示降调，在诗歌中标示出来。

(2)有感情地朗读诗歌。

## 本章小结

本章主要讲述了语言沟通概述、影响语言沟通的因素和原则、有效的语言沟通技巧的内容。

语言沟通是指以语词符号为载体实现的沟通，主要包括口头沟通和书面沟通。而语言沟通具有社会性、个体性和双向性三个特点。一个人的语言沟通能力离不开素质、修养和能力这三个部分。语言沟通也有三个层次：沟而不通；沟而能通；不沟而通。其中，不沟而通是沟通的最高境界。

影响沟通的因素主要有四个：社会环境、时空场合、语言沟通的对象、沟通双方的关系；沟通时我们要做到以下三个基本原则：合作原则，得体原则以及尊重、真诚、礼貌原则。

有效的语言沟通技巧主要有：了解你的沟通对象；口头语言沟通要适情应景；语言沟通时首先清楚准确地表达，其次生动形象地说，最后还要注意声音的抑扬顿挫，使声音富于“表情”。

# 第四章　非语言沟通

## 学习目标

1. 了解非语言沟通的定义、作用和类型。
2. 读懂各种非语言沟通。
3. 学会使用非语言沟通。

在现实生活中，人们沟通的信息并非都是通过语言来传递的，很多都是通过非语言的方式来传递的。运用肢体语言来表情达意是人类自身的一种本能，它的使用比语言要早。婴儿在不会说话的时候就可以用各种非语言来和人们沟通。20世纪50年代，研究肢体语言的美国学者米迪皮尔认为：在绝大多数的情况下，语言交流仅仅表达了思想的30％～35％，而其他的信息是由非语言的形式传递的。更有一项关于人际沟通的研究发现，对一些信息的“看法”只有7％来自语言，而另外多达93％的信息内容均来自非语言。在日常生活中，我们也都在自觉或不自觉地使用各种身体语言来代替有声语言。比如，父母摸摸孩子的脑袋表示爱抚，夫妻、恋人的拥抱表示相互的亲密与爱恋。正所谓“眉来眼去传真意，举手投足皆语言”，在沟通与交流的过程中，适当的使用非语言，确实能起到“无声胜有声”的效果。

## 第一节　非语言沟通概述

### 案例引入

一个人走进饭店要了酒菜，吃罢摸摸口袋发现忘了带钱，便对店老板说：“店家，今日忘了带钱，改日送来。”店老板连声：“不碍事，不碍事。”并恭敬地把他送出了门。

这个过程被一个无赖看到了，他也进饭店要了酒菜，吃完摸了一下口袋，对店老板说：“店家，今日忘了带钱，改日送来。”谁知店老板脸色一变，揪住他，非剥他衣服不可。无赖不服，说：“为什么刚才那人可以赊账，我就不行?”店家说：“人家吃菜，筷子在桌子上找齐，喝酒一盅一盅地喝，斯斯文文，吃罢掏出手绢揩嘴，是个有德行的人，岂能赖我几个钱。你呢？筷子往胸前找齐，狼吞虎咽，吃上瘾来，脚踏上条凳，端起酒壶直往嘴里灌，吃罢用袖子揩嘴，分明是个居无定室、食无定餐的无赖之徒，我岂能饶你！”一席话说得无赖哑口无言，只得留下外衣，狼狈而去。

（资料来源：许玲，《人际沟通与交流》，北京，清华大学出版社，2007。）

## 一、非语言沟通的含义

非语言沟通就是使用除语言沟通以外的其他沟通方式来传递信息的过程。非语言沟通的形式有很多种，包括身体语言、副语言、空间语言以及环境语言等，甚至没有表情的表情、没有动作的动作都是非语言沟通的有效途径。

作为人际沟通的媒介和渠道，非语言沟通具有不同于语言沟通的特点，在人际沟通中发挥着重要的作用。

## 二、非语言沟通的作用

非语言沟通是人际沟通的重要方式之一。沟通时，不同的面部表情、不同的动作，含义不同。即使打电话，对方是否微笑你也能感觉到。可见，非语言沟通在人际沟通过程中起着十分重要的作用。非语言沟通的作用概括起来有以下几个方面。

### (一)提供更大的信息量

有关研究表明，非语言沟通所显示的含义要比语言丰富得多，因为，语言有时会把所要表达意思的大部分甚至是绝大部分隐藏起来。所以，要了解说话人的深层心理，即无意识领域，单凭语言是不够的，动作比语言更能表现出人的情感和欲望。人类语言传达的意思大多数属于理性层面，这种经过理性加工表达出来的语言往往不能真实地表露一个人的真正意向，甚至还会出现口是心非的现象。一个人在谈话时，他可能戴上某种面具，讲的话可能是虚假的，但他的身体语言往往是真实的，无法掩饰。比如当某个人说他毫不畏惧的时候，他的手却在发抖，我们更相信他是害怕的。所以在沟通中我们不仅要注重语言沟通，还要注重非语言沟通。正如人们常说的“不仅要听你说什么，更重要的是看你怎么做。”事实上，非语言沟通在沟通中所表现出的真实性和可靠性要比语言强得多，特别是在情感的表达、态度的显示、气质的表现等方面，非语言沟通更能显出它所独有的特性和作用。所以，在人际沟通过程中，尤其在需要准确表达丰富的情感、增强表达效果、提供可靠的活动信息时，都必须运用准确的非语言表达方式。

### (二)产生良好的“首因效应”

首因效应，也称“最初效应”，是指在印象形成过程中，信息出现的顺序对印象形成产生的影响，最初获得信息的影响比后来获得信息的影响更大的现象。

美国心理学家卢钦斯(Luchins)已经证明，首因效应在印象形成过程中有举足轻重的作用。在人际交往中，如果第一印象良好，心理状态就会兴奋，言谈也就会主动，人们就会有继续交谈的欲望，这就给以后的交往打下了良好的基础。如果第一印象不好，交谈就会被动些，甚至根本就不想与之交谈，会给今后的交往带来障碍。

在第一印象中，非语言的作用尤为明显。在交际场合，尤其是彼此不熟悉的人，由外貌、表情、行为举止等构成的整体仪态给人的印象要比言语更直观和迅速。心理学研究表明：人感觉印象的77%来自眼睛，14%来自耳朵，视觉印象在头脑中的保持时间超过其他器官。得体的着装、热情的态度、友好的目光、真诚的笑容等良好的身体语言可以使人在很短的时间内以自身形象获取对方的信任，有利于口语交际的展开，促进双方建立和谐融洽的关系。

**(三)增强有声语言的表现力和感染力**

苏联教育家赞可夫认为："人说出来的话，不单是靠它的内容来激发对方的思想和感情，这里有交谈者一副兴致勃勃的面孔，有表情，还有手势。"沟通中非语言的运用，能加强语言表达的效果。

在表达情感、情绪和态度方面，非语言有时甚至会比口头语言更明确、更具体、更有感染力。在沟通与交际过程中，非语言伴随着有声语言通过动态的、直观的形象，传递着各种信息，这使得有声语言直接诉诸人的听觉的同时，还具有了视觉的形象可感性，是对交际内容的强化表达，给人以深刻的印象，使表达更加生动、鲜活。

另外，非语言还可以调动情绪，同时情绪也会从非语言中表现出来。例如，当一个人高兴时会"眉飞色舞""手舞足蹈"，当说到沉重的话题时会脸色凝重等。在沟通交流过程中，这些表情动作不但可以使说话者的情感流露更显充分，还会感染听者，使口语表达的表现力和感染力得以升华，获得良好的沟通效果。

**(四)部分代替有声语言沟通、交流情感**

有声语言虽然是我们表达思想感情的重要工具，但它也有言不尽情、词不达意的时候，这时非语言作为有声语言的重要补充，同样也可以起到表达思想、沟通情感的作用。

在面对面的交流中，说话人的身姿体态、举手投足，特别是面部神情等，始终散发着各种信息，不经意地流露着内心的情感、愿望等。听者也会不自觉地从对方的面部表情中捕捉信息。很多时候，只需一个眼神、一个表情、一个手势，我们就会明白对方要表达的意思，看似默默无语，但沟通与交流却没有停止，这就是所谓的"此时无声胜有声"。

## 三、非语言沟通的类型

非语言表达是指通过某些媒介而不是讲话或文字来传递信息，如慷慨激昂的语调就属于此类，教师给学生授课时，当看到学生们无精打采的眼神及百无聊赖的表情时，就知道学生通过无声的方式明确地表达了他们的厌倦之情；一个人的衣着打扮、谈话时的举止也无不向别人传递了某种信息。非语言表达的内涵十分丰富，按照沟通信息传递的介质分类，非语言可以分为副语言、身体语言和环境语言三种形式。

**(一)副语言**

最新的心理学研究成果表明，副语言在表达沟通过程中起着非常重要的作用。一句话的含义往往不仅取决于其字面上的意义，而且也取决于它的弦外之"音"。

1. 副语言的概念

副语言也称辅助语言，是人们说话时伴随语言而产生但又不属于语言现象的某些发音特征，它包括发声系统的各个要素，如音质、音幅、音调、音色等，文字系统中的语气助词，以及标点符号系统中个别标点符号。副语言表达行为贯穿于言语交际的始终并且对话语意义有着不可或缺的特殊的交际功能。

2. 副语言的类型

副语言分为口语中的副语言和书面语中的副语言。

口语中的副语言是说出来的，即有声的副语言，是通过非语言的声音，如轻重音、强弱音、声调、停顿、呼吸、叹息、鼻音、喉音以及哭声、笑声、呻吟等来实现的。

语音表达方式的变化，尤其是语调的变化，可以使字面相同的一句话具有完全不同的含义，例如，用正常语调说“佩服”是赞赏的意思，如果“佩”字起点特别高，终点特别低，中间又拉得很长很长，那就分明有“讽刺”的味道了。这种有声现象，如说话时把某个字拉出长音，故意说话结结巴巴等，这些都伴随话语发生并对话语的表达产生一定意义的影响，而这种意义并非来自说话本身的词汇、语法或正常的语音规则。

书面语中的副语言是写出来的，即无声的副语言，通过字体变换、标点符号的特殊运用以及印刷艺术的运用来实现的，如“要重视**感情投资**，管理者应该做到……”“感情投资”用黑体加粗是表示重视和强调，其实，读它的时候也应读成重音。“你没去”后加上问号和加上感叹号就是完全不同的意思。这种有形无声现象，都是伴随文字而发生并且对文字语言的表达产生一定意义的影响，而这种意义并非来自文字语言本身正常的词汇和语法规则。

3. 副语言表达的特点

(1)下意识性。

一个人的副语言表达所发生的行为更多的是一种被外界刺激产生的直接反应，基本是下意识情况下发生的。例如，心里装着不愉快的事儿，说话时不自觉地就会带出气愤的语气。

(2)情境性。

副语言表达展开于特定的语境中，即时的情境左右着副语言表达的含义。相同的副语言符号，在不同的情境中，也会产生迥异的意义。例如，发出的哭声，可能是悲痛而哭，也可能是喜极而泣。

(3)互感性。

人际沟通各方通过副语言的表达，相互理解，相互传递，相互明白，相互影响，以期达到心灵的共鸣和契合，从而达到交往的目的。

(4)独特性。

个人的副语言表达尤其是用身体语言表达时，与说话人的脾气禀性是紧密关联的，开朗的人与内向的人的副语言表达肯定是有差异的。每个人都有自己独一无二的副语言的表达方式。

4. 副语言表达的功能

(1)强调功能。

对交际中的信息传递起到强调和完善的作用(如在一些中外经贸往来的重要会议上，会场的布置、参与者的着装、姿态等都彰显会议的重要性和受关注度)。

(2)调节功能。

交际中听说反馈、话语插入、轮流发言以及交际双方的情绪反应、态度变化等，往往是借助非语言交际完成的。

(3)替代功能。

非语言交际可以替代语音发出的信息，单独完成交际任务(如交际双方中一方拒绝另一方的请求，就可以通过非语言交际方式来完成，如表情、手势等)，甚至通过交际的地点和场合等来实现信息传递的目的。

(4)补充功能。

非语言可以补充语言表达的信息内容，如在达到交际双方的交际目的后，交际方表情上会心的微笑等，都具有使交际更为完善的功能。

**(二)身体语言**

在沟通过程中，人们无不处于特定的情绪状态中。这种情绪状态，除了可以用语言的直接方式或副语言告知对方外，还可以委婉地用身体语言表达，如通过目光、表情、姿态、距离、衣着打扮等形式传递或表达沟通信息。

人们已经习惯于通过面部表情、手足动作等身体姿态语言来传达诸如攻击、恐惧、愤怒、愉快、傲慢等情绪或意图。例如，在你很忙碌的时候，有邻居来找你借东西，你给了他东西后，他却仍然待在你家与你聊天，你内心肯定希望邻居赶快离开，可是在表面上你只能礼貌、专注地听着，于是你可以通过“东移移花瓶，西挪挪椅子”来示意这位邻居“是你该离开的时候了”。除非这位邻居没有感觉或者太专注于自己的话题，否则，“聊天”可能会很快结束。

沟通者的服饰往往也扮演着信息发送源的角色。人们习惯认为，穿黑色衣服常被视为是严肃、庄重的。如果一位领导上班时间穿着花色运动服正在训斥下属，那么他讲话的权威性将大大降低，下属不容易产生认同感，或者偏向认为领导只是很随意地说说。

1. 身体语言表达的概念

身体语言是指非词语性的身体符号，亦称“人体示意语言”“肢体语言”“态势语”“动作语言”等，是人际交往中一种传情达意的方式。身体语言表达是指人际交往时，通过如目光、面部表情、触摸、姿势、外貌、空间距离等与人进行交流沟通，即使不开口说话，还可以凭借身体语言达到沟通的目的。

2. 身体语言表达的类型

身体语言丰富而表现微妙，是人们内心深处情感的外化和显露。身体语言是地域、民族文化形成的印记。一方水土养育一方人，不同人群拥有不同的身体语言。身体语言从另一个层面反映着人的思想境界，反映着人的精神面貌。身体语言表达分为情态语言、身势语言和空间语言。

(1)情态语言。

情态语言是指人的脸部各器官的表情语言，如眼神语言、微笑语言等。在人际交往中，人的面部表情是人内心世界的“荧光屏”和几何图，面部的眉毛、眼睛、嘴巴、鼻子、舌头和面部肌肉的综合运用，可以向对方传递自己丰富而复杂的心理活动，很容易表现出温柔、冷酷、胆怯、欢喜、憎恨等诸多感情。例如，微笑是一种令人愉悦的表情，它可以和有声语言及行动互相配合，起到互补的作用。有魅力的微笑能够拨动人的心弦，架起友谊的桥梁。

(2)身势语言。

身势语言也称为动作语言，指人们身体的部位做出表现某种具体含义的动作符号，包括手、肩、臂、腰、腹、背、腿、足等部位的动作。最常用的是手势语和姿态语。手势语是通过手部活动来传递信息的，能直观地表现人们的心理状态，如握手、招手、摇手、挥手和手指动作等。手势语可以表达友好、祝贺、欢迎、惜别、为难、不同意等多种语义。姿态语是指通过坐、立、走、蹲等姿势的变化表达语言信息的“体语”。例如，前倾的坐姿代表响应和等同。姿态语可表达自信、乐观、豁达、庄重、矜持、积极、向上、感兴趣、尊敬等或与其相反的语义。人的动作与姿态是人的内心活动、思想感情和文化教养的外在体现。

(3)空间语言。

空间语言是利用空间来表达某种心理与思想信息的一种社会语言，属于无声语言范畴。人际交往中，人们常用空间语言来表明对他人的态度和与他人的亲疏关系。空间距离是无声的，但它对人际交往具有潜在的影响和作用，有时甚至决定着人际交往的质量。人与人之间需要保持一定的空间距离，多数人都能接受的四个空间，即亲密空间保持在0～15 厘米，个人空间保持在 46～76 厘米，礼貌交流空间保持在 1.2～2.1 米，公共空间保持在 3.7～7.6 米。

3. 身体语言表达的特点

(1)心灵真实性。

语言表达受到理性意识的控制，容易伪装和掩盖，用身体语言表达时则大不一样。

身体语言大都发自内心深处，情不自禁地就会显现出来，难以压抑和控制。例如，当某人说自己不害怕时，他的手却在发抖，那么别人便有理由相信他是害怕的。英国心理学家阿盖依尔等人的研究结果表明当语言信号与身体语言信号所代表的意义不一样时，人们相信的是身体语言所代表的真实意义。

(2)释义直观性。

人际沟通各方通过形体动作把抽象的语言形象化、直观化，对方变化的体态，调整的动作，构成了一个比其他语言类型描述解释都要易懂的视觉形象。

(3)客观存在性。

身体语言具有客观存在性，它经历了长久社会交往实践的检验，哪怕是一个细微的动作，都是社会约定俗成的，被人们广泛认可和接受的，它能直接独立地传递和交流复杂的信息。

(4)与时俱进性。

身体语言富有时代感，它是反映现实语言环境的真实写照。沟通交流过程中可从这些非语言形式中了解时代背景、地域差异、季节区别，从而获取有别于有声语言的各种信息。

(5)行为差异性。

不同地域、不同民族、不同国家之间的人际交往存在着很大的交往行为文化差异性，例如，同样是拍桌子，可能是“拍案而起”，表达怒不可遏；也可能是“拍案叫绝”，表达赞赏至极；印度人用摇头表示赞同，用点头表示不同意，中国人恰恰相反；西方人与日本人谈生意，在西方人看来，OK手势表示“我很高兴我们谈成这笔交易”，但日本人却理解为“他在向我们提出要钱的暗示”，因为在日本，OK手势就像硬币形状一样，表示“钱”的意思。

4. 身体语言表达的功能

(1)强化功能。

使用身体语言表达符号可强化语言所表达的意思，并且能够加深印象，例如，人们使用自己有声语言表达“1——2——3……”时，同时伴随有弯曲手指的身体语言符号。

(2)替代功能。

很多时候，使用语言表达对话时，一方即使没有说话，也可以从其身体语言符号，如面部表情上看出他的意思，此时，身体语言起到替代语言所表达意思的作用。

(3)伴随功能。

有时，人们在交际时，习惯于用身体语言符号作为语言表达的辅助工具，又作为“伴随语言”，使语言表达得更准确、有力、生动、具体，例如，款待客人就餐时，主人就会做出边说边示意客人多吃菜的动作。

(4)调控功能。

日常交际进行沟通交流时，可借助身体语言符号来调整控制语言，表示交流沟通中不同阶段的不同意向，即随着语境发生变化，传递出自己交流意向也发生变化的信息，例如，讨厌某人说话没完没了时，用嘴巴撅向一边做出“撤退”的姿势。

(5)超语功能。

在许多场合身体语言表达要比语言表达更具有雄辩力。高兴的时候开怀大笑，悲伤的时候失声痛哭，当认同对方观点时频频点头，否认对方观点时皱起眉头，要比语言表达更能说明自己的立场观点。

5. 环境语言表达的特点

(1)广泛性。

涉及环境语言的因素很多，环境语言表达无处不在，只要沟通交流就离不开确切的时间、具体的地点、不同的场合和相应语言上下文等环境，在人际交往沟通活动中，没有只运用自然有声语言而不运用环境语言表达的现象存在。

(2)协调性。

环境语言总是在一定情境下，与自然有声语言、身体语言配合默契、协调一致、相辅相成，相得益彰。

(3)直观性。

环境语言表达直接诉诸人的视觉器官，它以灵活多变、五花八门的形状、形态、位置、方向和方位等构成视觉图像来表情达意，交流信息，具有形象直观的特点。

(4)差异性。

环境语言的各因素既可以提供交流的信息，又可以展示不同地域与民族的环境语言差异，这种差异导致交往对象理解含义上的不对接。

6. 环境语言表达的功能

第一，环境语言表达传递着人际关系的亲疏，爱德华·霍尔(Edward T. Hall Jr.)的空间关系理论就详细说明了这一问题。

第二，环境语言表达显示出社会地位的高低，如会场座位的布局与排列。

第三，环境语言反映了人们的态度与观念，如一个人的时间语言，往往反映出他对某事的态度。态度的情感因素和行动密切相关，积极的情感会使人主动积极，遵守时间约定。

第四，环境语言可以促使缩小或加大彼此的文化差异，不同文化背景的人对物理空间的理解不同，在美国，只要有可能，每个办公室工作人员都要尽量有属于自己的办公室。如不可能，也必须想办法将一间屋子用活动板隔开，至少也将办公桌分开。他们不能理解中国人为什么可以两张办公桌相对。对他们来说，办公桌是每个人神圣不可侵犯的“领地”。

## 思考与训练

一、案例讨论

1. 目光与谋杀。

一天夜晚，警察局接到从海边打来的报警电话。一个女人在电话里称她和她的男朋友正在海边散步，一个蒙面人从黑暗中跳了出来抢劫，两个男人打了起来，强盗用刀杀死了她的男朋友，向远方跑去，启动了事先已经准备好的汽车逃走了。

警察迅速来到海边的现场。出事地点在海边的公路上，一边是大海，另一边是山崖，前后都是看不到尽头的公路。月光很亮，照得四周十分清晰。首先年轻的警察们检查了现场，然后经验丰富的警官开始询问女士：

“你的名字和你的住址是?”

“……”

“你与你的男朋友认识多久了?”

“大概三个月了吧。”

“怎么认识的?”

“在舞厅里。”

“你们几点钟出来的？几点钟到这里的?”

“我们晚上七点左右出来的。大约乘车半个小时到了那边的公共汽车站，走到这里大约十五分钟吧。”女人回答时目光由右上方转向左上方。

“凶手逃走时开的车是什么牌子的车?”

“丰田佳美。”女人回答时目光转向右上方。

“凶手逃走时开的车是什么颜色的?”

“哦，黑色的。”女人思考了一阵回答道，目光仍转向右上方。

警官仔细听着女人的回答，并注视着女人的眼睛。谈话结束后，警官来到正在勘查现场的警察旁边，小声地说：“仔细检查现场，这个女人在说谎。”

经过调查，果然不出警官所料，是女人与男朋友发生争吵，女人用事先准备好的匕首趁男朋友不注意杀死了他，并试图将男友的被杀推卸到强盗身上，以逃避责任。

问题：

(1)警官是如何识破女人的谎言的?

(2)女人在回答问题时她的目光是怎样出卖她的?

(3)为什么人的目光、表情、手势、姿态等会透露真情?

2. 班主任的训斥。

在一所高中学校，有一个班级的同学一直特别活跃，班级纪律不好，学生学习成绩也比其他班差。班主任的怒火有一天爆发了，他踢门进来，站在讲台上，身体后倾靠在黑板边缘，脚搭在椅子上，双臂交叉，眼神略带杀气，然后便有了以下训斥：“嗡嗡，还嗡嗡，都别嗡嗡了！一天天的，长得好看有什么用！除非你不要自尊!”他指着某一同学说：“看看你，打扮得跟‘小太妹’似的。”指着另一个同学说：“你，是你天天带头的不？告诉你，你那不是鹤立鸡群！你那顶多算个‘鸡头’。”又对着全班同学说：“开家长会都像不是自己家孩子似的，还得求着你们家长才来，宁可回家遛狗，也不愿意给你们开家长会!”

讨论：

(1)班主任的身体语言表达了哪些含义?

(2)班主任在与学生沟通和语言表达方面存在哪些问题?

(3)讨论一下班主任这番话对改变班级现状是否会起作用？为什么?

二、训练

请按照下面提供的一则训练方案进行眼神训练。

训练目标：练就炯炯有神的、神采奕奕的、会放电的、会说话的眼神；同时，学会用敏锐的眼睛洞察别人的心理。

训练步骤：

1. 眼部操分解动作训练。掌握眼部肌肉的构成，锻炼肌肉韧性。眼神构成要素有以下几项。

(1)眼球转动方向——平视、斜视、仰视、俯视、白眼等。

(2)眼皮瞳孔开合大小——大开眼皮、大开瞳孔，开心，欢畅，惊愕；大开眼皮、小开瞳孔，愤怒，仇恨；小开眼皮、大开瞳孔，欣赏，快乐；小开眼皮、小开瞳孔，算计，狡诈。

(3)眼睛眨动速度快慢——快，不解、调皮、幼稚、活力、新奇；慢，深沉、老练、稳当、可信。

(4)目光集中程度——集中，认真，动脑思考；分散，漠然，木讷；游移不定，心不在焉。

(5)目光持续长短——长，深情，喜欢，欣赏，重视，疑惑；短，轻视，讨厌，害怕，撒娇。

2. 眼神综合定位。以上要素往往凝结在一起综合表现。注意细微的变化，淋漓尽致地表现富有内涵、积极向上的眼神。例如，“这是你的心?”用不同的眼神表示愤怒，表示怀疑，表示惊奇，表示不满，表示害怕，表示高兴，表示感慨，表示遗憾，表示爱不释手等。

3. 模仿动物的眼神。男性眼神像鹰一样刚强、坚毅、稳重、深沉、锐利；女性眼神像猫一样柔和、善良、温顺、敏捷、灵气、秀气。

三、你给人的第一印象如何？请看以下测试，选择每题中最适合你的答案

1. 在与他人谈话时，你的坐姿通常是(　　)。

A. 跷二郎腿(+1)

B. 两腿叉开(+2)

C. 两膝靠拢(+3)

2. 第一次见到某个人，你的表情通常是(　　)。

A. 紧张局促、羞怯不安(+1)

B. 大大咧咧、漫不经心(+2)

C. 热情诚恳、自然大方(+3)

3. 你是否在寒暄之后，很快就能找到双方共同感兴趣的话题？(　　)

A. 我觉得很难(+1)

B. 经过较长一段时间才能找到(+2)

C. 是的，对此我很敏锐(+3)

4. 你选择的交谈话题是(　　)。

A. 自己热衷的(+1)

B. 对方感兴趣的(+2)

C. 两人都喜欢的(+3)

5. 你说话时姿态是否丰富？(　　)

A. 从不指手画脚(+1)

B. 偶尔做些手势(+2)

C. 我常用姿势补充言语表达(+3)

6. 若别人谈到了你兴味索然的话题，你将(　　)。

A. 打断别人，另起一题(+1)

B. 显得沉默、忍耐(+2)

C. 仍然认真听，从中寻找乐趣(+3)

7. 你同他(她)谈话时，眼睛望着何处？(　　)

A. 盯着自己的纽扣，不停玩弄(+1)

B. 看着其他东西或人(+2)

C. 直视对方眼睛(+3)

8. 你讲话的速度怎么样？(　　)

A. 频率相当高(+1)

B. 十分缓慢(+2)

C. 节律适中(+3)

9. 会面时你说话的音量总是(　　)。

A. 很低(+1)

B. 柔和而低沉(+2)

C. 声音高亢热情(+3)

10. 初次会面，经过一番交谈后，你能对他(她)的谈吐举止、知识能力等方面做出积极、准确的评价吗？(　　)

A. 不能(＋1)

B. 很难说(＋2)

C. 我想可以(＋3)

11. 通常第一次交谈，你们分别所占用的时间是(　　)。

A. 我多于他(＋1)

B. 他多我少(＋2)

C. 差不多(＋3)

12. 你和别人告别时，下次相会的时间地点是(　　)。

A. 谁也没有提(＋1)

B. 我提议的(＋2)

C. 对方提出的(＋3)

请将12个题目的得分相加，计算总分，找到对应的测试结果。

30～36分：你给人的第一印象很好。

你的适度、温和、合作给第一次见到你的人留下了深刻的印象。无论对方是你工作范围抑或是私人生活中的接触者，他们无疑都有与你进一步接触的愿望。

21～29分：你给人的第一印象还可以。

你的表现中存在着某些令人愉快的成分，但同时又偶有不够精彩之处，这使得别人不会对你印象恶劣，却也不会产生很强的吸引力。如果你希望提高自己的魅力，首先必须从心理上重视，努力在“交锋”的第一回合中显示出自己的最佳形象。

12～20分：你给人的第一印象不太好。

也许你会感到吃惊，因为很可能你只是依着自己的习惯行事，可是你的不经心或缺乏体贴或言语无趣，无形中会让人做出关于你的错误的印象。你必须记住交往是门艺术，而且艺术不能不修边幅。

# 第二节　学会读懂非语言

## 案例引入

清朝的曾国藩具有超乎寻常的识人术。某天，有三位新来的幕僚来拜见曾国藩，见面寒暄之后，三人退出大帐。有人问曾国藩对此三人的看法。曾国藩说：“第一人，态度温顺，目光低垂，拘谨有余，小心翼翼，乃一小心谨慎之人，适于做文书工作。第二人，能言善辩，目光灵动，但说话时左顾右盼，神色不端，乃属机巧狡猾之辈，不可重用。唯有这第三人，气宇轩昂，声若洪钟，目光凌然，有不可侵犯之气，乃一忠直勇毅的君子，有大将的风度，其将来的成就不可限量，只是性格过于刚直，有偏激暴躁的倾向，如不注意，可能会在战场上遭遇不测的命运。”这第三者便是日后立下赫赫战功的大将罗泽南，后来他果然在一次战争中中弹而亡。

（资料来源：陈桃源、朱晓蓉，《职场沟通与交流能力训练教程》(第二版)，北京，高等教育出版社，2014。）

不同的身姿体态，不同的穿着打扮，甚至是人与人之间不同的空间距离都透露出不同的信息语言，如果你仔细观察人们的肢体动作或面部表情、穿着打扮，你会知道隐藏在他们言语之下的很多信息，譬如他是在撒谎还是在说实话，他们是喜欢你还是不喜欢你。你还会知道他们是心口一致还是言不由衷。下面列举一些常见的肢体语言所传达的意义，掌握了这些，你就能解读你的交流对象了。

## 一、身体本身的动作及态势系统的肢体语言

### (一)眼神的信息语言

对方在交谈时，做出了眼睛从眼镜上面的缝隙中窥视的动作。这是对方的鄙视和不敬的情感流露，没有诚意。他提出的要求可能是不合情理的，对我们的要求也不会真正地接受。

对方不停地转动眼珠，并频繁而急促地眨眼。要提防他是否在打什么坏主意或准备撒谎，有可能掩饰某种不可告人的事情，且大多与内疚或恐惧紧张的情感有关。

随着脑海中所想事物的不同，人的眼球活动也会随之变化，一般来说(适用于“右撇子”)：眼球向左上方看，大脑在搜索记忆，所说的是真话；眼球向右上方看，大脑在制造想象，所说的是谎言；眼球向左下方看，试图回忆某种感觉或味觉；眼球向右下方看，感觉到身体上的痛苦。

不适度地注视对方，或有意回避对方的视线，将目光移到别处。这会传递某些负面的信息，如不诚恳、有所隐瞒、不够自信、没有把握、不感兴趣或厌恶等。

长时间注视对方是不合适的行为。一般有两种意思：一是说明我们对对方本身比对谈话内容更感兴趣；二是向对方挑衅或施加某种压力，以起到震慑的作用。

注视的时间占整个谈话时间的30%～60%。超过这一平均值者，可认为对谈话者本人比谈话内容更感兴趣；低于这个平均值，则表示对谈话者和谈话内容都不感兴趣。视线应停留在对方脸上的双眼到嘴之间的三角形区域。

瞳孔的变化。瞳孔放大：表示爱慕，喜欢这个人，对某些事情感兴趣。瞳孔收缩：表示厌恶、戒备、愤怒，对某些事情不喜欢。

眼睛炯炯有神。说明心情愉快，对整个谈判充满自信，可以促进沟通，赢得对方好感。

### (二)眉毛反映心情的变化

皱眉：不愉快、迷惑、讨厌、不赞成，有时表示为难、陷入困境。

眉毛上扬：妒忌、不信任。

双眉上扬：非常欣喜、极度惊讶。

单眉上扬：怀疑、不理解。

眉毛完全抬高：难以置信。

紧锁眉头：深思问题。

双眉下垂：沮丧、悲伤。

双眉倒立、眉毛下拉：极端愤怒。

眉毛迅速上下活动：心情愉快，内心赞同以及亲切。

眉毛下垂且嘴唇紧绷、头及下颌向前挺起和对方怒目相视：冲突、挑战、敌对。

**(三)嘴部与嘴唇隐藏的信息**

嘴唇闭拢：表示和谐宁静、端庄自然。

嘴角向上：表示善意、礼貌、喜悦之意，让对方感到真诚、善解人意。

嘴角上撇：一般表示生气、不满意的意思，也是不尊重对方的表现。

嘴唇紧绷：多半表示愤怒、对抗或者决心已定，而故意发出咳嗽声并借势用于掩住嘴是表示“心里有鬼”，有说谎之嫌。

**(四)下巴可以映射内心**

用下巴和颈部来指使他人者，属于骄横、傲慢，具有强烈自我主张的表现。

用力缩下巴表示畏惧和驯服的意思。

抚摸下巴往往是为了掩饰不安、话不投机的尴尬场面。然而与面部积极的表情相配合，也可以解释为自得和胸有成竹之意，一定要动静结合进行分析。

女性手支下巴反映出内心需要有人给予安慰。

**(五)不同笑容体现的含义**

对对方感兴趣的微笑：一般采取亲密注视的方式(即视线停留在对方双目与嘴部三角区域)，眉毛轻扬或平，嘴角向上。

交际应酬时常用的微笑：社交注视方式(视线停留在双目与嘴之间的三角区域)眉毛平，嘴角向上。

快乐、高兴的微笑：眼睛睁大，瞳孔放大，闪动频率加快，眉毛上扬、嘴张平。

与对方保持距离或冷静观察的微笑：平视或视角向下，眉毛平，嘴角向上，视线停留在前额表示严肃。

开怀大笑，笑声非常爽朗：多是坦率、真诚而又热情的人。此类人，虽然表面上看起来坚强，但内心在一定程度上是极其脆弱的。

**(六)头部的内心表现**

头部微微侧向一旁：将头从一侧略略倾斜到另一侧，基本含义是“关注”，这说明对谈话很感兴趣、正在集中精神地听。结合面部表情的不同，可能有“感兴趣”“怀疑”两种意思。

低头：对对方的谈话不感兴趣或持否定态度，在商务交往中少用，同时也表示顺从、羞涩、内疚、沉思等。

头一摆：一般是告诉某人快走的意思。

摇头晃脑：在点头或者摇头时紧抿嘴唇的女人很自信，甚至有点唯我独尊的专断。在交际场合很会表现自己，却时常遭到别人的厌恶，她们对事业一往无前的大无畏精神倒是被许多人欣赏。

身体直立、头部端正：表现的是自信、正派、诚信、精神旺盛。这种姿态是商务交往中的首选。

**(七)手势表达沟通的态度**

双臂交叉：用一只手握住另一只胳膊，这是一个人处于陌生的场合，缺乏自信，有些紧张不安时采取的姿态，同时也是一种试图控制紧张情绪的方式；两个拇指往上翘，表示泰然自若，或超然度外，或冷静旁观，优越至上，其中又包含着一定防御态度。

双手插在胸前：一般表明胸有成竹，对将要发生的事早有思想准备，这样的姿态具有防御性信号。

轻轻抚摸下巴：说明他在考虑如何做出决定，有可能接纳对方的意见。

用手指敲击桌子表示很无聊或不耐烦。

交谈中用手指做小幅度动作：表示对某些事情不感兴趣、不耐烦或持反对态度。

说话时喜欢玩弄身边的小东西：表示特别紧张和掩饰内心恐慌。

双手置于双腿上，掌心向上，手指交叉：表示希望得到别人的理解，并给予支持。

**(八)身体姿态可传情达意**

1. 站姿的语言信息

两腿站直，胸部挺起，双手自然下垂，双目平视表示精神振作，充满自信。若上述站姿，将双手自然下垂改成背后相交，就更显得精神饱满而有气势。

两腿略屈，两脚稍微分开，身体重心不断由一只脚移到另一只脚，胯骨放松，使人显得轻松自如，神态自若。

两腿分开、上身挺直，双手叉腰是极端自信、乐观豁达、积极向上的表现。

挺身直立，双肩上耸，双手扣在裤线上，全身肌肉绷得很紧显得拘谨和胆怯。

弯腰曲背，两手无力下垂，甚至脑袋低俯，是精神不振或意志消沉的表现。

2. 肩部传递的信息

从生理解剖的角度来看，肩部处于手臂和身体的连接部位，因此起到缩小和扩大势力范围的作用，肩部接近人的视平线，肩部活动十分容易引起人的注目。

肩部常被看作象征着男性尊严的敏感部位。例如，古代武士穿戴盔甲、现代军人佩戴肩章、西装的垫肩厚实，显示男子汉气概。肩膀的动作均能直截了当地将自我的存在传递给对方，而且一个人的肩部是绝对不肯轻易让他人侵犯的。

肩部舒展，说明有决心和责任感。这种肩部姿态在商务活动中是对方非常愿意看到的。两肩相依，手与肩互相接触：可以确认这两人的关系十分深厚。用手拍打对方肩膀，有双重的意义：一方面表示友好；另一方面是借机擅自闯入代表着男性尊严的部位，是轻视对方人格的表现，可以看作一种软硬兼施的行为，这是一种同时挥舞“胡萝卜”和“大棒”的姿态。

3. 腿脚的姿势语言

人体中越是远离大脑的部位所流露的信息往往可信度越高、离大脑中枢越近的部位，大脑的有意识控制越明显。

人在站立时，脚往往朝着心中惦念或追求的方向。例如，三个男人谈话，表面很专心，谁也没理会站在一旁的漂亮姑娘，其实每个人都有一只脚的方向对着她。

将手和腿交叉：表示心中不安，或想拒绝对方。

当你向上级提出某个建议时，他听了一会儿，便把腿架了起来表示他对你的建议不感兴趣。

把脚搁在桌子上和拉开的书桌抽屉上：表示有着强烈支配欲和所有欲，想扩大自己的势力范围，表现自我。

双方谈判时，一方或双方把腿架起来：当问题提出来讨论，或当激烈的争论发生时，一方或双方总会把腿架起来，就是向对方发出了要竞争、挑战的信号。若双方放下了架起的腿，身子向前倾移的话，则意味着谈判将顺利达成协议了。

交谈的对方突然转动身子，坐着把脚对着门口：表示此人想尽快结束这次交谈、聚会或正在进行着的活动。

4. 坐姿的信息含义

手脚伸开懒洋洋地坐在椅子上：此人相当自信，表示拥有权力和自信，或是对谈话对象稍有些瞧不起和轻视。

骑在椅子上：说明对方抱有敌意，或采取一种寻衅斗殴的自我保护立场。

习惯坐在椅子边上：说明对方不自信，还有几分胆怯，在做随时站起来和中断话题的准备。

重重地坐下去的人：此时的心情一定是烦躁的，我们最好不要和他们谈什么要紧的事，否则没有满意的结果。

在我们面前猛然坐下的人：其内心或隐藏着不安，或有心事不愿告诉我们。

喜欢与我们对着坐的人：希望能够被你理解。

有意识从并排坐改为对着坐的人：或是对我们抱有疑惑，或是对我们有了新的兴趣。

斜成一个半躺姿态或深坐入椅内(或者沙发内)，腰板挺直头高昂的人：是由于他在心理上对对方有优越感，想在气势上压住对方。

椅背朝前，跨骑在椅子上的人：此刻的心情是想显示自己，对你的讲话感到厌烦却又压抑。

跷起二郎腿的女性：或是她对自己的容貌有信心，或是她想引起对方注意。

一个人想做出某种决定时，他不但会在座位上坐立不安，而且还会无意识地猛扯裤子。

正确的坐姿是：不论是坐在椅子上或沙发上，最好不要坐满，只坐一半，要轻而缓，上身端正挺直，两腿自然弯曲并拢，这样显得比较精神。坐的时候，手的垂放要自然，可以轻放在腿上，也可以相握于膝上或平放在座椅两侧的扶手上。交谈时，手托下巴，眼睛正视，表示在认真听对方的讲话。

公关女士在社交场合可采用略侧向的坐法，头和身子朝向对方，双膝并拢，两脚相并、相掖、一前一后均可。在落座时，应把裙子向腿下理好、掖好，以免不雅。

**(九)动作细节显露心态**

边说边笑：让人感到非常轻松愉快，性格开朗，对生活要求从不苛刻，知足常乐，富有人情味，感情专一，珍惜友情亲情。

掰手指节：这样的人通常精力非常旺盛，非常健谈，喜欢钻牛角尖，对事业和工作环境都比较挑剔。喜欢做的事，他会不计任何代价而踏实努力地去做，若不喜欢的事无论如何他都不会去做。

摆弄饰物：多数是女性，性格内向，她不会轻易使自己的感情外露，做事认真踏实，凡有座谈会、晚会，人们都散后她会收拾会场。

抹嘴捏鼻：大多都喜欢捉弄别人，却又做不到"敢作敢当"，爱哗众取宠，最终还是被人支配。购物时会拿不定主意。

解开外衣纽扣：内心真诚友善，向外人开放自己，不隐藏自己，有包容力。

顺手在纸上乱涂乱画，或玩手机等：说明对现在谈话内容十分不感兴趣，认为根本没有必要听。

**(十)常见的肢体语言所表达的意义**

鼓掌——赞成或高兴。

抬头挺胸——自信、果断。

原地快速来回走动——焦虑、发脾气或受挫。

摊开双手或耸肩——表示遗憾、无可奈何。

避免目光接触——自卑、冷漠、逃避、不关心、缺少安全感、消极、恐惧或紧张。

打哈欠——困倦或厌烦。

走动——发脾气或受挫。

扭绞双手——紧张、不安或害怕。

向前倾——注意或感兴趣。

懒散地坐在椅中——无聊或轻松一下。

坐在椅子边上——不安、厌烦或提高警觉。

坐不安稳——不安、厌烦、紧张或提高警觉。

眯着眼——不同意、厌恶、发怒或不欣赏。

正视对方——友善、诚恳、外向、自信、笃定、有安全感等。

点头——同意或者表示明白了、听懂了。

摇头——不同意、震惊或不相信。

晃动拳头——愤怒或富攻击性。

轻拍肩背——鼓励、恭喜或安慰。

搔头——迷惑或不相信。

笑——同意或满意。

咬嘴唇——紧张、害怕或焦虑。

抖脚——紧张。

双手放在背后——愤怒、不欣赏、不同意、防御或攻击。

环抱双臂——愤怒、不欣赏、不同意、防御或攻击。

眉毛上扬——不相信或惊讶。

## 二、副肢体语言表达系统的肢体语言

### (一)从服装风格看个性与品位

穿着华丽的人，大多自我表现欲强。这一类人除了自我表现欲极强之外，还伴有歇斯底里的性格倾向，对于金钱的拥有也保持强烈的欲望。

衣着朴素的人，多半属于顺应体制的类型。这类人通常都执着于传统，对事物的观察缺乏主体性。

对流行时装敏感的人也属于顺应体制型。这类人不但缺乏主见，也对自己缺乏信心，看到别人穿什么，不考虑身材、年龄的因素随即跟进，结果混在流行服饰的浪潮中，让自己消失在统一的格调里，因为这样他们就不需要直接面对自己，或思考自己应该如何展现自我。

衣着无固定类型的人。式样、颜色、质料变幻无常，让人无法了解他的真实爱好的人，大多属于情绪不稳定、缺乏协调性的类型。他们在潜意识里有一种逃避现实的心理。

原本穿着特定格调的服饰，突然之间风格大变，穿起与以往格调完全不同的服装来。这种人很可能在物质或精神方面受到了刺激，情绪有所变化，或内心有了新的决定，外表上也出现了崭新的造型。

### (二)从饰品察看人心

1. 领带是男人的心理名片

领带结又小又紧的人。如果他们的身材瘦小则说明他们想凭借小而紧的领带结让自己显得“高大”一些。如果他们身材不是瘦小干枯型的，则说明这是他们在向别人展示自己的威力，就像在说“你对我最好不要有半点的轻视与怠慢”。这说明这种男人的气量很狭小，他们的性格很孤僻，凡事先想到自己，热衷于物质享受，在金钱方面很吝啬，一毛不拔，几乎没有什么人愿意和他们交朋友。

领带结不大不小的人。男人配上这种领带结，大都会容光焕发，精神抖擞。他们可以获得心灵上的鼓舞，会在社交场合注重自己的言谈举止，所以不管本性如何，都显得彬彬有礼。由于认识到领带的作用，他们在打领带结的时候常常一丝不苟，把领带打得恰到好处，给人以美感。这类人通常会把大部分的时间放到工作当中，且安分守己，勤奋上进。

领带结既大又松的人。领带能使男人显得更加温文尔雅，但打这种领带结的男人展现的风度翩翩绝不是矫揉造作，而是货真价实，是他们丰富的感情所展现出的风采。他们不喜欢拘束，喜欢积极拓展自己的生活空间，喜欢主动与他人交往，有高超的交往艺术，在社交场合深得女人的欢心和青睐。

领带绿色、衬衫金黄色的人。绿色象征生命和活力，是点缀大自然的最美妙的颜色；金色代表收获和金钱手，是财富与权势的徽章。这样搭配领带和衬衫的男人富有青春活力与朝气，想什么就做什么，不喜欢拖泥带水，对事业充满信心。不过有时容易鲁莽冲动，自控力比较差。

领带深蓝色、衬衫白色的人。“蓝领”代表职工阶层，“白领”代表管理阶层，他们将两者融合到一起，上下兼顾，少年老成，同时不乏风度翩翩。这类人往往对工资十分关注，事业心极重，在奋斗过程中常常表现得急功近利。

领带多色、衬衫浅蓝色的人。五彩缤纷是人们对美好事物的形容，充满了迷离和诱惑，普通人和勤奋的人往往对此敬而远之。选择这种领带和衬衫的人有一股市井气息，热衷于名利；路边的野花常常使他们心猿意马。所以，这类人容易见异思迁，追逐的目标总是换了一个又一个。

领带黑色、衬衫白色的人。黑白分明是对于阅历丰富之人的形容，所以喜欢这种打扮的人多为稳健老成之人。由于经历得多，所以感悟也会多，他们懂得什么是人生的追求、善于明辨是非，相信“善有善报、恶有恶报”，正义在他们身上得到了最大的展现。

领带黑色、衬衫灰色的人。这种打扮的人给人一种不舒畅的感觉。他们在穿着之时必先照镜子，能够接受镜中的压抑则说明他们有很深的忧郁，而这份忧郁是气量狭小所致，他们选择这身打扮，正是为了掩盖这个缺点。在工作当中，老板考虑到其他员工的情绪，常常会请他们卷铺盖走人，所以他们会经常换工作。

领带红色、衬衫白色的人。红色象征火焰，代表奔放的热情，更是一种积极和主动的表现，所以男人选择红色领带，大概是想追逐太阳的光辉，以使自己成为注意的焦点。他们本应该属于充满野心的类型，但白色代表纯洁，是和平与祥和的象征，白色衬衫配红色领带能让别人对他们刮目相看，感受到他们如火一样的热情和纯洁的心。

领带黄色、衬衫绿色的人。这种搭配的人能用辛勤的耕耘换取丰硕的果实，按照理想设计自己的生活和人生，并勇于实施，他们流露出的是诗人或艺术家的气质。他们相信付出就会有回报，所以不会杞人忧天地担心意外的暴风雨会导致颗粒无收。他们与世无争，保持柔顺的性情，对人非常和蔼可亲。

不会打领带的人。他们或是有某种常人没有的绝技在身，或是先天具有领袖才能，使他们不屑将精力消耗在打领带这样的细节问题上。这类人大都心胸豁达而不拘小节，性情随和，有同情心，朋友甚多，口碑亦好，且夫妻情笃、家庭祥和。

2. 从手提包阅读性格

喜欢休闲式提包的人。这类人大多很懂得享受生活。他们对生活的态度比较随意，不会过分苛刻地要求自己。他们比较积极和乐观，也有一定程度的进取心，能很好地安排工作、学习和生活，能够在比较轻松惬意的环境中把属于自己的事情做好，并取得一定的成就。

喜欢公文包的人。他们可能是某个企事业单位的总经理，或是比较正规单位的职员。

选择公文包可能是出于工作的需要，但其中多少也能表现他们的地位。这种人大多办事比较小心和谨慎，对人也会相当严厉。当然，他们对自己的要求往往更高。

喜欢方形提包的人。装有小把手的方形或长方形的手提包，有些时候可以当成一件饰品。这种手提包外形和体积都相对较小，所以使用起来并不是特别方便。喜爱这一款式手提包的人，多是没有经历过什么磨难的人。他们比较脆弱，遇到挫折容易退缩和妥协。

喜欢肩带式手提包的人。这个类型的人，在性格上相对独立，但在言行、举止等各个方面都相对传统和保守。他们有一些相对自由的空间，但不是特别大，交际圈子比较窄，朋友也不是很多。

喜欢小巧精致的手提包的人。虽然非常小巧精致，但不实用，是装不了什么东西的手提包。一般来说是年纪比较轻、涉世也不深、比较单纯的女孩子的最好选择。但如果已经过了这样的年纪，步入成年之后，还热衷于这样的选择，那就说明这个人对生活的态度是非常积极而又乐观的，对未来充满了美好的期待。

喜欢具有浓郁的民族风情手提包的人。比较喜欢具有浓郁的民族风情、地方特色的手提包的人，自主意识比较强，是个人主义者。他们个性突出，往往有着与别人截然不同的衣着打扮、思维方式等。有些时候表现得与他人格格不入，所以他们的人际关系并不理想。

喜欢超大型手提包的人。性格多是自由自在、无拘无束的，他们很容易与他人建立某种特殊的关系，也会很容易破裂，这也是由他们的性格决定的。因为他们的生活态度太散漫，缺乏必要的责任感。显然他们自己感觉无所谓，但却并不是所有人都能接受和容忍的。

喜欢金属质手提包的人。喜欢金属质手提包的人，性格多是比较敏感的，能够很快跟上时代的脚步，他们对新鲜事物的接受能力也是很强的。但是这一类型的人，在很多时候并不肯轻易地付出，而总是希望别人能够付出。

喜欢中性色系手提包的人。其表现欲望并不是很强烈。他们不希望被人注意，目的是缓减压力。他们凡事多持得过且过的态度，比较懒散，在对待别人方面，也喜欢保持相对中立的立场。

不习惯带手提包的人。这一类人要分情况来说，有可能是因为他们比较懒惰。觉得带一个包是一种负担，太麻烦了；还有一种可能是他们的自主意识比较强，希望能够独立，而手提包会在无形当中造成一些障碍。两种情况都是把手提包当成一种负担，可以看出这种人的责任心并不是特别强，他们不希望对任何人、任何事负责。

喜欢男性化皮包的女性。喜欢男性化皮包的女性都比较坚强、能干，并且趋于外向化。

提包内的东西摆放很凌乱的人。提包里的东西摆放得非常凌乱，没有一点规则，要找一件东西需要把提包内的所有东西全部拿出来，这样的人可以看出他的生活是杂乱无章的，奉行的是“无所谓”的随便态度。这一类型的人做事多条理不清，目的性也不是很明确，但对人通常比较热情和亲切。可是由于他们的生活态度有些过于随便和无所谓，所以常常会使自己陷入比较难堪的境地。

提包内的东西摆放很有条理的人。提包内的各种东西摆放得层次分明，想要什么伸手就可以拿到，这说明提包的主人是很有原则性的人。他们大多具有很强的进取心，办事认真可靠，待人也很有礼貌。一般来说，这一类型的人有很强的自信心，且组织能力突出。缺点是他们大多比较严肃、呆板，会过多地拘泥于生活中的某些细节。

*3. 鞋子表现出的非语言信息*

喜欢穿细高跟鞋的女人有很强的表现欲，喜欢引起他人的注意，尤其是异性。

喜欢穿时髦鞋子的人，缺乏考虑，有点不切合实际，会顾此失彼。但是接受新事物的能力比较强，喜欢表现，虚荣心很强。

喜欢穿运动鞋的人对生活很积极乐观，为人亲切，生活没什么规律，很随便。

喜欢穿没有鞋带的人，思想很保守，很守规矩，喜欢整洁，不爱表现。

喜欢穿系鞋带的人比较矛盾，喜欢别人把事情安排好，但对这种安排好的事情又有点反抗。

只喜欢穿一款鞋子，这双坏了再去买另一双的人思想相当独立。他们的目标很明确，知道什么是自己喜欢的，什么是自己不喜欢的。这种人做事非常小心谨慎，他们在接受每一件事情前都要经过仔细认真的思考，要么不做，要么就全身心投入地做。他们不会轻易背叛自己的亲人、朋友、爱人的感情。

## 三、空间表达系统的非语言

### (一)空间距离的界定

人类学家观察发现，人与人之间在面对面的情境中，常因彼此间情感的亲疏不同，而不自觉地保持不同的距离。

亲密距离：彼此间可以接近到 0.5 米，表示他们是最亲密的人。

个人距离：彼此间可以接近到 0.5～1.2 米，表示他们是有私交的朋友。

社交距离：彼此间可以接近到 1.2～3.6 米，表示他们是互相认识的人，许多商业交往多发生在这个距离上。

公共距离：彼此间的距离通常维持在 3 米以上，一般属于公共场所的陌生人之间的沟通。譬如在正式场合中的演讲或其他公共事物中的人际交往，此时的沟通往往是单向的。

此种因情感亲疏而表现的人际间距离的变化，在心理学上称为人际距离。显然，人际距离的变化，是双方当事人沟通时，在肢体语言上的一种情感性的表示：彼此熟悉者，就亲近一点；彼此陌生者，就保持一定的距离。

### (二)空间距离在人际沟通中的运用

#### 1. 保持距离

会场中有一排 10 个依次排列的座位，在 6 号和 10 号位子上已经分别坐上了两个人，这时，你走进了会场，你与他们互不相识，你最有可能选择的是哪个位子呢?

心理学家通过实验发现，第三位进会场者一般选择 8 号位子，第四位进会场者一般选择 3 号或 4 号位子，这里，所有参加实验的人都是互不相识的。为什么会有这样的选择呢? 心理学家研究发现，陌生人之间自由选择座位时一般遵循这样的法则：既不会紧紧地挨着一个陌生人坐下，也不会坐得离陌生人太远。如果你真的紧挨着一个陌生人坐下，那么这个人就会急促地把身子移向另一边，有的甚至会移到另一个空位子上去，这时你会感到很尴尬。

为什么相互间会有这么别扭的感觉呢? 这就是因为我们每个人都需要一定的个人空间。但是，假如你坐得离那个陌生人太远也不行，因为这可能会无意间伤害那个人，他可能会感觉到你是在厌恶他、躲避他。因此，挑选两者之间的位子，一方面可以尊重别人的个人区域，另一方面又可以与他人保持一种和谐氛围，避免尴尬。当然，当人数增多时，个人区域就会变得很小。这样，即使每个人都紧紧地挨着陌生人坐下，也谈不上相互间的伤害，而且谁也不会有别扭的感觉，这就是一种可以预测的、无声的空间选择规律。所以，在与陌生人相处时，为了彼此间的协调，请不要侵犯彼此间的个人空间。

2. 变换体位

移动位置。这是我们向对方表示诚意的界域行为。美国学者莫里斯把这种移动称为“不便的展示”。他说：“客人前来和主人去接的距离也是一种不便。不便越大，表示诚意越高。国家元首去机场迎接重要客人，这种移位的举动，是主人所能表现的最大的不便。由于各种不同层次的相对缩减，要看主人的距离而定。因此，有的去当地车站，有的候在门前，有的等门铃响了再去，有的干脆就在他自己的房间内等候，让仆人或小孩子去开门。分别时，不便的展示再度重演。”

改变高度。莫里斯分析说：“弯身表示服从动作，主要作用是要使行礼的人感到不便和不舒服，让居高位的人舒舒服服地坐着，不会因为降低高度就丧失他的威严。”

从历史的发展变化来看，古代的皇位设于高处，君主坐在那里当然要比站在下面的臣子还要高。现在不设高位了，大家在一张桌子旁议事，地位低者站立的习惯却仍然保留下来，或用于高位者到场的一种礼节性动作。因此，在长辈、上级面前或坐或躺，长辈、上级到场不起身都被视为对尊者不敬。

尊重他人的领域权。首先，不乱动他人物品，包括抽屉、书包、信件，甚至桌面的物品等。其次，不随意进入他人领域，比如未经许可不随意进入他人办公室，登门拜访要先敲门，未经许可不随意参观主人卧室等。最后，不污染他人界域。一是空气污染，比如不当众抽烟，抽烟要征求女士同意，不冲着人打喷嚏等。二是噪声污染，比如在公共场合不大声喧哗、不影响他人休息等。

## 思考与训练

一、解读体态语游戏

1. 事先准备 20 个能用体态语表达的词条。

2. 每组推荐两名同学参与，游戏时必须面对面远距离站着。

3. 教师为每组中的一名同学展示词条内容，然后让他(她)用体态语表达出来。让另一名同学猜，时间是 10 分钟。猜出词条最多的为优胜小组。

二、将学生分为 2 人一组，让他们进行 2～3 分钟的交流，交谈的内容不限

1. 当大家停下以后，请他们彼此说一下对方有什么非语言表现，包括副语言、身体语言，分析这些非语言用得合适或者不合适？为什么？自己注意到这些语言了吗？

2. 让大家继续讨论 2～3 分钟，但这次注意不要有任何肢体语言，看看与上次有什么不同。

三、案例讨论

一个星期五的下午 3 点 30 分，某公司经理办公室。经理助理李明正在起草公司上半年的营销业绩报告，这时公司销售部副主任王全带着公司销售统计材料走进来。王全问：“经理在不?”李明回答：“经理开会去了。”“这是经理要的材料”，王全边说边把手里的材料递给

李明。“谢谢，我正等着这份材料呢。”李明拿到材料后仔细地翻阅着。“老李，最近忙吗?”王全点燃一支烟，问道。“忙，忙得团团转！现在正起草这份报告，今晚大概又要加夜班了。”李明指着桌上的文稿纸回答道。“老李，我说你呀，应该学学太极拳。”王全从口中吐出一个烟圈说道：“人过四十，应该多多注意身体。”李明闻到一股烟味，鼻翼微微翕动着，心里想老王大概要等这支烟抽完了才会离开，可我还得赶紧写这份报告呢。王全自顾自地往下说：“最近我从报纸上看到一篇短文，说无绳跳动能治颈椎病。像我们这些长期坐办公室的人，多数都患有颈椎病。你知道什么是‘无绳跳动’吗?”李明心里有些烦，可是碍于情面不便说，他看了一眼墙壁上的挂钟，已经4点钟了，李明把座椅往身后挪了一下，站立起来伸了个懒腰说：“累死我了。”边说边开始整理桌上的文稿纸。王全抽着烟，继续着自己的话题。

讨论：

(1)李明用了哪些非语言沟通技巧？表明什么含义？

(2)王全在沟通方面有什么问题？他应该怎么做？

# 第三节 正确运用非语言沟通

### 案例引入

某医学院主任带学生到附属医院上临床实习课。一群穿白大褂的实习学生来到某个病房前。主任说：“大家进去看看这个患者的症状，仔细想想他患了什么病。知道的就点点头，不知道的就摇摇头。别说话，免得吓到病人，明白吗?”学生们连忙点头，很怕给主任留下不良印象而影响实习成绩。

病房中的病人不知道自己的病情，本来只是轻微的脑积水，躺在床上看到一大群穿白大褂的“医生”走进来，心中就有几分紧张。

第一个实习医生看了病人一会儿，想了想，无奈地摇摇头。

第二个实习医生把病人看来看去，不知道病人得了什么病，想到自己可能要重修学业，眼角含着泪摇摇头。

第三个实习医生看看病人，也不知道病人得了什么病，叹了一口气，垂头丧气地摇摇头。

第四个实习医生刚要看病人，只见病人满眼泪水地说：“医生啊，请你救救我吧，我还不想死呀!”

(资料来源：邹晓春，《沟通能力培训全案》，北京，人民邮电出版社，2008。)

## 一、非语言沟通的使用原则

1. 和谐性原则

和谐性原则即非语言要与自己的身份、交际语境、表达内容，特别是与有声语言协调一致，并且肢体语言本身的各构成要素(如身姿、手势、表情、目光)之间要做到局部与整体的协调一致。人的言语和身体的动作是一种复合的过程，在口语交际中，只有将这些因素有机地结合起来，彼此之间才能达到真正的了解和沟通，从而取得良好的沟通效果。

2. 自然、适当性原则

“言为心声”，非语言也应该是内在情感的自然流露，是配合有声语言的一种情不自禁的动作和表情。在口语交际过程中，非语言并非越多越好，一定要顺乎自然，不要刻意为之。动作的幅度、力度、频率等要适中，要能够突出口语交际的目的，否则会使人望而生厌。只有自然、适当的非语言才会让人们的沟通更加自如。

3. 经常运用“SOFTEN”法则

“SOFTEN”法则具体内容如下。

(1)Smile——微笑。一个舒心的微笑是友好、热情并愿意进行沟通的强有力的暗示。微笑可以展示你热情开放的交谈态度。

(2)Open——张开双臂。张开双臂表明你是友好的，并愿意与人接触。在交谈中，张开的双臂让他人感觉到你在听他讲话，并且你讲的内容他也能够接受。

(3)Forward——身子前倾。当与他人交谈时，身体轻微前倾表明你正在听对方讲话，并对其很感兴趣，这对于他人来说通常是一种恭维，他将愿意继续与你交谈。需要注意的是，不要太近、太快地侵犯他人的私人空间。

(4)Touch——接触。最容易接受的接触是一个热情的握手，几乎在任何情况下，热情而有力的握手都表示你对见到的人持一种热情而友好的态度。

(5)Eye——眼神交流。眼睛是心灵的窗口，通过眼神的交流表达的意思可能是最强烈的。眼神交流应该是自发的，而不是被迫的，或者过于主动的。做眼神交流时，中间最好有简短的间隔，切记不要一直盯着他人，这样反而会让人感到不适。

(6)Nod——点头。点头表示你正在听，并能理解对方所谈的内容，然而点头不一定意味着赞同。所以，多点点头，它有利于你们的交流。

## 二、非语言印象管理

人们形成对他人的印象，主要是通过他们的非语言信息。根据他人的身材、肤色、穿着、微笑、与人接触的方式、面部表情等，就会在心中形成对他或她的印象。在形成他人印象的同时，你也在管理着自己留给他人的印象。

在人际沟通中，以下10种非语言信息有助于增加你的魅力值。

第一，合理合情地使用与信息相符的姿势以显示自己的活力。

第二，倾听时，点头或身体前倾表明你在很有兴趣地倾听。

第三，当你表达赞同、关注、感兴趣时微笑。

第四，适度地进行目光接触。

第五，适度地有一些接触动作。

第六，说话时，语速适中，抑扬顿挫。

第七，既要倾听他人，也要发表自己的言论，两者时间大致相等。

第八，与对方保持适度的距离。

第九，身体不要有令人不快的气息，比如烟味、蒜味、洋葱味、过度使用的香水味等。

第十，根据场合，正确着装。

## 三、用非语言建立关系和定义关系

人际关系的许多方面都是以非语言的形式存在的。你对他人的喜爱、支持和爱慕至少有相当一部分是以非语言的方式传递的。同时，你也可以通过非语言信息传递不悦、生气和憎恶的情绪。

人们经常用非语言信息来表明自己和他人之间的关系。这种能够表明双方关系的信号称为“关系信号”，它能够表明两人建立关系的方式。关系信号可以用来确定关系的程度，比如，你可以试探着去牵对方的手，看看对方是否做出正面的反应。当然，关系信号主要是用于向旁人展示你们俩关系的亲密。

关系信号因关系发展的程度不同而表现为不同的形式。如非正式的握手表示关系尚远，紧抓双手或是挽住手臂表示关系较近，深吻对方则表示关系相当亲密。

你也可以用非语言信息去传达关于你地位的信息。配有宽大办公桌的大办公室代表地位较高，而地下室的小隔间则代表地位较低。

## 四、构成会话和社会交往

当你在谈话的时候，你会发出和接收一些暗示信号，以表明你要讲话、准备倾听他人的讲话，或是要对说话者的观点做出评价。例如，有些转换轮次的信息，有时候是通过语言信息表达出来的(比如，你可以问“你怎样认为?”，然后将说话的机会转给听话者)。但是大多时候这些是用非语言信息表达出来的，如朝某人点头，表示你要结束谈话，暗示对方接着说。你也可以暗示对方你在听他/她说话，并且期待他/她继续说下去(或者你没有注意听他/她讲话，提示该结束谈话了)。所有这些都可以通过手势和眼神等非语言信息来传达。

## 五、用非语言影响他人

人们不仅可以通过语言信息，也可以通过非语言信息去影响他人。比如坚定地看着对方表明你的决心，合适得体的穿着在暗示“我可以很好地适应这个组织”。

## 六、用非语言表达情感

很多时候我们的情感是通过我们的非语言信息来表达的。比如，你的高兴、悲伤、疑惑等情感大部分是通过你的面部表情表达出来的。当然你也可以通过你的身体姿势(紧张还是放松)、手势、眼神运动，甚至是瞳孔的放大或者缩小来表达你的感受。很多时候，非语言信息可以帮助人们表达出他们不愿意用语言信息表达的情感。比如，对于你不想与之交往的人，对于你想与之降低你们之间关系度的人，你可能会避免和他/她进行目光接触，会和他/她保持很远的距离。

同时，你也会用非语言信息来掩饰你的情感。例如，为了不破坏派对的气氛，即使你很不开心，你也会尽量保持微笑。有时，即使你认为某个人讲的笑话很愚蠢，但是为了捧场，你还是会笑。

## 思考与训练

一、判断

1. 当一个人试图撒谎时，他会尽力避免与你的视线接触。(　　)

2. 眉毛是传达一个人的情感状态的关键线索之一。(　　)

3. 所有的运动和非语言行为都有其含义。(　　)

4. 大多数非语言沟通是无意识行为，因而非语言沟通是个人心理活动的最真实流露。(　　)

5. 别人对你的反应取决于你通过沟通留给他的印象。(　　)

二、单项选择

1. 下列哪种情况下，一个人最可能采用非语言沟通方式？(　　)

A. 面向 15～30 个人发表演讲

B. 与另外一个人进行面谈

C. 自己独处时

D. A，B 都采用

E. A，B，C 都不采用

2. 当一位母亲严厉斥责她的孩子，而又面带微笑时，孩子将会。(　　)

A. 相信语言信息

B. 相信非语言信息

C. 同时相信两种信息

D. 两种信息都不相信

E. 变得迷惑不解

3. 如果你坐在图 4-1 中的位置 1 时，另外一个人坐在哪个位置能够最充分显示出合作的姿态，并最有利于非语言沟通？(　　)

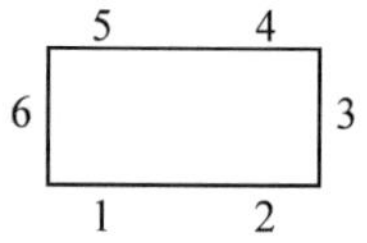


**图 4-1**

A. 2　　B. 3　　C. 4　　D. 5　　E. 6

4. 下列哪项举动能让你给人留下更好的印象？(　　)

A. 谈话中不使用手势

B. 避免较长时间的视线接触

C. 仅偶然地露出微笑

D. 上述所有动作

E. 不包括上述任何动作

三、案例讨论

洛克和自己的老同学林志见面，而林志还带着自己的妻子。他们坐在一张桌子上，林志和妻子坐在一边，洛克坐在另一边。洛克和林志聊得很开心，但他注意到林志的妻子几乎一言不发，这让洛克觉得有点不舒服。于是，当林志问他最近有没有打算跳槽时，他改变了自己的身体方向——向林志妻子的方向略微动了动，在开始回答时看着林志，然后把头转向林志的妻子，然后回头看林志，再看林志的妻子，而在最后结束回答时，他则注视着林志，毕竟问题是林志提出来的。

他的这个小技巧让林志的妻子感到自己仿佛也参与了谈话，于是回到家里后，林志的妻子说洛克是个很会谈话的人，他能够让每个人都不会感觉到自己被冷落。

讨论：

1. 以上案例中林志的妻子为什么会认为洛克是个很会说话的人?

2. 洛克在交谈过程中有哪些非语言动作？这些动作传达了哪些信息?

四、情景模拟

十个人一组，模拟公司招聘的面试环节。其中三人扮演考官，其余人为面试者。

模拟结束后讨论：在模拟过程中，通过对方的非语言信息你了解到什么？对你的面试有帮助吗?

## 本章小结

本章主要讲述了非语言沟通的含义、作用和类型，各种非语言动作的含义，以及使用非语言进行沟通与表达。

非语言沟通就是使用除语言沟通以外的其他各种沟通方式来传递信息的过程。非语言沟通的形式有很多，它包括身体语言、副语言、空间语言以及环境语言等。非语言沟通是人际沟通的重要方式之一。它可以提供更大的信息量，产生良好的“首因效应”，增加有声语言的表现力和感染力，部分代替有声语言沟通、交流情感；要读懂非语言，要从身体本身的动作、副肢体语言以及空间语言等方面着手解读。在运用非语言信息进行沟通时，要注意和谐性原则，自然、适当性原则，运用“SOFTEN”法则，灵活地去形成印象和管理印象、建立和定义关系、构成会话和社会交往，表情达意，影响他人。

# 第五章　日常沟通技巧

## 学习目标

1. 学会日常的沟通技巧，包括赞美、批评、拒绝、发问等。
2. 学习并掌握交友的沟通技巧。
3. 学习并掌握在家庭中的沟通技巧。

## 第一节　生活的沟通技巧

### 案例引入

有一次，维多利亚女王与丈夫由于一件事情发生了分歧，最后两个人竟然吵了起来，谁也不肯服输。但一通争执之后，女王依然不依不饶，丈夫无奈又气愤地独自回到卧室里，将门反锁。

气冲冲的女王当时根本没把丈夫的行为看在眼里，还骄傲地认为自己已经胜出，但是，天很快就黑了，她需要回到卧室休息，直到此时她才发觉自己进不去了，于是她“砰砰砰”地敲门。

丈夫听到敲门声，在里边问道：“是谁在敲门？”

“是维多利亚女王”，女王傲气十足地回答。她本以为丈夫会马上给她开门，但里边既不开门，也没有声息。她站了一会儿，只好再次敲门。

丈夫又问：“是谁在敲门？”

“维多利亚。”这次女王的语气显得平和了些，并换了一种称呼，但仍然没有人过来开门，同样也没有动静。女王无奈，只得再次轻声敲门。

丈夫再问：“是谁在敲门？”

这一次，女王终于学乖了，她知道自己的回答多么不逊，于是这次她柔声地回答：“是你的妻子。”

三秒钟不到，门开了。

（资料来源：陈建伟，《沟通的艺术》（第1版），北京，中华工商联合出版社，2017。）

日常生活中，无论我们是在学校、家庭，还是在工作单位，无论你是以哪种身份，学生、职员或者部门领导，你都必须和人沟通，如果你掌握了沟通技巧，你就会成为一个“会说话”的人，一个受大家欢迎的人。这些时候，我们常常会因为说得不准确或者听得不全面，而造成理解错误，产生误会。有的人说话太直白，不会用别人容易接受的说法去表达，有时候容易伤害别人或者让别人误解自己。同一件事情、同一个结论，以不同的说法去表达，结果可能会完全不同。

### 案例

古代有一位国王，晚上做了一个梦，梦见自己满嘴的牙都掉了，于是，他就找了两位解梦的人。国王问他们：“为什么我会梦见自己满口的牙都掉了呢?”第一个解梦的人就说：“国王，梦的意思是，在你所有的亲属都死去以后，你才能死，一个都不剩。”国王一听，龙颜大怒，杖打了他一百大棍。第二个解梦的人说：“至高无上的国王，梦的意思是，您将是您所有亲戚里最长寿的一位呀!”国王听了很高兴，便拿出了一百枚金币，赏给了第二位解梦的人。

（资料来源：郭鹏，《史上最强沟通术》，北京，机械工业出版社，2009。）

我们从以上的案例中可以看出，在日常生活中，表达的方式和技巧是多么重要！要做到在日常沟通中受人欢迎，不仅要真诚、善良地待人，还要注意在各种情况下的沟通技巧。如何展开话题对有些人是一种挑战，如何延续交谈和使人愿意和我们倾心交谈也是一种挑战，其中自有技巧，下面我们将会对日常沟通技巧逐一进行介绍。

## 一、赞美的技巧

### 案例

1921 年，美国钢铁大王卡内基(Carnegie)出 100 万美元的超高年薪聘请一位执行长。

在众多的报名者中，一个叫夏布的不起眼的年轻人最终被卡内基锁定。许多人表示质疑：“为什么偏偏是他?”

卡内基说：“因为他最会赞美别人，这是他最值钱的本事，却是你们最缺乏的一种能力。”

后来，夏布成为卡内基最为得力的事业助手之一，得到公司上下一致的认同与尊重。

这正如美国著名企业家玛丽·凯·阿什(Mary Kay Ask)的那句坦诚之言——

赞美是一种非常有效且不可思议的推动力量。要成为一个优秀的管理人员，你必须了解赞美别人可以使自己收获成功。

（资料来源：https：//zhidao. baidu. com/question/80287365. html，访问日期，2019-5-15。）

什么是赞美？赞美是发自内心的对于自身所支持的事物表示肯定的一种表达。恰如其分的赞美能使我们更好地与朋友、同学交往，从而增进朋友和同学之间的友情和友谊。赞美对于我们的日常沟通有很大的作用，这是因为建立并维持良好的人际关系，我们必须要学会开口赞美他人，因为每个人心中对于赞美是十分渴望的。学会赞美别人是交际过程中的秘密武器。

**(一)赞美的好处**

案例

有位青年想向一位老中医求教针灸技巧，为了博得老中医的欢心，他在登门求教之前做了认真细致的调查了解，他了解到老中医平时爱好书法，遂浏览了一些书法方面的书籍。起初，老中医对他态度冷淡，但当青年人发现老中医案几上放着书写好的字幅时，便拿起字幅边欣赏边说："老先生这幅墨宝写得雄劲挺拔，真是好书法啊！"对老中医的书法予以赞赏，促使老中医升腾起愉悦感和自豪感。接着，青年人又说："老先生，您这写的是唐代颜真卿所创的颜体吧？"这时，进一步激发了老中医的谈话兴趣。果然，老中医的态度转变了，话也多了起来。接着，青年人对所谈话题着意挖掘、环环相扣，使老中医精神大振，谈锋甚健。终于，老中医欣然收下了这个"懂书法"的弟子。

（资料来源：郭鹏，《史上最强的沟通术》，北京，机械工业出版社，2009。）

我们可以从上面这个案例中看到赞美的作用有多大。你可能会想：每个人都喜欢听赞美的话，赞美别人还要什么技巧吗？的确，如果你穿了一件新衣服，早上上班时听到同事夸你："这件衣服真漂亮！"你可能会高兴一天；如果领导表扬你："昨天的报告写得不错"，你工作时会更有劲头。这些都是赞美带来的好处。但是要注意赞美别人一定要实事求是、恰到好处，过度的赞美会让人家觉得你虚情假意，比如说："你是世界上最漂亮的女人！"就太虚假了。另外，一定要赞美对方自认为是长处的地方，例如，某女士有点罗圈腿，她为此很烦恼，你却说："你的腿真漂亮！"对方一定会认为你故意讽刺她。我们在买衣服或其他消费场所常常听到人家赞美自己，有时候会因此使得沟通愉快，进而达成了交易。因此，我们在日常沟通过程中适当地赞美对方，可以收到意想不到的效果。

在人际关系中，真诚的、发自内心的赞美有利于我们搞好人际关系，使我们在事业的道路上走得更顺畅。赞美从一定意义上讲，是一种有效的感情投资，当然，有付出就会有回报。对领导的赞美，能使领导心情愉悦，对你越发重视；对于同事的赞美，能够联络感情，增强团队精神，在合作中更加愉快；对于下属的赞美，能使你赢得下属的敬重，激发下属的工作热情和创造精神，从而更好地协助自己在事业上的发展；对自己生意伙伴的赞美则会赢得更多的合作机会，从而获取更多的利润。适度的赞美不但可以拉近人与人之间的距离，更能够打开一个人的心扉。虽然现在到处充满了奉承、浮华的赞美，但是人们仍希望能够得到发自内心的肯定和赞美。从人的心理本质来看，得到别人的肯定是人心理的一种本质需求。同样，如果我们作为一名导购员，同样需要用赞美的语言去满足顾客的心理需要，进而提高销量。

对于我们的家庭和朋友而言，赞美也发挥着十分重要的作用。俗话说，“家和万事兴。”家庭和睦，则万事兴旺。作为父母，适当地赞美自己的孩子，可以使孩子更具有自尊心和自信心，可以增进家长与孩子的感情。另外，朋友之间适当的赞美也是必不可少的，朋友之间的相互赞美是友谊产生的前提之一，因为既然成为朋友，就一定有双方相互欣赏的一面。

## 案例

6 岁的兰兰很有环保意识，常把小区里的果皮、纸屑捡起来放进垃圾箱，年前还被小区管理处评为“环保小卫士”。可是，最近兰兰保护环境没有以往积极了，因为爸爸妈妈觉得孩子环保方面的表现已经受到了肯定，便不再表扬他的这种行为，兰兰拿回“环保小卫士”的奖状时，他们只是随意看了一眼，就再也没有提起。孩子的积极性受到了打击，慢慢失去了保护环境的兴趣。

（资料来源：https：//www.i-bei.com/shanghai/czht/qzgx/2014/0221/16403.html，访问日期，2019-5-15。）

从上面这个案例，我们可以得出一个结论：当孩子表现优秀的时候，最期望听到爸爸妈妈的鼓励与肯定。积极的正面肯定，才能使孩子感受到父母发自内心的爱和喜悦，给孩子带来愉快的心理感受，强化孩子正面的表现，使孩子努力做得更加完美。

学会赞美别人，可以给你带来远见卓识，可以让你拥有宽广的胸怀，这些是一个人走向成功必备的性格和修养。同时学会赞美别人，可以使你获得真挚的友情，可以有很好的人际关系。俗话说，朋友多了路好走，此路不通还可以走别的路。赞美人还可以使自己产生压力感和紧迫感，从而成为进步的动力。如果你学会了赞美别人，你就拥有了开启成功之门的钥匙。美国作家马克·吐温曾经从事商业活动，第一次他从事打字机的投资，因受人欺骗，赔进去 19 万美元；第二次办出版公司，因为是外行，不懂经营，又赔了 10 万美元。两次共赔将近 30 万美元，不仅把自己多年心血换来的稿费赔个精光，而且还欠了一屁股债。但是马克·吐温的妻子奥利维娅(Olivia)深知丈夫没有经商的才能，却有文学上的天赋，便赞美他的天赋，从而使他鼓起勇气，振作精神，走上创作之路。很快，马克·吐温摆脱了失败的痛苦，在文学创作上取得了辉煌的成就。

**(二)坦然欣赏**

“尺有所短，寸有所长”，虽然我们都希望自己能够在每个方面都比其他人要厉害，但现实并非如此，事实上这只是一个美好的愿望。每个人都有自己的优点和长处，都希望获得别人的肯定与赞美。有些优点和长处往往是与生俱来的，比如某人长得漂亮、智商高等。因此，对于别人优点与长处的肯定不仅不会贬低自己的位置，而且可以使旁人从中认识到你所具备的优良素质，从而获得他人的称赞。战国时期，公子重耳与公子小白争夺王位，鲍叔牙辅佐重耳，而管仲则为公子小白出谋划策，最终公子重耳当上了齐国国君，并且他想拜鲍叔牙为相，鲍叔牙却说："公子如果想统治齐国，任我为相就足够了，而公子如果想一统天下，则非拜管仲为相不可。"最终，重耳任用管仲成为一代霸主。鲍叔牙虽然不及管仲有才华，但却能坦然地欣赏管仲的优点和长处，并大力举荐，从而获得了天下人的称赞，并借此得以留名青史。

面对他人的成绩，我们应该坦然地欣赏他人的劳动成果，并予以肯定。与此同时，检讨自己，虚心请教，学习他人勤奋向上的精神。主动请教别人向你传授学习工作的要领，不仅是对他人成绩的一种高度赞扬，而且也可以督促自己继续前进。既有利于你技术水平的提高，也有利于你处世水平的提高。

**(三)赞美的原则**

赞美是一件好事，但如果没有在合适的时候说到合适的点上，即使你是真诚的，也有可能收不到赞美的效果，甚至变成坏事。所以，我们在赞美别人时一定要遵循以下原则。

第一，赞美要及时。要做到随时发现，随时赞美。赞美一种有益行为的最佳时间就是在那种行为正在发生时。及时送上的赞美是锦上添花，不及时的赞美是画蛇添足，吃力不讨好。

**案例**

累了一天的小陈终于回到家里。宝贝儿子的一声"爸爸"令他高兴又令他害怕，如果儿子缠着他去玩智力大转弯，那该怎么办？可这次儿子没有，只是拉着他的手坐下，说："爸爸你好累，今天就不玩智力大转弯了。爸爸，我知道你一定渴了，别着急，我去帮你倒杯水！"听完孩子的话，小陈的心里乐开了花。他当即对儿子表示："儿子，爸爸好高兴，因为你学会体贴人了。"这样，孩子从爸爸的话语中知道体贴别人是一种好的行为，这样的行为应该坚持下去。"体贴"一词会长久地停留在他的脑海里。

第二，赞美要细致具体。空洞的赞美会让对方感觉你是在敷衍他。赞美的话只有说得细致具体，被赞美者才会觉得你是用心在关注他，并且是在真心赞美他。在赞美的同时，不妨挖掘对方的优点，发掘对方的潜质，增加对方的价值感，这样你的赞美才能给人留下深刻的印象，你自然就会博得对方的好感。比如乘坐出租车时，对司机的驾驶技术很佩服，于是赞美道："这么难拐的弯儿，您把方向盘轻轻一转就拐过去了，真是太厉害了！"司机听后一定心花怒放。具体的赞美更真诚，也更能引起共鸣。

第三，赞美要真诚。对别人的赞美需要真诚，而真诚离不开真实，要恰如其分地赞美对方，必须符合事实。如果要在一些细微的地方赞美的话，更加需要对对方的工作、生活经历做一个大致的了解，以便准确地提出别人没能想到你会提及的细小之处。在一些严肃、紧张的场合下，利用细小的刺激来影响特定情形下的心理，往往能收到"润物细无声"的效果。

第四，赞美要适度。恰如其分的赞美能使人心情愉悦，但赞美过度则会适得其反。过度的赞美会有阿谀奉承之嫌，给人一种虚情假意之感，如此则会招人嫌恶，更不会达到赞美的目的。

在赞美别人时，如果不把握一个“度”，而是过度地恭维、肉麻地奉承，甚至如果把别人的缺点都说成优点，被赞美者自然会怀疑你的诚意，别人也容易把你的这种赞美讥笑为“拍马屁”。假如在聚会上发现某人的歌唱得不错，你对他说：“你唱歌真是全世界上最动听的。”这样赞美的结果只能使双方都难堪，但若换个说法：“你的歌唱得真不错，挺有韵味的。”他一定会很高兴。

**(四)赞美的方法**

现实生活中，我们在赞美时，采用下列方法会收到好的效果。

第一，从小事赞美对方，例如，“你这衣服的纽扣真好看!”“错了一点点，你就重新抄一遍，真是认真。”

第二，以第三者口吻赞美对方，例如，“他们都说你人很好!”“李老师，同学们都说喜欢上您的英语课。”

第三，有意将对方优点公布于众，例如，“大家看！××又有一个新创意。”“告诉大家一个好消息，××又获奖了!”

第四，注意赞美对方隐藏的优点，例如，“你不但漂亮，而且还细心。”“没想到你的字也写得这么好。”

第五，注意赞美对方最近的变化，例如，“最近你的皮肤变白了。”“最近你的数学进步很大!”

第六，用非语言方式赞美对方，例如，用眼神、点头、竖大拇指来赞美对方。

第七，用比较的方式赞美，例如，“这件衣服真好看，颜色很正。”

第八，赞美你希望对方做的事情，例如，“你的包包都很好看，以后可以多上传一些图片，好让我们时刻掌握流行的款式啊!”

第九，赞美对方心理上的优点，例如，赞美他人品好、性格好、能力强等。

第十，赞美对方外表上的优点，例如，赞美他人漂亮、帅气、苗条、高大、秀美、白皙、健康等。

第十一，赞美与对方相关的人或事，例如，赞美他人服饰的样式、颜色，有关他妻子、孩子等家人的得意之处，与他有关的活动、他的观点、他的建议等。

**(五)赞美的误区**

我们赞美他人最主要的目的是让对方感到心情愉悦，但是我们一旦对赞美把握得不好，往往会陷入误区，从而导致消极的后果。

## 案例

在教育活动中，对学生的赞扬是最常见的手段之一。很多教育专家都强调，对受教育者要多一点赞扬，少一点批评，要注意保护他们的自尊心。然而心理学教授罗伊·鲍迈斯特(Roy F. Baumeister)坚信，这种确保孩子们无论如何都自我感觉良好的做法结果就是，这一代年轻人成长在一种不现实的希望、无原则的任性和无限的自得自满之上。在赞扬的背后，蕴含了许多没有被发现的误区。

赞美的误区主要体现在以下几个方面。

第一，过于夸大空洞的赞美等于奉承。本来许多人只是做了一件很平凡的事，而且大多数人都能做到，这时有些人带着取悦这些人的目的开始了他们的赞美。比如“这件事只有你这种人才能做好，除了你，别人看也看不懂”或者“啊，你简直是我的偶像，从来没有人能把这件事处理得这么完美”等。其实，这已经带上了很浓的奉承意味。赞美和奉承是两种不同性质的称赞，赞美是真诚的无所求的，而奉承是虚假的、有目的的。

第二，赞美要分场合，分对象，且语言要得体。如果你随心所欲，认为那些优美的词套在别人身上就是赞美，有时候效果往往适得其反。在公共场合中，爱慕虚荣的人喜欢引人注目，性格内向的人喜欢默默无闻。如果你在那时赞美后者温柔贤慧，静如处子，这样当时可能很受用，但当舞会、酒席开始后，他们想活泼一番时却会被你的几句赞词禁锢。如果你赞美前者多才多艺、性格活泼等，当众人要他来表演一段时，他结结巴巴，涨红了脸也吐不出半个字来时，你们之间的人际关系势必会直线下降。赞美他人时一定要坚持适度的原则。夸奖或赞美一个人时，有时候稍微夸张一点更能充沛地表达自己的赞美之情，他人也会乐意接受。但如果过分夸张，赞美就脱离了实际情况，让人感觉缺乏真诚，因为真诚的赞美往往是朴实的、发自内心的。因此，赞美时多了解别人一分，不要只图一时的口舌之快。

第三，赞美切忌喜大忘小。许多人认为赞美别人主要是从他的突出方面来谈，其他的细枝末节，可以不用提及。但是，越是那些平时人们不太注重的细节受到赞扬会更令人高兴。因此，我们去赞美别人一件微小的事，一个微小的进步，这些往往更容易给人们留下深刻的印象。

所以说，我们要学会赏识、赞美他人，努力去挖掘他人细小的闪光点。同是一棵树，有的人看到满树的郁郁葱葱，而有的人却只看到树梢上的毛毛虫。为什么同样一件事物，会有两种截然不同的结果呢？原因就在于有的人懂得赏识、赞美，而有的人只会用挑剔、指责的眼光看待事物。生活中时时刻刻都充满了赞美，学会赞美会让他人感到温暖，自己也会收获快乐，从而生活会变得更精彩。

## 二、批评的技巧

没有人喜欢听批评的话，当面的、直接的批评会使对方产生抵触的心理，从而影响批评的效果。

很多时候，当面指责别人，就会造成对方的顽强反抗；而巧妙地暗示对方注意自己的错误，他则会真诚地改正错误。

### 案例

某高中在高三的一次模拟考试中，当时排名第二的同学觉得自己的成绩应该更高，就仔细检查自己的答题纸，果然发现有一道5分的题，因为他的字迹潦草，导致老师误判。这本不是一件大事，成绩还没正式公布，跟老师好好沟通是可以改过来的。但是他当时很生气，就当着全班同学的面找老师理论。他说：“老师你怎么回事？这么不认真！我明明写对了，你还不给我分！小李根本没有我学习好，因为这 5 分让她排第一名了！”结果可想而知，不但老师没有给他改成绩，同学也与他产生了隔阂。其实，遇到这样的事情应该冷静地对待、理智地分析。老师要判那么多张卷子，自己字迹潦草，误判也正常。他应该给老师留面子，私下跟老师好好解释。他现在当众这样做，不仅让老师下不来台，还伤了无辜的同学，很难达到自己的目的。

如何批评教育孩子、批评下属，同事、朋友、夫妻之间发现毛病、缺点和错误怎么办，批评别人有许多技巧，恰当地运用这些技巧，能够收到很好的效果。

**(一)批评从赞扬开始**

1. 曲折迂回

不要开始就直奔主题。直来直往固然没错，但往往不能解决问题。所以第一步，要先把问题搁在一边，谈谈其他的话题。

### 案例

一天下午，一位老总经过他的钢铁厂，撞见几个员工正在抽烟，头顶上方写着“请勿吸烟”，你是不是会指着牌子说：“你们不认识字吗?”可是老总只是走过去给每人一支烟，说：“老兄，如果你们到外面抽烟，我会很感谢你们的。”员工怎么会不敬重这样的人呢?

（资料来源：戴尔·卡内基，卡内基沟通与人际关系——如何赢取友谊与影响他人，海口，海南出版社，2004。）

2. 抓住重点

赞扬的重点，其实很简单，那就是对方值得赞扬的地方。首先，要找到对方实实在在的优点，然后才开口；否则，你的赞美就等于隔靴搔痒。

3. 当面赞美

单独赞扬和当着别人的面赞扬，效果大不相同。如果有可能的话，最好在第三个人的面前赞扬对方，这样会收到双倍效果。

### 案例

在同一家公司上班的李小姐和苏小姐合不来。有一天，李小姐忍不住对另一位同事王先生说：“你去告诉苏小姐，我真受不了她，请她改一改她的坏脾气，否则，没人愿意搭理她！”

王先生说：“好，我会处理这件事。”

后来李小姐遇到苏小姐，苏小姐既和气又有礼貌，和从前比，简直判若两人。

李小姐向王先生表示谢意，并且好奇地问：“你是怎么说的？竟会有如此神奇的效果。”

王先生笑着说：“我跟苏小姐说，‘有好多人称赞你，尤其是李小姐，说你既温柔，又善良，而且脾气好，人缘更佳！’如此而已。”

可以想象，王先生如果不是这样做，而是照李小姐说的去说，会是什么样的局面。可见，赞美比批评达到的效果好得多。有许多优秀教师就是通过发现学生身上的点滴优点来赞美学生，把学生培养成为国家栋梁之材的。

4. 过程平和

从赞扬到批评其实就只有一墙之隔。懂得掌握节奏的人，往往会让过程显得自然，这样对方就不会产生心理落差，也很容易接受批评。

5. 用词委婉

批评当然不能一针见血，而是要循序渐进。批评不是劈头盖脸地骂，而是以平等的立场和平和的心态，用商量的口吻去提出建议。

### 案例

一级上士哈里·恺撒负责训练后备士官，士官们不愿意理短头发，按照旧时的管理法，哈里会对他们吼叫、威胁。这一次，他却采用迂回战术："诸位，你们都是未来的领导者，你们现在如何被领导，将来也要如何去领导别人，诸位都知道军队对头发的规定，虽然我的头发比你们的还短，但我今天就要按照规定去理发。诸位等一下去照照镜子，如果有需要，我们可以安排时间理发。"而士兵们听了哈里·恺撒的话之后，纷纷意识到自己应该理发了，也不好意思不去理发。

6. 收尾自然

谈话最好采用"柔性策略"。最好的方法，就是从"批评"再次回到"赞扬"，然后以肯定的语气鼓励对方。

**(二)批评别人之前，先批评自己**

### 案例

卡内基先生有一位名叫约瑟芬的侄女，高中毕业后，她就成为卡内基的秘书；那时，她才十九岁，基本上没有任何工作经验。秘书工作其实非常繁杂，不但要接听电话，而且还要处理一大堆杂务。总之，如果办事不仔细，就容易出纰漏。约瑟芬开始时手忙脚乱、缺乏条理，很多事情都没能办好，卡内基见状，总想找个机会说说她，然而一直没机会开口。

一天，约瑟芬不慎又犯了错，卡内基有些生气，他本来想出口教训，但最后还是忍住了。他对自己说："等等，戴尔·卡内基，先想一想，你的年纪比约瑟芬大一倍，你的处世经验和工作能力是她的一万倍。那么你为什么要按照自己的标准去要求她呢？你十九岁时，比约瑟芬能干吗？"卡内基仔细回想了一下自己十九岁时的情形后用和蔼的语气对侄女说："约瑟芬，你犯了一点错误，但是上帝都知道，这比起我犯的错误来说是微不足道的；因为人并不是生下来就会处理事情，我们需要积累经验。而且，你比我年轻的时候强多了，我像你那么大时，犯了很多愚蠢而可笑的错误。"

话说到这里，约瑟芬的表情并没有变得难堪，于是卡内基接着说："假如做事的时候多想想，有什么不好呢？如果你养成了这样的习惯，不就可以越做越好吗？”

约瑟芬听了这番话，点了点头。从此以后，她做事越来越有条理，成为卡内基的得力助手。

（资料来源：靳西，《卡内基人际关系学》，北京，燕山出版社，1997。）

批评者和被批评者，地位仿佛并不平等；因为批评者通常是上司、长辈，这样的居高临下，势必会让被批评者产生一种心理压力，总认为自己处于绝对劣势。这种心理落差造成的不平等，无形之间会筑起一道墙，阻隔双方的交流和沟通。

而自我批评的好处，就在于摆正双方的位置，消除不平等。“我像你这么大的时候，还不如你呢……”有了这样的铺陈，对方就会想：既然如此，我的错误看来也不是不可原谅的。

请记住一个原则：当你想要批评别人的时候，切忌用居高临下的姿态说话，只有平等的交流，才会事半功倍。

## 三、拒绝的技巧

日常生活中我们有许多时候都需要拒绝别人，例如，别人的请求不符合你的心愿，别人的要求是自己力所不能及的，别人的好意你不能接受等。如何拒绝别人，又不伤害彼此的感情？要学会一些拒绝的技巧。

### (一)说话不能太绝对

拒绝别人时态度要和蔼，要尊重和理解对方。不要在他人开口要求时予以断然拒绝，尽可能婉言拒绝，说话不能伤害他人的自尊心。对他人的请求迅速采取反驳的态度，或流露出不快的神色等，都是不当的行为。

另外，拒绝对方，要给对方留一个退路，也就是要给对方留面子，能让他自己下台阶。可以婉转些，别马上回答行或不行，答应考虑一下，说明自己尽力了，也可以采取转移话题、答非所问、寻找借口等方式暂时把对方的焦点转移开，从而达到间接拒绝的目的。这种方法也可以称为移花接木法。何为移花接木法呢？就是说，当朋友对你提出请求时，你可以运用另一件事情去回答，从而巧妙地拒绝对方。举个例子，假如你的一个朋友向你推荐购买一张功能齐全但昂贵的按摩椅，如果直接拒绝的话，恐怕会给他留下小气又不给他面子的印象。这时候，不妨这么说：“按摩椅对我来说没太大必要，我妻子给我按摩就够了。”

这样一来，拒绝被委婉地说出了，对方在艳羡你们夫妻和睦的同时，也不会产生反感心理。

### (二)幽默拒绝法

在一些陌生的场合，你似乎不愿表达自己，并且不想去接触更多的人，怕因尴尬而带来更多的问题。而那个幽默的朋友会让气氛变得特别融洽，遇到的所有问题都会解决。我听过这样一个故事，有一位绅士正在餐馆里进餐，忽然发现菜汤里有一只苍蝇。他扬手叫来服务员，冷冷地讽刺道：“请问，这东西在我的汤里干什么？”服务员弯下腰，仔细看了半天，回答道：“先生，它是在仰泳！”餐馆里的顾客被逗地捧腹大笑。在这种情况下，无论服务员如何解释或者道歉，都只能受到尖锐的批评，甚至会引起顾客的愤怒。但是幽默帮了他的忙，把他从困境中解救出来，使气氛得以缓和。

拒绝别人时更需要幽默和智慧，有任何情况下，幽默的人都是非常受欢迎的。有时候直接拒绝别人，自己不好意思，也可能使被拒绝的人感到尴尬。采用幽默的语言或语气拒绝，使对方从你的幽默拒绝中，一笑了之，避免尴尬，比直接拒绝要好得多。

案例

有一次马克·吐温向自己的邻居借阅一本书，邻居说：“可以，但我有一个规则，从我的图书室借的书必须当场阅读。”一个星期后，这位邻居向马克·吐温借割草机用，马克·吐温笑着说：“当然可以，没有问题。不过我定了一个规则，从我家借的割草机只能在我的草地上使用。”

**(三)先肯定再否定拒绝法**

态度友善，先给予肯定再拒绝，能降低对方“被否定”的感受。与其说：“我不同意你”，不如微笑着说：“你的简报做得真精彩！不过某个部分无法完全说服我。”在拒绝之前先表示同情、理解甚至同意，然后再巧妙地拒绝，使拒绝之辞委婉而含蓄。

案例

在故宫博物院，一批美国游客纷纷向导游提出拍照的请求，导游诚恳地说：“从感情上讲，我非常愿意帮助大家，但在严格的规章制度面前，我又实在无能为力。”游客虽然被拒绝了，但在心理上还是容易接受的。

如果你的朋友邀请你参加聚会，你不想去，你可以说：“你能邀请我，我真的很高兴，我对你的聚会也非常感兴趣！但是我今晚事先安排好别的事情了，不过我对你的邀请表示非常感谢!”这样既表明了自己的观点，同时还不会得罪人，给足了对方的面子。

**(四)请君入瓮拒绝法**

拒绝别人，不是直接拒绝，而是让对方自己得出拒绝的理由。如美国前总统罗斯福当年在军界服务时，一位朋友想从他那里打听一项机密，罗斯福悄悄地问：“你能保守秘密吗?”那位朋友连声说：“当然，我一定保守秘密，不告诉任何人!”这时罗斯福说：“你能保守秘密，我也能!”对方自然知道这件事情是保密的，罗斯福不能告诉自己，也就不好意思再问了。

## 四、发问的技巧

无论是在生活中、工作中，还是在学习中，或多或少都会遇到一些不懂的问题，这时候直接问他人，是最直接有效的方式。用正确的方法向人请教问题，往往会省掉很多麻烦。

掌握发问的技巧在日常沟通中发挥着极其重要的作用，它能够引导对方的谈话，同时获得更明确的信息。发问时必须使听者有这样一种强烈的印象，即你是认真诚恳的。要做到这一点，只需在声音和视觉两方面表现一致就可以。

#### (一)从对方的立场出发提问

我们强调有效的沟通要站在对方的角度去思考，才能加深理解，从而减少误会。我们经常会遇到许多不明白的事情，需要问清楚，这时候就需要注意提问的方式。当朋友之间、上下级之间或者夫妻之间发生矛盾或有互相不理解的事情时，提出问题要特别注意站在对方的角度，不能以自己的理解去责问对方、批评对方，否则不但不能弄清楚事情的原委，反而很可能使矛盾和误会加深。

### 案例

最近妻子发现老公晚上总去喝酒，但是从来都不告诉她，不知道丈夫在外面干了什么。妻子问他：“你最近怎么老不着家？都干什么去了？”丈夫感觉自己在被质问，就发火说：“你管不着，自己管好自己的事情就行了。”妻子很伤心。后来她用另一种方式询问，问他是不是最近遇到了什么烦心事，压力比较大。这样他感觉到妻子对他的关心，就会告诉妻子，原来是单位的事情不顺心，又不想让妻子为他担心，心烦就去喝酒。

#### (二)礼貌第一

不管是向谁请教问题，都要礼貌地去问。比如说问路，“您好，请问某某地方怎么走？”而“请”和“您”字会使得被问路者感受到尊重，从而促使其认真地回答你的问题。

大多数女人不喜欢自己被叫老，除非你们之间的年龄差距很大。向身边的长者请教问题，除了要有礼貌之外，态度也很重要，尤其是老师、领导之类的，更看重你的态度。不管是否回答了你的问题，都要说谢谢。因为你在问他人问题的这个动作，实际上已经是在打扰他人了，所以不论对方是否知道，都要感谢人家愿意听你的问题。

## 五、人际冲突中的沟通技巧

#### (一)认识人际冲突

人际冲突是一种对立状态，表现为两个或两个以上相互关联的主体之间紧张、不和谐、敌视，甚至是争斗的状态。

如果你想和同伴去看电影，可是他想待在家里，你坚持去看电影的想法妨碍了你的伙伴待在家里的念头。你们彼此都不妥协，如果实现了你的愿望，那么你的同伴的愿望就落空了，反过来，则是你看电影的愿望落空。

在我们的日常生活中，人际冲突是所有人际关系的一部分，存在于父母与孩子之间，兄弟姐妹之间，朋友、爱人或同事之间，这是我们无法避免的。

事实上，人是不一样的，不同的经历和不同的目标必然产生差异。如果每个人互相依赖，正如之前所说的，差异就会导致冲突。而冲突一旦出现，冲突的问题十分广泛而且是相当个人化的，它出现在各自具有不同的目标并且相互联系的个体之间，如密友、爱人、同事和家庭成员等。因此，理解人际冲突并掌握有效对应人际冲突的技巧对于我们的日常生活交往是多么的重要。

**(二)人际冲突的作用**

不同的处理方式会带来不同的结果。人际冲突既有正面作用，也有负面作用。

冲突(如果妥善处理)的积极作用有以下七点。

第一，促进问题的公开讨论。

第二，促进问题的尽快解决。

第三，提高成员在组织事务中的参与程度。

第四，增进成员间的沟通与了解。

第五，化解积怨。

第六，能激发成员的创造力，给组织带来活力，避免个人停滞不前。

第七，能够宣泄愤怒与敌意，避免过度累积各种负面情绪，终而导致不可收拾、关系破裂的地步。

当然，冲突的弊端是加重负面感受。许多冲突包括不公平的争执方式、彼此伤害，如果这些发生了，负面感受也会随之加重。有时候，冲突可能会导致你与他人的隔膜，当你对伴侣隐瞒真情实感时，你也阻挡了彼此间的交流和互动，这会进一步妨碍双方的亲密感。由于人们对亲密感的需求非常强烈，以至于可能一方或双方都去其他人那里寻求亲密感，这经常会导致进一步的冲突、相互伤害、彼此怨恨，这些最终给大家的关系带来沉重代价。随着代价不断升级，导致关系恶化并最终破裂。

冲突(如果处理不好)的消极作用有以下六点。

第一，影响组织成员的心理健康。

第二，造成组织内部的不满与不信任。

第三，使组织内部相互支持、相互信任的关系变得紧张。

第四，导致成员和整个组织变得封闭、缺乏合作意识。

第五，阻碍组织目标的实现。

第六，破坏团体中的凝聚力。

总括而言，人际冲突可能带来彼此关系的紧张和压力，并可能使当事人经历失望或气愤等负面情绪。但是，如果能够有效地解决冲突，则冲突除了能够宣泄不满之外，还可以使双方的关系变得更加亲密，并且促进个人的成长和需求的满足。

## 案例

**我和室友关系处得很糟糕**

我是一名女生，今年20岁。上高中的时候我学习很刻苦，除了学习没有其他的爱好，也没什么朋友。因高考成绩不理想，复习了一年。考入大学后，班主任安排我当寝室长，我也想好好与寝室同学相处。但时间一长，我发现自己真的无法和室友们相处，我习惯早睡，她们却喜欢聊到深夜；我比较爱干净，她们却喜欢乱丢乱搭，把寝室搞得乱七八糟。我以寝室长的身份给她们提出一些建议和要求。她们不但不听，反而恶言相骂。就这样我与室友经常因为一些琐事发生争执，我认为自己是对的，但她们并不理睬，几乎没人跟我说话。现在我和室友的关系很糟糕，我已经到了孤立无援的地步。

（资料来源：https：//wenku.baidu.com/view/24fc171ec5da50e2524d7faf.html，访问日期，2019-5-22。）

该学生的问题主要是在与室友相处的过程中，由于性格内向只顾学习而缺乏人际交往的锻炼，来到大学后过上了集体生活，各自生活习惯的不同，导致生活节奏无法与室友保持同拍，产生了一定差距，需要大家一起慢慢磨合。而在磨合的过程中，她因为担任寝室长，可能没有较好地遵循人际交往的"平等""尊重"以及"宽容"等原则，致使沟通受阻、误会加深，甚至产生了人际冲突，受到孤立，导致人际关系僵化。

**(三)有效应对冲突五步走**

大多数人不喜欢与人发生冲突，因为他们习惯性地把冲突与消极的想法联系在一起，而忽视冲突对于关系的正面作用，不能很好地区分冲突以及人们对冲突的反应。其实，冲突本身不是问题，问题是你怎么去看待冲突。所以发生冲突时，可以参考以下步骤。

第一步，定义冲突。

这是非常重要的一步，也就是给冲突下定义。有时人际冲突的发生，并非双方真正的差异，而是因为彼此对问题的认知有所差异而造成的误解。这里有一些技巧应牢记于心。

区分内容和关系问题。界定明显的内容问题(如谁应该洗碗、谁应该带孩子去上学)以及与之相联系的关系问题(谁在逃避承担家务、谁的时间更有价值)。不是所有的事情都将成为一个冲突，放开一些事情有时是有意义的，分析后果再做出决定。

聚焦现在。避免"算旧账"，即避免随时可能爆发的积怨。经常是，一个人积怨很深，另一个人也会如此。例如，你忘记了对方的生日，还有你聚餐迟到，这些不满都会爆发出来，结果两个人把过去积攒的委屈都一股脑倒出来，而忽略现在需要解决的问题。我们必须明确自己现在的所处境遇，然后问自己"什么是我真正必须解决的问题?"如果你没有遇到你所必须解决的人际冲突，那么你就没必要将问题一股脑倒出来。

避免揣测对方。不要试图去猜测别人的想法，当他人遇到难题时，问一些问题，以确保你的理解是正确的。比如，直接并简单地发问："为什么你明知我必须在9点前给三个客户打电话，还坚持让我现在去遛狗?"

第二步，选择可能的解决方法。

大部分冲突存在许多不同的解决方法，考虑解决冲突的所有可行的解决方案。不要浪费时间停留在冲突上。准备提出你已考虑的解决方案，同时也建议别人提出他们的解决方案。一旦确定了，就接受这个解决方案。冲突得到解决后，继续提出这个冲突是没有意义的。但是如果你觉得这个方案对你已经没有用处了，可以找对方说一下你的想法。但不要纠结于自己是否应该把它提出来。

第三步，测试你的解决方法。

理性思考自己的解决方法。实施起来怎么样？如果不奏效，就放弃这种方案，再试试另一个，给每一个方案一个公平的机会，不要纠缠于明摆着解决不了冲突的方法。

第四步，六顶思考帽。

牛津剑桥学士爱德华·德·波诺(Edward de Bono)开发了一种思维训练模式，它提供了“平行思维”的工具，避免将时间浪费在互相争执上。强调的是“能够成为什么”，而非“本身是什么”，是寻求一条向前发展的路，而不是争论谁对谁错。运用六顶思考帽，将会使混乱的思考变得更清晰，使团体中无意义的争论变成集思广益的创造，使每个人变得富有创造性。

所谓六顶思考帽，是指使用六种不同颜色的帽子代表六种不同的思维模式，任何人都有能力使用以下六种基本思维模式。

白色思考帽。白色是中立而客观的。戴上白色思考帽，人们思考的是关注客观的事实和数据。

绿色思考帽。绿色代表茵茵芳草，象征勃勃生机。绿色思考帽寓意创造力和想象力。它具有创造性思考、头脑风暴、求异思维等功能。

黄色思考帽。黄色代表价值与肯定。戴上黄色思考帽，人们从正面考虑问题，表达乐观的、满怀希望的、建设性的观点。

黑色思考帽。戴上黑色思考帽，人们可以运用否定、怀疑、质疑的看法，合乎逻辑地进行批判，尽情发表负面的意见，找出逻辑上的错误。

红色思考帽。红色是情感的色彩。戴上红色思考帽，人们可以表达自己的情绪，人们还可以表达直觉、感受等方面的看法。

蓝色思考帽。蓝色思考帽负责控制和调节思维过程。它负责控制各种思考帽的使用顺序，它规划和管理整个思考过程，并负责做出结论。

第五步，接受或拒绝解决方案。

如果你接受解决方案，你将在处理人际冲突的过程中持续使用该方案。当双方建立共识后，事实上许多协议因一方或双方无意或无法坚持下去，而宣告破裂。如果冲突双方中有任何一方对该方案不满意，就不得不试试另外的办法或者回到起点，重新看待问题，并需要寻找其他方法去解决。

**(四)尽量避免争吵**

人和人之间就某件事产生分歧是非常正常的，很多人在产生分歧之后首先想到的是争论甚至争吵，这似乎也是正常的，但正是这种似乎正常的解决办法却恰恰是最糟糕的办法。与他人交往时，最应该避免的就是无谓的争吵。否则，你失去的不仅是真诚的友谊，而且可能会失去促进自己不断发展的机会。

### 案例

牛浩是广州一家贸易公司的业务经理。有一次他代表公司去一家公司进行商业谈判，一会儿双方因为价格的问题发生了很大的矛盾。牛浩当时十分生气，明明自己报的是市场价，而对方却认为牛浩做人不地道，牛浩也回了句：“做人地不地道不是由你说了算的!”这时，对方代表突然站起来，直奔牛浩面前，对他大发雷霆地说：“牛浩，我们以前合作过多少次了，真没看出来你是一个无利不图的奸商！我有绝对的理由说你做人不地道!”牛浩当时也怒火中烧，便顾不得许多，与对方恣意地谩骂了起来，双方还差一点动起手来。

最终，谈判没有往下进行，双方就不欢而散。牛浩当月因为没有完成领导的销售任务而被扣了奖金。后来，那个客户又打电话给牛浩的领导，说牛浩当众骂人之类的话。两个月后，牛浩因为失去了一位大客户，给公司造成了一定的损失，就被降了职。

避免人际冲突还有一个方法就是避免争吵。如果我们抱着敌对的态度去解决问题，结果只会水火不容。只有在尊重对方的同时提出建议，才有可能被接受。所以我们要尽量避免争吵。要做到避免争吵，首先要有欢迎分歧的态度，没有分歧就没有解决问题的最佳办法。其次要告诉自己，在发生分歧的时候，要冷静地先听对方说，给对方时间，然后你才会有较客观的评价。但最重要的是如何开口，很多人在开口之前是理智的，但慢慢地就失去控制，无法控制对方情绪，也没法控制自己的情绪。开口要先强调对方的优点，先肯定对方，然后承认自己观点中的不足。因为要让对方认识到他的不足，最好的办法就是先自我批评，最后很婉转地提出对方的不足，请他考虑。相信这样一个简单的程序能避免大部分争吵。

人与人之间不可能没有冲突。我们每个人因为想法的不同而不同，因此冲突注定会发生。在一段关系中，隐藏自己的想法和信念可以逃避冲突，但这既不健康，也不可持续。不要忘了冲突可以增进人与人之间的关系，让关系更加亲密。所以把以上技巧记在心里，以防出现冲突时手足无措。

## 思考与训练

一、小丽在自己的朋友圈发了一条消息："今天又入手了一款红色的包包，配我的黑裙子刚刚好。开心！"作为她的朋友，你准备怎么赞美？选择几种不同的赞美方式，和小组同学分享

二、某中学生屡次利用体育大课间时间，躲在教学楼的角落里抽烟，班主任多次批评教育，但该生屡教不改。这次不仅自己抽，还带了几个男生一起去……

和小组同学讨论，用什么方法批评这个学生效果最好。

三、选择一个不太严重的日常生活中的沟通问题，填写下面的沟通提议，训练你的日常沟通能力

1. 选择一个谈论的时间。
2. 准确而真实地表述问题。
3. 表达你全部的感受。
4. 提议改变的建议。
5. 陈述改变的正面后果。
6. 陈述不改变的负面后果。

写好笔记后，与同学自由组队讨论，在讨论的过程中，要记得遵守合理争吵的规则，并要考虑同学给你的建议，最终让自己的日常沟通问题得到解决。

四、案例讨论

一天下午，老教师杨爷爷来毛毛家串门，正好遇见毛毛妈妈在教训孩子。原来，毛毛什么都好，就是有一点：字写得太差了！要是用"龙飞凤舞"来形容他的字，那还都是轻

的。也许，用“小虫乱爬”也不为过。为了这事，爸爸妈妈没少“教育”他。前不久两口子还给毛毛买了专门练习写字的字帖，但是也没看到什么效果。这不，前天语文考试，毛毛竟然考了个零分，原因是老师看不懂毛毛写的什么，字太乱了。看着成绩，毛毛的妈妈马上就火了。“哦！原来是这样，我去看看。”杨爷爷说完这句话就走进屋里。“来，让爷爷看看毛毛写的字。”看到老教育专家来了，毛毛妈妈赶紧把孩子的语文卷子送了过来。“嗯！毛毛的字很有特点嘛！相信爷爷，坚持练，用心琢磨一定能练好。”“真的啊?”最先反应过来的竟然是毛毛。“爷爷怎么会骗你呢，你看你的笔画都是正确的，问题关键在你没把这些笔画组合好。这样看起来就显得乱了。仔细琢磨一下怎么组合好看，我相信你一定能行。”“妈妈，杨爷爷说我的字有特点。我能练好!”看着这个突然来了动力的孩子，大家都笑了，妈妈的气也顿时消了。

讨论：

1. 杨爷爷用什么方法调动了毛毛练字的积极性的?

2. 杨爷爷具体说了哪些话?

3. 这些话为什么能调动了毛毛的积极性呢?

五、测测你的日常沟通能力

对下列15个问题给出你的观点。并按照评价标准打分。评价标准：非常不同意/不符合(1分)；不同意/不符合(2分)；比较不同意/不符合(3分)；比较同意/符合(4分)；同意/符合(5分)；非常同意/非常符合(6分)。

1. 我能根据不同对象的特点提供合适的建议或指导。

2. 当我劝告他人时，更注重帮助他们反思自身存在的问题。

3. 当我给他人提供反馈意见，甚至是逆耳的意见时，能坚持诚实的态度。

4. 当我与他人讨论问题时，始终能就事论事，而非针对个人。

5. 当我批评或指出他人的不足时，能以客观的标准和预先期望为基础。

6. 当我纠正某人的行为后，我们的关系常能得到加强。

7. 在我与他人沟通时，我会激发出对方的自我价值和自尊意识。

8. 即使我并不赞同，我也能对别人的观点表现出诚挚的兴趣。

9. 我不会看不起比我力量小或知道的知识比我少的人。

10. 在与自己有不同观点的人讨论时，我将努力找出双方的某些共同点。

11. 我的回答是明确直接指向问题关键的，避免泛泛而谈或含糊不清。

12. 我能以平等的方式与对方沟通，避免在交谈中让对方感到被动。

13. 我以“我认为”而不是“他们认为”的方式表示对自己的观点负责。

14. 讨论问题时我通常更关注自己对问题的理解，而不是直接提建议。

15. 我有意识地与朋友进行定期或不定期的聊天。

如果你的总分是：80～90分，你具有优秀的沟通技能；70～79分，你略高于平均水平，但有些地方尚需要提高；70分以下，你需要严格地训练你的沟通技能；选择得分最低的6项，作为你技能学习提高的重点。

# 第二节　交友的沟通技巧

## 案例引入

事件的起因是我们公司的一个同事在办公室大声打电话，内容是关于特别敏感的男女问题。

后来，在朋友一起聊天的时候，我把这件事告诉了我的朋友，大家都对这一现象进行了评价，认为我的这个同事不应该在办公室大声谈论这种私事。

但朋友小陈很不高兴，他认为我歧视这个同事。他认为同事天生嗓门大，没有办法避免，就好像他一样，他也是天生嗓门大，所以谈论私事被我们听到了。但我坚持认为，在公开场合讲个人私事是个人修养问题。

之后我们起了争执，他认为是我自私，极端的自私，是嫉妒，是没有本事才会在人后叽叽歪歪。这次争执事件让我非常生气，难道真的就交不到沟通顺畅的朋友了？

（资料来源：梁辉，《有效沟通实务》(第二版)，北京，中国人民大学出版社，2015。）

没有朋友的人生是孤独的人生。要摆脱孤独，丰富人生，就需要广交朋友，加强朋友之间的情感沟通。朋友是我们人生中一笔宝贵的财富，所以无论在任何时候，我们也不要忘记新朋旧友。在社会交往越来越频繁的今天，人脉资源丰富与否、交际范围广泛与否，已经成为衡量一个人是否成功的重要标准。那些懂得经营人脉的人，往往都善于抓住每一个机会扩大自己的交际圈，尽可能多地结交朋友。对他们而言，别人的朋友也可以是自己的朋友，甚至敌人也可以变成朋友。对于当代的大学生来说，应该掌握交友沟通的艺术，广建人脉，为自己事业的发展铺平道路。

## 一、交友的基本原则

### (一)交友要有选择

孔子曰："益者三友，损者三友"，选择什么样的人做朋友，答案有很多。万物皆有吸引，朋友之间是相互影响的关系，所以跟好人学好人。我们认为，以下几点是必须要注意的。

第一，交积极上进的朋友，远离负能量满满的人。古时候，孟子的母亲为了给他选择好的教育环境，不惜三次搬家，最后搬到了学校附近，孟子开始变得守秩序、懂礼貌、喜欢读书。我们在交朋友时要交正能量的朋友，这种朋友可以在你患难时支持你、鼓励你，可以给你新思想、新方法、帮助你拓宽视野，不断给予你正面的影响，引领你走向高尚的人生之道。

第二，乐交诤友。诤友，指能够直言不讳地指出自己的错误，批评帮助自己的朋友。

真挚的友谊不仅表现在能与朋友共享欢乐，能为朋友排解烦恼，能替朋友分担不幸；还表现为对朋友的缺点和错误能进行坦率地批评与诚恳地劝告。也正因为朋友间敢于互相批评，友谊才倍显纯洁和珍贵。

第三，不交损友。损友，指对自己的道德品行产生不良影响的朋友。损友的类型可以分成很多种，但其共同点是：在不知不觉中用不良的东西影响你，腐蚀你，导致你在道德品行上倒退，严重的甚至使你走上违法犯罪的道路，从而毁掉你的一生。对于这种人，我们要远离和摒弃。

### 案例

东汉时，荀巨伯听说远在千里之外的朋友病了，便匆忙安排好家事赶去看望。经过半个月的奔波，才到达朋友居住的县城，恰逢敌军将要攻城，百姓早已纷纷逃走，街上毫无一人。他好不容易才找到朋友的住处，发现好友躺在床上面色惨白，连声要水！喝水后，好友见荀巨伯在自己身边，惊喜之余连声催促他快走。荀巨伯说："我远道而来，就是来看你的，怎能扔下你独自逃命呢?"正在他们争论时，敌兵来了。冲荀巨伯喝道："你是什么人，胆敢在此停留?"荀巨伯说："我是他的朋友，从千里之外来看他，见他病着，身边又无人，因此不忍离去。你要杀就杀我吧！千万别伤害他的性命!"敌兵想不到在危难时刻，竟有人舍己救友，深受感动，便转身离去。

（资料来源：https：//wenku.baidu.com/view/a404cf3e1711cc7931b7165c.html，访问日期，2019-5-22。）

#### （二）相互尊重和信任

只有相互尊重和信任才是真正的朋友关系，这是因为好朋友之间一定是相互尊重的，持心交往才最重要。

### 案例

小孟与大河是好朋友。有一天，大河给小孟起了一个绰号并当众喊出。小孟很生气，从这之后，小孟再也不愿意理大河了。大河对此很不理解，取个绰号不正说明关系好吗，至于那样吗?

小孟和大河关系闹僵了，是因为他们没有互相尊重。尊重他人要做到尊重他人的人格，你尊重别人，别人也会觉得你是值得尊重和信任的人，而且只有你的言行值得尊重，别人才会尊重你、信任你。

#### （三）平等相待

为了保持永恒的友谊，朋友间还需要平等相待，一视同仁，相互尊重，不亢不卑。朋友之间的身份人格是最平等的，没有尊卑贵贱的差别。固然无须拘泥于上下等级的严格礼数，但也不能因此而放纵自己的个性。一味放纵自己的个性，单方面要求别人适应自己，实际上是对朋友平等地位的蔑视。这样交朋友是不可能长久的。朋友之间可以不讲虚礼，但应该互相礼让，彼此尊重。

### 案例

在某大学的财务管理班里，班长总是自觉高人一等，不把自己的同学放在眼里。有一次他组织一个活动，班里有同学没有明白是什么意思，他粗略地解答一遍之后，那个同学还是没明白，就又问了他一遍，他不耐烦地说："我讲得这么明白了，你怎么还没懂啊？真不知道你一天天在那想什么呢?"还有的时候他会用命令的语气跟同学说话，如"你给我把地扫干净!"他的表达方式引起许多同学的反感，最后导致同学们离他越来越远，全都不支持他的工作。在期末民主测评中，他的分数很低，在下一届的班干部竞选中落榜了。

## 二、朋友间的沟通技巧

有人说，朋友是温暖的源泉。朋友关系不像上下级关系那样有尊卑之分，也不像售货员和顾客的关系那样掺杂着功利的目的。所以，朋友关系的特点是平等、自由、亲密。

### (一)朋友之间应以诚相待

在朋友交往中，诚实是相互信赖和友好交往的基础。知心朋友和牢固的友情是通过真诚相处而获得的。只有诚实对待对方，才能赢得对方的信赖，才会使友谊长存。

### 案例

有一个富翁为了测验别人对他是否真诚，就假装患病而住进医院。测试的结果却使富翁感到非常沮丧。

"很多人来看我，但我看出其中许多人都是希望分享我的遗产而来探望我的。""经常和我有来往的朋友都来了，但我知道他们不过是看成一种例行的应酬。"

"有一个从前欠我许多钱的人也来了，但在来看我之前，他已把所欠的钱还给我了，所以他在病床前很自负地说：'先生，我是还清了债才来看你的'，所以我认为，这人是为了争一口气而来的。"

"还有几个平素与我不和的人也来了，但我知道他们只是乐于听到我病重，所以幸灾乐祸地来看我。"

"有一个和我素不相识的人也来了，他说久仰大名，得悉阁下有病，特来探望，谨祝早日康复。这人是为了好奇来看我的。"

按照富翁的说法，他的测验结果是完全失败的。但是我们为何苦于测验别人对自己的真诚呢？测验一下自己对别人是否真诚，岂不更可靠？

怀疑别人的真诚，这是朋友交往的大忌，这样不仅会将自己引入沟通的误区，还会伤害对方的自尊，导致友情的危机。人际交往是互相的真诚，也是双方的信任。

### (二)结交志同道合的朋友

很多人在大学的时候更重视学习能力跟社会实践能力，却忘了交友能力也是大学生活中非常重要的一部分，在大学的时候，我们可以结交一些志同道合的朋友，作为我们今后进入社会的人脉资源。

结交志同道合的朋友需要主动找到共鸣点，这样才能增进彼此间的友谊，结成知己。结交志同道合的朋友有如下好处。

第一，可携手前进，共同奋斗。工作上互帮互助，学习上取长补短，事业上同勉共进，这是志同道合者的最大作用。志同道合的朋友可以帮助彼此走向成功，实现理想。

第二，使我们的生活充满意义。假如你有一个甚至几个爱好、兴趣一致的朋友，那么，生活就会充实很多，不仅其乐融融，而且陶冶情操，有助于自己精神境界的发展和提高。

第三，更好地塑造自我。在社交中，找到志同道合的朋友不但可以帮助我们改变不分好坏滥交朋友的坏习惯，还能够锻炼我们的意志，陶冶我们的性情，更能丰富我们的人生阅历，使我们的人生更加精彩。

### (三)与朋友交往要有分寸

朋友之间的交谈应该直率、大方、亲切，但要避免过于散漫、不拘小节，让人感到粗鲁庸俗。也许你和同事或客户相处时会以理性为基准来约束自己，但遇到老朋友就忘乎所以，或指手画脚、高谈阔论，或肆意打断朋友的交谈，或左顾右盼、心不在焉。也许你的行为不是故意的，但时间长了，朋友会觉得你没有教养，就会破坏你在朋友心目中的形象。

#### 案例

赵晶和石苇是一对令人羡慕的好朋友，两人在一起总有说不完的话。她们一起上学、下学，手拉手逛街，但两人还是觉得相处的时间太少。于是，在征得家长同意之后，两人在校外租了一间房，成了室友，这样来往就更方便了。然而一段时间过后，两人的友谊产生了裂缝，赵晶觉得石苇性子太急、脾气太急躁，而石苇认为赵晶太懒，从不收拾房间，慢吞吞的。终于两人为了一件小事大吵了一架，从此谁也不理谁了。后来两人都很后悔，如果两人没有住在一起的话，大家还是好朋友。

(资料来源：麻友平，《人际沟通艺术》，北京，人民邮电出版社，2012。)

人与人之间的差异是必然存在的，交往的次数越是频繁，这种差异就越是明显，经常形影不离会使这种差异在友谊上起不到应有的作用。而且，交往过密不留距离，还会占用朋友过长的时间，把朋友捆得紧紧的，使朋友心里感受不到轻松、愉快。当友谊从一个极端走向另一个极端时，双方就会形成可怕的对立。所以，保持距离，有分寸，创造一种轻松的共处氛围，会给你的生活带来更多的快乐。

每个人都有各自的生活空间与个人隐私不愿被他人侵犯，所以即使是好朋友也不可能真正的亲密无间。如果你想表示亲密友善而靠近别人，应注意不要过分，贴得太近未免无礼，可能会得到适得其反的效果。

所以，为了维护友谊，还是保持适当距离比较好。

**(四)好朋友也要“明算账”**

有些人喜欢朋友之间不分彼此，或者说某些人交朋友，心里总想着将朋友功能化，所以求办事、借车、借钱的事时有发生，其实这些纯粹功能化的想法是非常伤友情的。

一旦友情涉及金钱，往往会变得比较难办。如果跟朋友借钱，说好的期限就要尽早还，如果是两人涉及买卖，就更要事先都讲清楚，以免日后产生分歧，朋友都做不成。

## 案例

明和林是多年的朋友了，但两人突然闹翻了。起因是林抱怨两人在一起的时候总是他花钱。他们从初中到大学都是好朋友，刚毕业时两人又在一起合租房子，那时两人发了工资就通通放到客厅的柜子里，谁想用就自己去拿，从来不分你我。后来由于工作调动，两人各自租了房子，但感情却没有变，谁缺钱了只要说一声，几百元钱就送过去了，从来也不记账。

后来，林交了女朋友，花费大了起来，常向明拿钱，明渐渐地有点不高兴了。有一次林又要借 1000 元，明拒绝了他。于是林很生气，他跟别人说：“这么多年了，这小子不知道从我这里拿了多少钱，一起吃喝都是我付账，没想到他翻脸不认人了!”明也很生气：“他花了多少钱？上次他妈妈住院，不是我送去了 5000 元吗？刚毕业时我挣得比他多，那些钱都让谁花了?”于是两人大吵了一架，从此谁也不理谁了。

(资料来源：麻友平，《人际沟通艺术》，北京，人民邮电出版社，2012。)

作为朋友，相互之间要交流来往，不可能不涉及金钱，涉及金钱并不是就不能有友谊的存在了，只要处理好金钱与友谊的关系，把握好朋友之间交往的度，金钱和友谊是可以同时拥有、互不冲突的。

首先，送礼需量力而为。朋友之间经济上的帮助是应该的，也是不图对方回报的。但是，帮助是相互的，没有绝对无偿的帮助，对于帮助过自己的朋友，一定要及时找机会予以回报，这是人际交往中的心理平衡法则。

对于朋友间必备的人情礼，如遇到红白喜事，作为朋友或同事，都要聊表心意。这时，一是要量自己的力而为，二是要量对方的力而送。量自己的力而为，是不能为了给朋友送礼而影响了自己的生活，量别人的力而为，则是因为如果不能量对方的力而为，自己送给对方的礼太贵重，在对方还你的时候，就会有些困难，这样会让对方尴尬和为难，从而会好心办坏事。

其次，朋友之间借钱的问题向来是很敏感的，也是很难把握的。其实，把问题想清楚了，处理起借钱问题也并没有这么难。

如果你是借钱一方，在需要借钱的时候，要想好自己的偿还能力和偿还期限，把这些跟朋友讲清楚，并且要保证在自己承诺的时间内把钱还给朋友。同时，还要想到如果朋友出于某种原因拒绝了你，那么，也要相信朋友必有自己的为难之处，不要因此而影响了你和朋友之间的感情。

如果你是被借方，那么，在借给朋友钱之前，也一定想清楚：自己的能力够不够，借钱朋友的信用如何，万一对方不能及时甚至不能还钱，自己能否承受。这几个问题想清楚以后，再把钱借给朋友。否则，你可以大大方方地拒绝，明明白白地跟朋友讲清楚你的处境，对方能理解自然是最好，如果不能理解，至少你不会既借给朋友钱又丢了朋友。

朋友之间常常会为了增进感情，有一些聚会时娱乐项目的消费，如果有需要共同消费的地方，能够各自承担自己的费用是最好的，如果觉得影响朋友间的感情，那么，自己首先要表现得大方一些，没有人愿意同小气的人来往。朋友之间不要太斤斤计较，否则，感情增进不了，反而伤了彼此的和气。

朋友之间，彼此赠送一些物品，或者在需要的时候有一些经济上的互相帮助和支持，本是无可厚非。但是，朋友之间相互帮助可以，但再好的朋友也不可亲近到在经济上不分你我。

## 三、交友沟通的忌讳

### 案例

今天，朋友小丁过来看我的时候，我正在忙着做家务。她坐在我的电脑前面，打开了我的电脑，然后开始上网并查看我硬盘里的文件。当时我心里很不高兴，因为她没有经过我的同意就乱翻我的东西了。但是因为她是很熟的朋友，我没好意思开口说她。虽然当时很忙，可是人家竟然坐在那儿不走了，我也只好在旁边陪着她。她开始跟我抱怨男朋友家不舍得出钱办豪华一点的婚礼，说一辈子没有一个那样的婚礼简直是耻辱。在她絮叨的时候，我终于失控了。因为我结婚的时候只举办了一个非常简单的婚礼，现在她这么说，让我心里很难受，不知道是不是在说给我听，于是我很生气地说："是，是我这个人太好说话，没让男朋友家给我举办豪华的婚礼。"小丁看出我生气了，就告辞回家了。现在我心里很后悔，也许她的抱怨是无心的，是真的想来听我的意见的，而我却伤害了她。

案例中的小丁和主人公犯了哪些朋友沟通的禁忌呢？

（资料来源：梁辉，《有效沟通实务》(第二版)，北京，中国人民大学出版社，2015。）

#### (一)对朋友不要苛求

既然我们谁都免不了有不足之处，在现实生活中，任何一个人都有这样或那样的缺点，就不要对他人苛求，不能要求他人按照我们的想法去改变。"不轻易指责别人"用在现代社会，也可以理解为"不苛求别人"，我们都存在着一定的不足，那么又怎么能去苛求别人呢？人与人之间是相互的，投我以桃，报之以李，要想赢得别人的友爱，首先要能宽以待人。

**(二)不要泄露朋友的秘密**

每个人都有自己的秘密不愿意被他人提及。与朋友相处时，如果你有意或无意将朋友的秘密泄露出来，朋友会感到非常难堪，你还会失去朋友以及周围人对你的信任，最终失去朋友。

不论遇到什么事情，你都要明白，交友之道在于对朋友忠诚，忠于朋友，能帮助朋友保守秘密，才能获得朋友之间彼此的信任。而且，我们还需要明白，朋友之所以将他的隐私告诉我们，就是为了赢得我们的同情和爱怜，要我们及时帮他想办法。但这些秘密知道者的范围不能大，只能彼此知道。

朋友的秘密，不要随意泄露。都说酒足饭饱之后，最易吐真言："咱们朋友一场，以你我多年的交情，今天我什么都没保留，全跟你说了，你千万不要跟别人说!"没想到，过不了两三天这秘密成了全天下尽知的事情，还有什么秘密可言呢？秘密不可出口，出口也就不成秘密。为别人遵守秘密，必将赢得他人的尊重。

### 案例

萍萍找了个如意郎君，马上就要步入婚姻殿堂了。萍萍的好友李宁也由衷地为朋友感到高兴，但她发现萍萍却始终像有什么心事似的高兴不起来。终于，在结婚的前几天，萍萍把自己的秘密告诉了李宁：原来萍萍患有特纳综合征，子宫是呈线性纤维状的，生孩子的概率很低。李宁听了萍萍的话，心里很难受，后来她又告诉了另一个好朋友，谁知此事被萍萍知道了。萍萍非常气愤，结婚那天，她没有请李宁参加。此后，这对好朋友变成了陌生人。

（资料来源：https：//wenku. baidu. com/，访问日期，2019-5-22。）

**(三)对朋友不要过于随便**

人们常常认为：好朋友之间无须讲究客套，因为好朋友彼此熟悉，讲究客套就太拘束并且太见外了。其实，这种想法是不对的，朋友关系的存续应该以相互尊重为前提，容不得半点强求、干涉和控制。

朋友之间再亲密，也不能过于随便，不讲客套，如果这样的话，友好关系也将不复存在。维持友谊的默契和平衡才不至于伤了面子或被打破。因此，对好朋友也要客气有礼。

## 四、异性交往的沟通艺术

爱情是朵娇艳的鲜花，离不开精心的呵护，更需要坦诚相见的沟通与付出。爱一个人不是一件容易的事，爱是需要不断学习的。与相爱的人相处是一门艺术，恋人之间需要不断地相处和沟通，良好的沟通是爱情长久的保鲜剂；相反，如果不重视沟通，两人之间就会不断产生摩擦，破坏感情，使爱情之花凋谢。

### (一)异性交往沟通的技巧

在异性交往沟通中，很多人都希望，你一言，我一语，双方配合默契，谈兴不减，其乐融融。要做到这些，需要融心理、社交、口才等知识技巧于一体。否则，与异性交流，就容易羞怯局促、紧张失措，连说两句应酬话也显得生涩，平日的伶牙俐齿、妙语连珠也不知都躲到哪里去了。只要掌握一些基本的技巧，就能够在和异性交流时应付自如。

第一，要激发对方交谈的兴趣。

在异性沟通中，往往也会遇到一些说话很被动的人。当你首先与她说话时，对方仅用“是”与“不是”作答，无论你如何发问，总是简单作答。遇上有一定社会经验的异性，还会锲而不舍、耐着性子继续聊下去，因为时间能慢慢地使陌生者变得亲切起来，甚至引出对方有兴趣的话题，逐步改变“话不投机”的局面。

所以，聪明的人在与异性谈话时恰到好处地选择那些生活中的趣事作话题，既可以消除彼此之间的距离，也容易产生共鸣，增加亲切成分，比如选择一些比较轻松、校园生活的诗情画意等。这些话题不但可以一下子就激起彼此的谈话兴趣，而且话题的外延广、内涵深，不至于大家刚唠了两句就没词了。

第二，要保持适度的神秘感。

在与异性交往时适度地保持神秘感，反而让对方感到好奇，激起对方希望更了解你的欲望，这样大多可以进一步引起异性的兴趣。神秘感往往也能增添一些好感。和异性交往的道理多少和这有些类似，所以，一定要保持自己的某些秘密。恋爱初期的人总是谈自己的事，想尽办法加深亲密关系。慢慢地相互了解到一定程度时，就应该保有某些属于自己的秘密。就算保密的事不久就会被知道，也不要主动说给对方听，那是让对方想要一直了解你的技巧之一。

与此同时，关系再好的异性朋友，也应该保留各自的隐私。保持心理距离并不会疏远朋友。相反会加深友谊，正是因为有一定的心理距离，才具有神秘感，才会使友谊更具有亲和力。

和异性朋友的爱人建立友谊关系是保持心理距离的好方法，这样会时刻提醒双方不要忘记各自恋人的存在。

### (二)恋爱中的禁忌

热恋中的青年男女，往往都是如胶似漆，热情如火，认为对方就是自己的一切，可以无话不谈。殊不知，这恋爱语言中也有不可涉足的“雷区”，万一不小心误入“雷区”，后果可想而知。无论是一段甜蜜的恋爱还是一段伤心的恋爱，都可以让人从中成长，但是在对待一段感情的时候，你应该懂得避免错误，懂得如何去爱，去珍惜，这样才会长久。

第一，强迫对方为自己付出。

恋人之间有时会强迫对方为自己做什么、付出什么，比如说让对方为自己买名牌服装、送贵重物品、去高级餐厅等，这是不可取的，这也可能是产生矛盾的根源。

爱应该是发自内心的，为爱付出也应是自发的、心甘情愿的，如果对方对你的爱到了一定程度，那么，即使你不强迫，对方也会为你付出。相反，如果对方根本就不情愿，那么，即使在你的强迫下去做了，也不过是阳奉阴违的行为，丝毫不能真正加深彼此之间的感情。

第二，对方的敏感话题。

每个人都有自己的弱点，有自己的敏感话题。如果总是将对方的敏感话题常常提及去打击他(她)，这样不利于你们的恋爱关系，大家都喜欢隐藏弱点，你反而经常揭穿他(她)，这样你们自然不能长久在一起，恋爱应该是发现对方的优点并包容对方的缺点。

有些时候，对方有一些自己不能接受的地方，或者需要提醒对方的地方，如果直接要求对方改正，势必会使对方难堪，以致生气。如果采取委婉的表达方式来发表自己的意见，就较容易使对方接受并改正了。

### 案例

小张发现自己的男朋友赵彦最近发胖得很严重，可是直接说他胖吧，怕他难受，而且也可能不接受自己的意见。于是有一天，小张对赵彦说："我觉得我最近生病了!"赵彦很紧张："哪里不舒服了? 要不要去医院?"小张："也不是特别严重，就是我胳膊变短了。以前我抱着你的腰正好一圈，现在够不着了。"赵彦听完，忍俊不禁，然后默默地拿出好久不用的哑铃……

小张用非常委婉的方式表达了对赵彦长胖的意见，希望赵彦能多去运动，锻炼身体。即使赵彦觉得自己长胖了很伤自尊，但在这么有爱心的提示下，肯定会接受小张的建议，多去运动。

第三，说谎。

感情中，最忌讳的事情之一就是说谎。谁都不喜欢和一个谎话连篇的人在一起谈恋爱，没有半句真话的人，真的会让人觉得恐怖甚至是害怕。感情中，说了一个谎，就需要用无数的谎话来圆，这样久而久之，一旦谎话被戳穿，那么，这无疑是对你们感情的一个重击。所以，最好的感情，是彼此坦诚，然后互相的爱恋和喜欢。

第四，对对方父母不敬。

恋人迟早都是要见父母的，如果你的另一半对你父母不敬，很少人能够忍受，这一条是很多人的原则问题。青年男女在恋爱了一段时间后，往往会把对方带到自己家里让父母看看。这样也就常常出现一方对另一方父母随意发表看法的情形，这是很不好的。一般来说，父母在孩子心中的位置是无人可以取代的，作为孩子，谁都不喜欢听到别人当面品评自己的父母，即便是恋人也不例外。

### 案例

小葛和小陈是对恋人，正月里小葛带小陈去大哥家拜年，见小陈想带两瓶低档酒，认为很失面子，便自作主张要把小陈姐姐送给父亲的一瓶高级人参酒带去拜年。小陈很不乐意，所以他可以这么表达自己的感受和想法。"这酒是我姐姐对父亲的一片心意，我父亲是不会有什么意见的，给你家亲戚拜年大方点也是应该的。可是你想想，这事若让我姐姐和姐夫知道了，他们心里会是什么滋味？要是你嫂子把你送给父母的东西送给别人，你心里是什么滋味？”

（资料来源：http：//www.qinxue365.com/kczx/441733.html，访问日期，2019-5-22。）

## 思考与训练

一、请阅读下面一则案例，然后回答后面的问题

大学生小A和小B是一对要好的朋友，在学习和生活中经常形影不离。后来小A觉察到小B常常周末不在教室自习，问她去做什么，小B不肯说，而且小B又担心小A多心，影响两人的关系，内心很矛盾。小A则很不高兴，认为两个好朋友之间不该有个人隐私，若保留个人隐私就不是真正的友谊。

1. 如果你是大学生小A，你会如何对待小B？为什么？
2. 请结合身边的实例，说明打探别人隐私的害处。

（资料来源：http：//www.doc88.com/p-3187513873905.html，访问日期，2019-5-22。）

二、小苏这天回到家已筋疲力尽，她想和男友林木分享她这天的感受

小苏：“工作太多了，我根本没有一点点私人时间。”

林木：“你应该辞职，不必做得那么累，去找一些你喜欢的事做。”

小苏：“可是我喜欢我的工作，只是他们过于期望我在短时间内改变一些事。”

林木：“别听他们的，只要做你能做的就好。”

小苏：“我正是这么做的。真不敢相信我今天竟然忘了打电话给我姑妈。”

林木：“别担心，她应该会了解你很忙。”

小苏：“你知道她最近过得很不好吗？她需要我的安慰。”

林木：“你太容易担心了，才会这么不快乐。”

小苏：“我并不是常常不快乐，你可不可以只听我说？”

林木：“我正在听。”

小苏：“为什么我还是这么烦呢？”

谈过话后，小苏很失望，林木也不知道到底哪里出了问题，他想帮忙，但解决问题的策略却没奏效。

小苏：“我以后再也不跟你说这些烦恼了，你根本就不知道我想要什么。”

林木：“我帮你想了这么多的方法，试图安慰你，你怎么这么不知足呢？”

问题：

1. 小苏和林木为什么会出现沟通误会？
2. 角色扮演：与同桌分别扮演小苏和林木，试着从小苏的角度出发，由林木给予她倾听和情感支持而不是出谋划策，看看有什么效果。

3. 思考：搜集一个恋人之间沟通误会的事例，思考并分析该事例与以上案例是否有共同之处。

**(三)建立你的朋友档案**

人一生当中会交很多朋友，这些朋友有的会成为你的至交，有的会持续交往，但有的也会中断。交朋友自然不必勉强自己和对方，但不妨采取更有弹性的做法，不投缘的也不必“拒绝往来”，而把他们通通纳入你的“朋友档案”！

“朋友档案”的建立其实很简单。

首先，把你在学校时的同学资料整理出来，并做好记录。毕业数年后，你的同学会分散在各种不同的行业，有的甚至已成为个中翘楚。当你有需要时，凭着同学的关系，相信他们会给你某种程度的帮助。这种同学关系，还可从大学向下延伸到高中、初中、小学，这将是一笔相当丰富的资源。当然，要建立起这种同学关系，你得时常参加同学会，并且随时注意同学动态。

其次，把你周边朋友的数据建立起来，对他们的专长也应有详细的记录。当他们的住所、工作有变动时，也要在你的数据上及时修正，以免需要时找不到人。

同学和朋友的数据是最不应疏忽的，你还可以记下他们的生日。你可以在他们生日时写上一张生日贺卡，或请吃个便饭，这样会使你们的关系突飞猛进。

最后，有一种“朋友”也是你不能忽略的，那就是在应酬场合认识，只交换名片还谈不上交情的“朋友”。这种“朋友”在各种行业、各种阶层都会有，你不应把这些名片丢掉，应该在名片中尽量记下这个人的特征，以备再见面时能“一眼认出”。最重要的是，名片带回家后，要依姓氏、专长或行业分类保存。你不必刻意去结交他们，但可以借放在电话里向他们请教一两个专业问题，话里自然要提一下你们碰面的场合或你们共同的朋友，以唤起他对你的印象。有过“请教”，他对你的印象也会深刻些。这些“朋友”可能也会在你想不到的时候给予你帮助。例如，我就曾向一位电器行的业务员请教过购买电器的常识，这些常识和我平常对电器的认识差距很大，但很实用。这个业务员是我买电视机时认识的，他的名片我保存到现在还没丢掉。

有人用计算机建立朋友档案，有人用名片簿，这些方法各有长处，但不管用什么方法，我想有几点是必须要记住的。

每个朋友对你都是珍贵的！
每个朋友都不可放弃！
每个朋友都要保持一定的关系！

（资料来源：魏清月，《生活中的关系学》，北京，地震出版社，2006。）

问题：

(1)请根据案例中的方法，结合自己的实际，为自己建立一份朋友档案。

(2)请回忆并与大家分享你与朋友之间发生的令你印象最深刻的事情。

# 第三节 家庭的沟通技巧

## 案例引入

朱妮塔哭着回了家："我找不到我的自行车了，肯定是被人偷走了。"

妈妈："我真为你难过。我能看出来你有多么苦恼，告诉我发生了什么事。"

朱妮塔："我把自行车放在了萨莉家前院的草坪上，现在不见了。我恨那个偷自行车的人，太卑鄙了！"

妈妈："是够卑鄙的。可惜我们无法控制世界上的每个人，并让他们都变好。"

朱妮塔："是啊！"

妈妈："既然我们无法控制别人，那你能想到什么办法在以后保护好自己的物品吗？"

朱妮塔："我最好不把东西放在外面。"

妈妈："听上去你好像从这次痛苦的经历中学到了很多。或许待会儿你愿意谈谈需要怎么做才能再得到一辆自行车，以及你会如何保管好它，以免再发生类似的事情。"

朱妮塔："我们现在不能谈吗？"

妈妈："我认为我们俩现在都太难过了。你认为我们需要多长时间才能感觉好起来，可以理性地谈这个问题？"

朱妮塔："明天怎么样？"

妈妈："我觉得不错。"

（资料来源：http：//www.360doc.com/content/16/0313/21/30501711 _ 541933665.shtml，访问日期，2019-5-22。）

在众多沟通内容中，与亲人、恋人和朋友的沟通对我们来说是十分重要的，因为沟通既是生活的需要，也是情感的需要。在与亲近的人沟通的过程中，积极的情感体验会加深，而消极的情感体验会减弱。但是，即使是身边的亲人、恋人和朋友，也会因为一些沟通误解产生误会。因此，如何与他们进行良好的沟通是需要我们用心学习的。

## 一、认识家庭

### （一）家庭的定义

家庭是指婚姻关系、血缘关系或收养关系基础上产生的，亲属之间所构成的社会生活单位。家庭是幸福生活的一种存在。家庭有广义和狭义之分，狭义上是指一夫一妻制构成的社会单元；广义的则泛指人类进化的不同阶段上的各种家庭利益集团即家族。

### （二）家庭的特点

家庭之所以被称为"家庭"，因为家庭是由两个以及两个以上的家庭成员组成，一个人不能称为家。所有的主要关系和家庭都有一些属性，这些属性使得家庭关系具有以下四个特点：明确的角色、对责任的认知、变化着的历史范畴、共同的生活空间等。

第一，明确的角色。家庭中的成员有明确的关系，夫妻、父母、子女、兄弟姐妹、婆媳、姑嫂等，且每个成员可能不仅拥有一种身份，如母亲既是妻子也是孩子的妈妈。家庭中的成员存在互动，而且互动频率比较频繁，既有直接的，也有间接的、不照面的互动，这由每个成员之间的亲密度决定。配偶们有一个相对清晰的角色概念，即彼此期待对方在整个关系中或者对自己充当一定的角色。双方都了解各自的文化和社会群体规则，大致知道他或她的义务、职责、特权和责任。他们的职责包括挣钱、做饭、清洁、看孩子、接待客人、装饰屋子、买食物、管理账目等。有时候这些角色可以分担。但通常的假定是，一方对某些任务承担主要责任，对方主要承担其他任务。

第二，责任认知。家庭成员中有一致的群体意识，家庭成员在一起频繁的交流中，相互影响和学习，会产生一些价值观、信念、态度、理想以及偏好。例如，家规就是这一影响的产物。家庭内部都具有一些分工协作，家庭成员都认为自己对其他成员承担一定的义务和责任，这便是家庭责任感。

第三，变化着的历史范畴。从人类社会而言，家庭并不是一出现就有的，而是人类社会发展到一定阶段的产物；家庭不是一成不变的，而是不断发展、不断变化的过程。

家庭社会工作者在进入一个家庭处理问题、提供服务之前，必须充分了解家庭的基本特征，只有深入了解家庭的特征才能够寻求一个合适的解决方法，帮助家庭恢复原貌。

第四，共享生活空间。家庭以共同生活、经济共有、情感共享为条件。家庭成员的吃穿住行，以及家中的消费品、房屋、家庭收入、家具都是属于家庭成员的共同财产。除了物质以外，家庭成员在精神层面同样是具有相互依赖的作用，从家庭成员中获得关怀和慰藉。

引发两地分居现象增多的原因之一是经济，经济压力迫使夫妻双方不得不彼此分开去外地工作，还有就是调节伴侣之间不可避免的矛盾。在两地分居期间，双方可以通过电子邮件、手机、视频电话等缩短心理距离。与缺乏交流相比较，这些频繁而便利的交流可以使两地分居少一分孤独，多一分关切。

## 二、家庭沟通中的技巧

### (一)与父母、长辈之间的沟通——求同存异

我们在与父母、长辈沟通时经常会有一些障碍，这就是很多年轻人认为的“代沟”问题。子女与老年父母之间的这条所谓的“代沟”由来已久，没有必要也不可能在一夜之间完全填平，要想做到两全其美实属不易。因此，一个能让双方接受的代际交往的和谐之策便是求同存异。

比如年轻人喜欢吐槽自己生活中发生的任何一件小事，喜欢在网络社区抒发私密的情感，喜欢上传各种食物照片，喜欢通过在个人主页发布能代表自己的各种有趣的内容来构建自己的形象。但这些小事情、小情绪如果被爸妈发现就完全变了性质，他们经常反应过激，以为你一定发生了什么大悲大喜的事，所以必须得弄个明白并且指引你走上正确积极的人生道路。

求同存异要求双方有时要做到“忍痛割爱”，舍弃一些有碍代际交往的心理和行为，虽然丢弃了自己的一点东西，却求得了双方的和谐。

求同存异还要求双方要能主动寻觅“共同语言”，达到求同的目的。例如，老年父母经历多、见识广、社会经验多，这些可以通过与年轻人的交流，传递给他们。而年轻人在科技发达的现代社会里，也拥有一些颇具现代化特色的知识、技能，就可以由年轻人教授给老年人。

虽然代际交往的矛盾和冲突无法避免，但也不会令我们束手无策，如果青年儿女和老年父母都能做到求同存异、理解对方，与亲人的沟通就会变得更愉快。

### 案例

“过完寒假，就要找工作了，我想留北京市区工作。”“留在北京市区？怎么可能！你必须得给我回来！”

妈妈当场就怒了。爸爸也劝我，“是啊，在市区还要租房子，你挣那点钱能干什么啊？你还是回来吧，家里人多好办事。”

“可是……”还没等我说理由，妈妈居然边哭边嚷嚷着：“都说儿大不由娘啊，我们生你养你二十多年，你翅膀一硬就一走了之……”

问题：

(1)案例中的爸爸妈妈与孩子的主要分歧是什么？

(2)如果你是案例中的孩子，面对爸爸妈妈和自己的分歧，你会如何回应？

（资料来源：https：//www.xzbu.com/9/view-3126731.htm，访问日期，2019-5-22。）

### (二)亲人之间的沟通要彼此尊重

### 案例

前天晚上，妻子在厨房收拾完餐具，过来和我一起看电视。突然，我发现餐厅的灯没有关，于是我走过去把它关掉。这时，妻子不高兴地说：“谁让你关的！”

“又用不着，开着太费电。”我随口答了一句。

“开着怎么了，我不喜欢黑着，你打开！”妻子说。

“开它干什么？看电视又不用那么远的灯。”我有点不高兴。

“我就烦别人跟在我屁股后面关灯，你怎么知道我不用了？”

“你也没用啊，这不是浪费电吗？”

“浪费就浪费，我愿意！”说完她打开灯又去看电视了。

我有点郁闷，走进自己的房间看书，可能是出于一种职业敏感，我开始反思这段对话。

思考后，“老婆，刚才是我做得不对，以前都会由于忘记关灯而被母亲训斥，所以条件反射一样地就把灯关了。其实，这是我的习惯，并没有要限制你的意思，我知道你小时候很反感你母亲侵犯你的界限，所以，以后关灯这件事情我会征求你的意见，好吗？”

妻子听完后，也从被母亲侵犯界限的愤怒中脱离出来，我俩刚才彼此间剑拔弩张的情景顿时消散。她也意识到我们之间的互动是独立的，并不带有原来经验的色彩。“哦，其实我也是错怪你了，把不该施加给你的情绪抛给了你，我明白了。”

（资料来源：http：//blog. sina. com. cn/s/blog _ 56e0a7530100einf. html，访问日期，2019-5-23，现文章内容已加密。）

在亲人之间，距离是尊重。下面我们来看看亲人之间沟通的一些基本知识。

第一，要彼此尊重对方的隐私。

在家庭中，许多人相信在一个屋檐下既然相亲相爱，就不该有任何秘密。其实，这种想法是错误的，不仅不利于家庭成员之间的交流，弄不好还会弄巧成拙，平白制造家庭纠纷。最亲密的人之间也要尊重对方的隐私，这种尊重不仅是不能随便探听、追问亲人的隐私和秘密，就是自己的内心隐痛，也不要轻易向他人吐露。可以说，尊重亲人内心的芳草地，也就是尊重自己、尊重家庭，它有助于维护家庭的幸福和谐，是现代家庭的一种美德，更是一种高超的沟通方式。

哥伦比亚大学教育心理学教授金伯利·肖内特认为：“青少年时期对隐私的需要超过他一生任何其他时期，甚至成年期，如果你认为隐私对你很重要，那么它对你的孩子更重要。”

很多父母，尤其是做母亲的看到处在青春期的儿女，给自己的本子或者抽屉上了锁，就会觉得那里面肯定有什么不可告人的秘密，就会想尽一切办法探查这些秘密。跟踪、偷听、四处打听、旁敲侧击，甚至有的父母直接利用自己做父母的威严强迫孩子将本子或抽屉打开。其实这样做有百害而无一利。父母与孩子之间有一条线，不要轻易越过，一旦越过就会带来负面影响。

其实保护孩子的隐私是对孩子的尊重，父母不仅不会因此失去与孩子的亲密关系，反而会赢得孩子的敬重和爱戴。

第二，彼此尊重对方的思想和行为。

每个人的思想认知层面都不一样，所经历的事情看到的事物都不一样，正因为存在不一样，这些都是值得尊重的，即使是错的，也是由他们的经历得出来的，我们应该往正确的方向引导。在亲情中，人人平等。尊重亲人的关爱，不厌烦，不逃避；尊重孩子的思想，不强势，不打击；尊重家人的劳动，即使是再亲密的人也要表示感谢；尊重家人的选择，每个人都是独立的个体，我们无权干涉；尊重家人的习惯，因为喜好不尽相同，才有个性差异特色。

**（三）亲人之间的沟通要讲究方法**

在家庭中，亲人之间的沟通是非常必要的。但交流也要讲究方法，才能达到理想的效果。

第一，亲人之间沟通时要精力集中。在和家人沟通时，你听到他们说话时……你真的能听懂他说的意思吗？如果不懂，就请听别人说完吧，这就是“听的艺术”。

## 案例

美国知名主持人林克莱特一天访问一名小朋友，问他说：“你长大后想要当什么呀?”小朋友天真地回答：“嗯……我要当飞机的驾驶员!”林克莱特接着问：“如果有一天，你的飞机飞到太平洋上空所有引擎都熄火了，你会怎么办?”小朋友想了想：“我会先告诉坐在飞机上的人绑好安全带，然后我挂上我的降落伞跳出去。”当在现场的观众笑得东倒西歪时，林克莱特继续着注视这孩子，想看他是不是个自作聪明的家伙。没想到，接着孩子的两行热泪夺眶而出，于是林克莱特问他说：“为什么要这么做?”小孩的答案透露出一个孩子真挚的想法：“我要去拿燃料，我还要回来!”现场的刚才还笑得东倒西歪的观众，此时都沉默了，因为他们这个时候才真正地听懂了孩子的话。

（资料来源：https：//zhidao. baidu. com/question/1767321428324730940. html，访问日期，2019-5-23。）

对于家长，是否诚心交流，并且是否能够善于站在孩子的角度考虑并进行有效地表达，不仅包括理解孩子的处境、思想状态，同时包括维护孩子的自尊，加强孩子的自信，再请孩子说出自己的真实感受。

聆听期间，双方应相互正视，相互倾听，神情专注。不要左顾右盼，不要有一些不必要的小动作，更不要漫不经心地对待，不要在孩子说话时喋喋不休地插嘴或者尖酸刻薄地评价。

真正的沟通高手是一个热衷于聆听的人。善于倾听，才是父母对孩子最基本的素质。如果在听孩子说话时，可以听懂他话里的意思，并且能够心领神会，同时可以感受到孩子的心思而予以回应，表示父母掌握了倾听的要领，那么跟孩子的沟通也会更加有效。

漫不经心是妨碍交流的一大因素，精力集中是社交生活和家庭关系成功的秘诀。

第二，尽可能表达好的沟通。所谓“好的沟通”，是指尊重他人的价值，鼓励他，使他有勇气与信心。尽可能表达好的沟通，主要不在劝人凡事往好的方面去想，而是着重表达好的行动，包括好的语言在内。

## 案例

孩子：“妈，我可以吃一块饼干吗?”消极的母亲：“不可以。”

积极的母亲：“好，但是要吃饱饭才可以。”(或者“好，晚上大家一起吃。”)

虽然二者都会引起孩子的不满，但是前者尤甚，因为孩子不知道什么情况下他的要求才能得到满足。在与亲人沟通时，虽难免会有负面的批评，但要提醒自己，正面和负面批评的比例要平衡，如果有机会表达好的沟通，不要错过。例如：

父母：“孩子，我们不能让你骑车到那么远的地方去”。消极的孩子：“你们什么事都不让我做!”

积极的孩子："那我们可以来讨论一下，我可以骑到多远的地方去。"

（资料来源：http：//www.doc88.com/p-7304389139637.html，访问日期，2019-5-23。）

第三，改变直来直去的说话方式。比如，当父母再次说"我吃的盐比你吃的饭还多"的时候，你可以笑着对她说："您也知道，时代不同了，您那时候是吃的散装盐长大的，而我从小是吃精装盐长大的。虽然在吃盐的量上比不过你们，但是在盐的质上可早已经超越了你们。"为了让沟通不再沉闷，应该学着去调节沟通的气氛，比如出现家庭沟通的尴尬时刻，你可以在不触碰底线的情况下去调侃一下父母，然后岔开话题。

第四，在沟通时应强调重要的，忽略不重要的。家庭生活中的不和谐，每次发生在一些不重要的小事上，这种破坏性的"挑毛病"对人际关系的伤害极大，甚至破坏家庭生活和谐。

其实，适当的批评能帮助一个人成长。但是批评必须具有区别性，也就是重要的要提出来，不重要的就忽略。批评若失去区别性，那就是吹毛求疵了，它会破坏人际关系。建设性的批评是绝不针对家庭成员个人品格上被否定的特点，而只限制于指出必须要改善或未完成的事，该如何去做。当事情出了问题时，最好就事论事，否则会造成对方信心方面的损害，严重时将难以弥补。比如父母和孩子之间，父母可以试着从小过失中教会孩子一些正确的评价，每一个孩子都需要父母的帮助来辨别什么事情是令人不快和烦恼的，什么事情是悲剧或灾祸。在此之前，成人或父母应先控制好自己的情绪，不要用激烈的言辞表达自己的不满，否则只会使整个事件变成一场悲剧。

第五，要主动与父母交流。主动才能赢得机会，赢得了机会才有可能成功。每天多花一点时间，和爸爸妈妈主动谈谈自己的学校、老师和朋友，高兴的事或不高兴的事，与家人一起分享你的喜怒哀乐。有时候在父母责骂批评你的时候，不要急着反驳，试着平心静气地先听完父母的想法，说不定你会了解父母大发雷霆背后的理由。我们每次说话父母都会认真听，所以，我们也要认真听他们说的每一句话。

第六，要善于体谅。有些事情你觉得自己没有做错，但父母还是对你大发雷霆了，你觉得很委屈。但想想当时也许父母是过于劳累或者是工作上遇到问题，换个角度考虑，然后再换个时间和地点，重新和父母谈这些事情，会有意想不到的效果。学会控制自己的情绪也很重要。在与父母沟通的时候，记得一定要控制情绪。因为不受控制的情绪有可能伤害到父母，以至于一发不可收拾。因此与父母沟通不良时，不随意发脾气、顶嘴，想要动怒时，可以深呼吸、离开一会，或者用凉水先洗把脸。

总之，我们的一切沟通方法，目的只有一个，就是希望能够减少家庭生活中的矛盾。既然通过良好的沟通能达到这种目的，那我们又何乐而不为呢？

## 三、家庭沟通中的禁忌

第一，以自我为中心。在生活中，类似这样的例子有很多，在父母和孩子的沟通中更为常见。比如说，家长们习惯了以自我为中心来看待问题，解释一切，没有真正地去体谅孩子，却认为孩子不明事理、任性而难以沟通。其实，他们的这种做法不是为了孩子好，而是在无形中破坏了孩子的健康发展，强化了孩子们的依赖性和无助感。

第二，先入为主。有不少家庭对家庭成员缺少尊重和理解，因为对方的一点小错误，就总是负面地看待，不相信对方的评判。长此以往下去，沟通不能成功。作为最亲近的人，如果连我们都不试着去理解家庭成员，反而是一味地误解和毁谤，这对他们来说是很大的打击。

“人孰无错”，一次的错误不应该被打上标签，我们应该要信任与尊重家庭成员。

### 案例

孩子整天吵着要去外面玩，但是妈妈总是要求他在家里做作业。一天起床，孩子跟妈妈说，觉得头有点晕，想休息一下，妈妈还没听完，生气地说：“什么？你说头晕？算了吧你，你不用说了，我早知道你那点小心眼！你就是想出去玩，就是不爱学习，不行！今天你就乖乖地给我待在家里！不把我给你留的那20道题做完别想走出这个大门！”孩子顿时觉得委屈，耍赖躺在床上，而妈妈则认为他越来越不听话，还会耍小心眼了，母子俩的关系一下子就闹僵了。

不管如何，案例中的妈妈用这样的话语对待孩子是显然不对的。虽然孩子比较顽皮，不愿意待在家里做作业，但是不代表孩子一定是装病，有可能孩子真的不舒服。但是，这位妈妈没有先弄清楚状况就先入为主地认为这孩子在耍小心眼儿大发雷霆。受到如此委屈的孩子索性就不做作业了，而妈妈则认为孩子确实是偷懒赖皮……没有了解清楚就如此武断，试想一下还能如何沟通呢？

（资料来源：http：//www.sohu.com/a/52799898_112545，访问日期，2019-5-23。）

第三，给家人过多的压力。

其实，对待家人，我们不能给他们太大的压力，毕竟不是所有人都有很好的解压方法，最可怕的结局就是导致家庭成员的崩溃。因此，在家庭沟通的过程中，不要给对方施加过多的压力。

面对这些压力，我们也要学会调节自己。可以在平时的生活中和家庭成员多沟通，有些时候，其实他们只是想知道我们的实际情况而已，并没有其他的意思，把这件事情说清楚了，也就不会感觉到巨大的压力了。一旦家人给的压力太大，自己承受不住了，可以试着坦诚吐露我们的心声，想必家人暂时是不会给我们施加压力了，当然，在说这件事的时候要严肃一点，并且一点点地把他们引到这上面来。

与此同时，我们要学会放松和调节。不要让这件事情一直存在于我们的脑海中，这样长此以往，可能会让我们的精神过度紧张，大脑得不到休息，学会用自己的方式进行调节、放松，或者适当地发泄一下自己的情绪。

### 案例

曾经有这样一对夫妇，他们对自己的儿子管教十分严格，他们的想法是自己以前的家境不好，也没有接受什么好的教育，所以一直到现在挣的钱都不是很多，因此他们将自己所有的心思都寄托在了儿子的身上。

为了能让他们的孩子能够聪明过人，能有一个好的未来。于是，儿子 2 岁的时候，就教他认汉字；3 岁的时候，教他背唐诗；4 岁的时候，让他学拼音、学写字；5 岁的时候，教他练舞蹈；6 岁的时候，教他写短文。在他们的教育之下，孩子的各方面智力都得到了很好的开发，在很多方面都表现得十分优秀。5 岁那年，他参加作文比赛获得一等奖，6 岁参加全国儿童绘画比赛获得二等奖，7 岁参加演讲比赛获得第一名。

在孩子上了小学之后，这对夫妇更加贪心，他们每次都要求孩子考第一名，而且不仅仅是班级第一，等孩子考到了全校第一，又会要求孩子考上全市第一，冥冥之中给孩子添加了莫大的压力。直到三年级的一次大型比赛中，父母对孩子抱了太大的希望，孩子无法承受巨大压力，在比赛的前一晚，孩子发了高烧住进了医院，这时那对夫妇才有所感悟。

（资料来源：http：//www. ci123. com/article. php/47928，访问日期，2019-5-23。）

## 思考与训练

一、案例分析

王丽和母亲一起在厨房做饭。母亲在切菜的时候，王丽将配料放入汤中。母亲回过头来问她："洋葱放进去了吧！"

王丽想到母亲总是爱挑剔、现在做个饭也要挑剔，就没好气地说道："你能不能别总是挑这挑那的？从小挑到大，做个饭你还要指手画脚！我又不是不会做。"

母来很委屈地说："我就是问你洋葱放没放啊，没有指责你的意思，难道你要我一直闭嘴不说话吗？"

问题：

1. 王丽和母亲发生冲突的原因是什么？

2. 在以后的生活里，王丽可以采取怎样的方法与爱挑剔的母亲沟通？

3. 在以往的沟通中，你是否与父母发生过冲突？是怎样发生的？

（资料来源：https：//wenku. baidu. com/view/b2a9afe751e79b8969022658. html，访问日期，2019-5-23。）

二、情景模拟

和同伴一起重演一个和父母发生冲突的情景，试着用新的沟通方式交谈，看看有什么效果？

三、案例讨论

孩子："妈妈，我想跟你说个事儿。"（孩子主动发起了聊天信号）

妈妈："说。"（有点不耐烦）

孩子："妈，我想买一双球鞋。"

妈妈："买什么买，你不是有那么多鞋呢吗？"

孩子："就给我买一双吧。"
妈妈："不买，赶紧做作业去！"
孩子："哼！你不买我就不做作业！"

讨论：
1. 案例中妈妈和孩子沟通失败的原因是什么？
2. 如果你是案例中的妈妈，你会如何沟通？

## 本章小结

本章主要讲述了生活的沟通技巧、交友的沟通技巧以及家庭的沟通技巧三部分内容。

日常沟通的技巧包括赞美、批评、拒绝、发问和人际冲突这五部分内容。赞美对于我们的日常沟通发挥着重要作用，在赞美他人时我们要注意避免误区。批评他人要做到曲折迂回、抓住重点、当面赞美、过程平和、用词委婉和收尾自然这几步。而在批评别人之前，要先批评自己。我们也要学会拒绝他人，话不能说绝，掌握幽默拒绝法和先肯定再否定拒绝法。在对别人进行发问时，要从对方的立场出发提问，做到礼貌第一。

有效应对冲突的五步分别是：定义冲突，选择可能的解决方法，测试你的解决方法，六顶思考帽，接受或拒绝解决方案。无论如何，在日常沟通中，我们要尽量避免人际冲突。

# 第六章　职场沟通技巧

## 学习目标

1. 学习并掌握入职前的沟通技巧。
2. 学习并掌握求职中的沟通技巧。
3. 学习并掌握入职后的沟通技巧。
4. 学习职场沟通中的职业形象塑造。

## 第一节　入职前的沟通技巧

### 案例引入

1. 小王煞费苦心地准备了一份简历，外壳是透明塑料夹板，封面采用铜版纸，印着学校大门的彩照。翻开之后，是一张半透明的衬纸，上面点缀着闪闪发光的金点，衬纸后面，是一张小王的照片，几乎占了满页，下面是一行楷体字："春天，是最美丽的季节，我将收获希望……"之后，是整整两页的自我介绍，从小学时的生活感触说起，文字之间，不时点缀几个可爱的卡通形象。自我介绍之后，是大学以来每个学期的成绩单，各种证书和奖状的复印件。简历纸张非常好，印刷精美，小王做这份简历花了不少钱。但遗憾的是用人单位并不买账，反而认为她不成熟。

你认为小王的简历哪里不妥？

2. 小王即将从高职院校毕业。当别人都在紧张找工作的时候，小王却心灰意冷，"现在用人单位都要本科生了，哪里还轮得上我们专科生啊。"等到有单位招专科生的时候，小王又不屑一顾，"钱太少，还不够吃饭的呢。"这样一直不去应聘，最后到毕业的时候，小王还没找到合适的工作。

小王的同学小唐则不同，她在招聘会上发现有些单位需要两年以上工作经验，尽管是应届生，小唐仍然大胆递简历，并向用人单位说明自己的特长和优势，申明作为应届生，自己很敬业，会非常珍惜第一份工作。最终，小唐获得了一家外企的青睐。

你认为小王的问题在哪里？小唐为什么能找到工作？

（资料来源：陈桃源、朱晓蓉，《职场沟通与交流能力训练教程》（第二版），北京，高等教育出版社，2014。）

## 一、入职前的准备

### （一）入职前的心理准备

人生之路，谁都希望一帆风顺，但客观事物的发展常常不尽如人意，因此面对复杂、严峻的就业形势，要培养自己良好的心理素质，善于调整、端正、稳定心态，充分发挥自己的智慧和能力，以积极的心态和竞争的意识去拼搏。一个求职者，只有坚信自己有实力胜任某项工作，才能表现出坚定的态度和从容不迫的风度，赢得用人单位的赏识和信任。

1. 确立求职目标

求职者在求职前，应清楚自己的事业方向，明确自己的奋斗目标。选择职业是人生中的大事，绝不能草率行事，因为它决定着你的未来。目标明确了，就会激励你努力为目标而奋斗，积极创造条件实现目标，避免没有目标而浪费你的时间。

2. 正确认识求职中的公平

比尔·盖茨对青年人有一句忠告："这个世界本来就不公平，你要学会适应它。社会中的各种力量有强有弱、有高有低、有主有次、有对有错、有主导有迎合……不公平是绝对的，公平是相对的。这类似于物理学的一个基本定理，运动是绝对的，静止是相对的。正因为如此，整个社会才是动态的，有升有降，此消彼长，生生不息。对于个人而言，这样的生存环境才有上升的空间，才有盼头，你可以由弱到强、由低到高、由被动到主动……"

对于应届生来说，认识到这一点很重要。只有认识到这一点，才能给自己一个准确的定位，坦然面对各种"不公平"，并在其中寻找机会，走向"公平"的舞台。在当前的就业形势下，用人单位的主动地位是个不争的事实。也许它会怠慢你，会要求很苛刻，甚至有意刁难你（比如压力面试），但如果你能理解并包容这种"不公平"，就能做出恰当的反应，既不至于妄自菲薄，也不会心怀愤懑。比尔·盖茨给青年人的忠告还有一句："这个世界不会在乎你的自尊，这个世界期望你先做出成绩，再去强调自己的感受。"

3. 不把高收入作为唯一标准

追求高薪为人之常情，但需考虑客观事实。其中有几个因素不容忽视。首先，谋一份职业，要看它是否适合自己。其次，看公司是否有发展潜力，是否有利于自身发展。最后，看是否能得到重用，能否发挥自己的一技之长。如果不考虑上述因素，只为薪水，就会误入歧途，错过发展机会。

4. 准确了解自己

在选择职业时，对自己究竟想干什么、能干什么，要有一个清楚的了解。这样才能扬长避短，最大限度地发挥自己的潜力。要坚信自己的价值。不要轻易怀疑自己。只要你有真才实学，就不要怕暂时的失败，哪怕被拒绝100次，也并不会减损你的价值。

### (二)入职前的材料准备

求职材料是用人单位考察人才的重要环节。用人单位要从众多求职者的书面材料中进行筛选，确定哪些人可以参加笔试、面试，哪些人需要淘汰。因此，大学毕业生的求职材料，能引起和获得用人单位的兴趣与重视是十分重要的。

求职材料一般包括求职信、个人简历、毕业生情况推荐表、在校期间的学习成绩、各类成果、获奖情况。另外还应设计一个别具一格的封面和工整的“材料索引”，这可以反映出你办事的条理性。封面题目可以是“×××学校毕业生求职材料”，下面列上自己的姓名、专业、学校、联系电话、通信地址、邮政编码以及电子信箱，以便用人单位与你联系。

## 二、求职信

### (一)求职信的格式

求职信由开头、正文、结尾和落款四部分组成。

信的开头要注意收信人的称呼，一般采用“尊敬的××同志(或职位名称)”，称呼第一行顶格书写，以示尊敬和礼貌。称呼后用冒号，然后写上“您好”之类的问候语。

正文是求职信的核心部分，它的内容一般应包括以下几方面。

第一，思想品德状况主要包括政治面貌、受过何种奖励或处分。

第二，个人一般情况，主要包括姓名、性别、出生年月、婚否、毕业学校、所学专业、学历程度以及家庭情况。

第三，学业成绩主要包括在校期间各科成绩、毕业论文、专业实习、社会实践、曾担任的社会职务以及参加的各种竞赛情况。

第四，身体状况。

第五，兴趣和特长。

这些主要内容的取舍、搭配要因人而异，顺序要服从于毕业生自身的特点，一要把自己突出的强项摆在显眼且易引起用人单位注意的位置；二是全面即全方位展示自己，特别是与求职相关的能力。

求职信的结尾应当写好结束语，也就是提醒用人单位希望得到他们的回复或回电，或表示期望面谈的愿望。如可以写“希望得到您的回音”“盼复”等。结束语后面还应写上表示祝愿或敬意的话，如“此致敬礼”“祝您工作开心、顺利”等。

落款包括署名和日期两个部分。署名应在结尾祝词的下一行的右后方，署名要字迹清楚。日期应写在名字的下方。若有附件，应在信的左下角注明。如“附1：个人简历；附2：获奖证明”等。

### (二)写求职信的技巧

在求职信的书写过程中，对个人优缺点需要艺术处理，不能只写优点而回避缺点，但也不能让缺点的比重过大。如果能附上学校领导或其他知名人士的推荐信或附上一些实物证据，将给你的求职信增添许多光彩。

求职信的篇幅要短小精悍，不宜过长。求职信的文字处理也很重要。不要出现错别字，语气要恰当，能体现青年人的朝气，但又不能有狂妄的嫌疑。语句务必通顺流畅，切忌文白混杂，晦涩难懂。层次要清楚，字迹工整，给人留下良好的印象。如果能写一手漂亮的钢笔字，最好手写出来，否则打印较好。

投其所好，以奇取胜。要做到“投其所好”，首先，必须了解用人单位的情况，需要什么样的求职者。一般用人单位把思想政治素质放在首位，愿意找有责任心、事业心和荣辱感的职工，需要的是能踏踏实实地工作、有吃苦精神的人才。其次，专业基础要扎实，知识面宽的求职者较受欢迎。有组织能力，善于交际或有一技之长的求职者也易找到求职机会。而那些身体状况不好，自我主张太强，无专长、无魅力、无创新的求职者，用人单位都不喜欢。最后，了解用人单位的心理后，你写求职信时就要尽量展示你的优点。当然也不能装模作样说假话，而是要突出自己能够适应职业要求的方面，让对方感到你就是最适合这一工作的人选。

**范文：**

**求职信**

尊敬的×××：

××××年××月，我毕业于××大学体育教育专业，并获得体育教育专业的学士学位，完全符合贵校的招聘条件。大学四年来，我勤奋学习、刻苦训练，全面系统地掌握了体育学科中各专业的基本知识和基本技能。为了适应当前社会的需要，在专攻篮球、排球的基础上，我还利用业余时间参加了田径、武术、健美操、乒乓球等俱乐部，极大地拓宽了我的知识视野和提高了我的专业技能，符合一专多能的体育人才要求。我坚信，自己能够胜任贵校的体育工作。

“勤奋创新、为人师表”，作为师范大学生的我，时刻牢记这一校训。为了培养良好的个人修养，提高综合能力，我积极参加校团委、院团委组织的各项活动和一些社会公益活动，多次担任省、市、区级田径运动裁判工作，并获得国家二级裁判证书，为开展教育工作积累了初步的经验。××××年××月初，我们学校进行了为期40天的教育实习。通过实地学习，我在实践中不断地完善，取得了优异的实习成绩，受到了老师的好评。

知识就是力量，随着社会的高速发展，在大学所学的东西已远远不能满足社会的需要。为了充实自己、完善自己，我以满腔热情、积极进取的精神，为成为一名优秀的人民教师而奋斗着。虽然我还是一个即将毕业的教学新手，但我相信，有贵单位的栽培和熏陶，我也会和你们一样，做得更好，用我出色的表现证明我的能力，证明您明智的选择。

如果您对我的申请感兴趣，请于方便之时与我联系。我正期待您的答复。

此致

敬礼

自荐人：×××

××××年××月××日

## 三、个人简历

### (一)个人简历的写法

所谓简历，就是概括介绍个人情况，如出生年月、学习和成长的经历等文字材料。写个人简历的目的在于引起用人单位的注意，以赢得面试的机会，进而充分展示个人的能力和才华，达到被录用的目的。

一份有效、能打动人的简历应该遵循以下标准。

1. 简单明了

简历通常很简短，一般不超过一页纸，对于与求取目标有关的情况要重点突出，但对于无关紧要的一些情况，要一笔带过，简明扼要。

2. 整洁清晰

简历一定要写得整洁清晰，能反映出你真实、准确的形象，使你能被用人单位一眼看中。

3. 真诚坦率

诚实描述自己，不要自吹自擂，也不要过于谦虚。

4. 准确无误

无论在用词、术语及撰写上都要准确。

### (二)个人简历的内容

个人简历可以是表格式，也可以是其他形式。个人简历一般包括以下内容。

1. 学业内容

主要包括就读学校、所学专业、各科成绩以及对相关专业技能的掌握情况。

2. 个人资料

主要包括姓名、性别、出生年月、籍贯、政治面貌、婚姻状况、身体状况、兴趣爱好、特长、性格等。

3. 本人经历

主要包括工作、学习、实践经验以及参加相关专业技能培训和社团等活动的情况。对于用人单位来说，这是个人简历的核心部分。

4. 奖惩情况

主要包括在校获得三好学生、优秀学生干部、专项奖学金的情况以及是否有违反学校纪律、受到过相关纪律处分等情况。

5. 本人特长

如计算机、外语、驾驶、音乐、书法等方面的情况。

6. 求职意向

在个人简历的最后对自己的求职意向做出特殊的说明，且这些说明与你的工作有关，并能引起招聘者的兴趣。

7. 成果证书

个人简历后可附上获奖证书、计算机等级证书、普通话证书、外语考试证书以及驾驶证的复印件，参与和完成较重大项目以及参加竞赛取得的名次证书的复印件。

8. 推荐信

推荐信可附在个人简历的后面。

**(三)撰写个人简历的要求**

如何才能写一份好简历，让自己的简历从千百份简历中脱颖而出呢？

1. 内容必须真实

在招聘过程中，如果一旦被用人单位发现简历有造假的现象，应聘者的人品道德也就会完全丧失，这也注定这个应聘者无法找到优秀的雇主。

2. 简单但要厚实

简单的意思是，千万不要把简历写上五六页，一般人力资源部门负责简历的第一轮筛选，根本没有那么多时间看。简历页数最好控制在一两页内，最多不要超过三页。一份“一目了然”的简历，一定要把应聘者的最大特点放在简历最突出的位置上，千万不能让筛选简历的人从简历中总结、提炼你的特点。

厚实是指简历内容要丰富，传递的信息量必须大，要把自己的教育背景、工作经验、能力优势等一一表达清楚。

3. 目标一定要明确

在申请大公司的职位时，一定要在简历最醒目处明确表述自己希望工作的“目标城市”“目标部门”以及“目标岗位”。特别是要表明自己理想的职位是什么，然后从专业、技能、经验、兴趣等方面简单分析你的优势。对职位没有明确目标的申请者，是最容易被淘汰的。

4. 最好采用倒叙方式

建议最好采用倒叙的方式来写，直接从最近的时间入手，让简历筛选者更容易获得重要的信息。必要时，一些重要信息可以重点处理，但千万不要处理得太花哨，便于阅读是最主要的原则。

5. 不同的公司简历不同

公司不相同，文化自然有差异。应聘者千万要记住，应聘不同的企业一定要用不同的简历，这并不是主张应聘者简单地变更原来的简历就可以，而是建议应聘者必须结合应聘对象的实际，重新写自己的简历。

6. 要突出自己的能力、经验、成绩

你所参加的实践、项目以及自己写的论文等最好不要全部列出来，只需要描述与自己现在应聘职位要求相关的经验、经历就可以了，否则会显得冗长。

**范文：**

**求职信**

尊敬的××领导：

您好！在您百忙之中冒昧打扰，深表歉意！

我是××学院机械系的一名学生，通过……本人愿成为贵校一员，在此，特呈上我的个人材料(附后)，请您审阅。

如果有幸能成为贵校成员，我会以……的精神，为学校的发展做出应有的贡献。

祝贵校事业蒸蒸日上！

期盼您的回音！

此致

敬礼

求职人：×××

××××年××月××日

## 思考与训练

一、简要叙述职前要做好哪些准备工作

二、测测你的职场沟通能力

此测试题为计分式，答案是根据每道题选项的分数值累加得到的，选 A 得 1 分，选 B 得 2 分，选 C 得 3 分。

1. 如果你的好友和你发生了分歧而争吵，你会怎么办？

A. 不理他，中断朋友关系

B. 暂时不谈这个问题，求同存异，以后再说

C. 请两个人共同的好朋友劝和，打破僵局

2. 你听说有同事向领导打你的小报告，你会怎么办？

A. 直接冲到那个同事面前，和他大吵一顿

B. 向领导说明情况，请领导调查真相

C. 清者自清，不去理睬，和以前一样干好工作

3. 如果父母性格不合，经常吵架，你会怎么办？

A. 大声威胁他们：再吵我就搬出去住！

B. 少回家，乐得清静

C. 在父亲面前夸母亲，在母亲面前夸父亲，设法增进他们的感情

4. 同事向你夸耀她买了一条新裙子，其实你觉得很一般，看着她兴高采烈，你会怎样？

A. 直接告诉她裙子不怎么样

B. 微笑着倾听，不说话

C. 告诉她这条裙子比她之前买的那条要好看

5. 同事一起在外聚餐，你到达摆好的餐桌前会做什么？

A. 赞美饭店的豪华或者菜肴的精美

B. 看看椅子、餐具是否足够

C. 看看人是否到齐，招呼后来的人

6. 坐公交车的时候，你一般习惯于干什么？

A. 坐着睡觉或发呆

B. 看看站在旁边的人

C. 看窗外的景色，发现一些新开的店

7. 上了公交后你发现自己没带零钱，你会怎么做？
A. 偷偷地躲在人堆里
B. 急着下车
C. 跟司机说明情况，希望免掉车费
8. 同事带来家乡特产和你分享，你会怎么做？
A. 客气地拒绝，说自己不习惯吃这些
B. 表达感谢并且接受
C. 接受并且之后也带零食和同事分享
9. 领导交给你一项本来不归你管的任务，你会怎么做？
A. 很迟疑，流露出想拒绝的意思
B. 毫不犹豫地答应下来，能不能办好就不管了
C. 从领导那里尽量获得有关信息，私下请教同事，力求做好
10. 同事讲了一个你以前就听过的笑话，你会怎么反应？
A. 立马说：哈，这个早就听过了，你落伍了！
B. 微笑不语
C. 哈哈大笑

测试分析：

A. 10～15 分，职场沟通力：20 分。

虽然你可能不愿意承认，但是还是要给你泼一瓢冷水：你的职场沟通能力还停留在菜鸟级别哦！多多观察那些人缘好的同事是怎么说话和做事的吧，不然想晋升可是有些难度哦！

B. 16～20 分，职场沟通力：50 分。

这场关于职场沟通力的考试，你可还在及格的门外徘徊哦！你和同事的关系不咸不淡，你的工作职位也不高不低，很大原因在于你并不是那么会察言观色。如果你能在人际关系上加点油，相信你会有更大的发展！

C. 21～24 分，职场沟通力：70 分。

不错呀，你也算是一个善解人意、聪明体贴的人啦！虽然你说不上是八面玲珑，但在公司也算是人缘非常不错的一个人了，你只要多多注意一些小细节，很有潜力能成为职场红人。

D. 25～30 分，职场沟通力：99 分。

显然你是一个处事周详，甚至可以说有些圆滑的人哦！无论面对怎样的情况，你基本上都知道寻找最佳解决方案。相信只要你能按照你认为好的方案去做，不愁不会获得老板的重用。

三、说说下面的简历存在什么问题，并做出修改

姓名：×××

出生日期：××××年××月××日

通信地址：××栋×××室(××××)

电话：(××××)×××××××××　×××××××××××

E-mail：xxx@xxx.com

---

自我评价：学习期间，主修金融学，选修会计学及市场营销学部分课程，掌握了比较扎实的专业知识
注重英语听、说、写能力的训练，积极应用于实际
乐观、果断、有较强的领导组织能力和团队精神，敢于迎接挑战

教育背景：××××年××月至今　××职业技术学院
工商管理系　　　　　　主修金融学

英语能力：××××年××月　CET-4　具备较好的英语听说能力

计算机水平：能熟练使用 Word，Excel，PowerPoint 等办公软件

专业知识：金融：具备较好的专业课基础知识，主修微观经济学、国际金融、金融市场与金融机构、民商法、保险法、财务管理、市场营销学、货币银行学、管理信息系统、国际贸易
会计：基础会计、财务会计、中级会计
市场营销：营销学、消费者行为、人力资源管理、社会心理学

学校工作经历：××××年××月，工商管理系理财大赛，负责策划、组织理财比赛
××××年××月，××实践考察，赴××调查经济效益与旅游环境的关系问题，完成实践报告
××××年××月，任××职业技术学院旅游协会会长，负责××职业技术学院旅游协会的组织、策划、管理等相关事宜
××××年××月，策划并组织旅游协会旅游文化节，邀请著名学者、教授、旅行家到学校做讲座

社会工作经历：××××年××月至××××年××月　实习于北京××实业有限公司财务部
××××年××月至××××年××月　实习于北京××××酒店

特长爱好：爱好推理性书刊，挑战性活动，户外探险旅行

## 第二节　求职中的沟通技巧

### 案例引入

考官：“你为什么来应聘客服？”

小王：“其实我更想做销售，但是因为客服可以学到很多知识，对我将来的发展有帮助，所以我来应聘客服。”

小唐：“客服可以让我了解这个行业，了解公司产品，又可以培养我的能力。我想通过做客服提高自己，以后在销售等其他领域得到更好的发展。”

小明：“我希望踏踏实实干两年客服，两年以后，我对客服非常了解了，到时候看企业需要，如果销售岗位需要人的话，我希望有机会申请转做销售。”

你认为小王、小唐、小明哪个人的回答比较好？

（资料来源：陈桃源、朱晓蓉，《职场沟通与交流能力训练教程》(第二版)，北京，高等教育出版社，2014。）

面试是求职者都无法省略的一关。有的人能一谈即合，有的人却东奔西走，遍尝闭门羹，这不是机遇不佳，命运不好，而是不懂得面试的诀窍和成事的道理。

## 一、面试之自我介绍

自我介绍是面试中非常关键的一步，因为众所周知“首因效应”的影响，这两三分钟的自我介绍，将是对求职者所有工作成绩与为人处世的总结，也会为接下来的面试定下基调，考官将针对求职者的材料和介绍进行提问。这将在很大程度上决定应聘者在各位考官心里的形象。

自我介绍应把握以下几个要点。

第一，要展示个性，使个人形象鲜明。可以适当引用别人的言论，如老师、朋友的评论来支持自己的描述。

第二，要突出个人的优点和特长，并要有相当的可信度。语言要概括、简洁、有力，不要拖泥带水、轻重不分。重复的语言虽然有强调的作用，但也有可能使考官产生厌烦情绪。因此，重申的内容应该是浓缩的精华，要突出你与众不同的个性和特点，力争给考官留下深刻的印象。

第三，要符合常规，介绍的内容和层次应合理、有序地展开，要注意语言逻辑，介绍时应层次分明，重点突出，使自己的优势很自然地逐渐显露。

第四，坚持以事实说话，少用虚词、感叹词。

第五，尽量不要用简称、方言、土语和口头语，以免对方难以听懂。

## 二、面试之问答技巧

考官在听完你的自我介绍后，会针对你的专业、观点、身体状况等做出各类提问，然后根据你的临场发挥再决定去留。这些问题往往会突如其来，无法预测，只能依赖应聘者镇定沉着、随机应变的能力。但也有困难问题出现，需事先准备。面试的成败很有可能取决于你事先的准备工作是否到位。

### （一）重要法则

当你回答考官的问题时，要记住几个重要法则。

1. 列举实例

不要只说你会做这个那个，还要用具体的例子来证明。要采用与应聘工作相关的简练语言和实例。

2. 抓住要点

要认真听问题，确保能够回答它。一方面，你的回答应与所应聘的工作相关，注意不要离题。记住，大多数人对一个问题的注意力只会保持大约 2 分钟，因此要使你的回答短于这个时间。另一方面，也要尽量避免“是”或“不是”的简单回答，除非问题已明确回答，无须多说。如果你不能确定是否已经理解问题，或者不能确定是否听清，完全可以要求考官重复它或换一种说法，这比盲目提供一个不相干的答案要好得多。

3. 不要闲聊

回答问题以后，就应停止说话，不要因担心冷场而说些不相干的话。言多必失，甚至会导致考官对你产生负面印象。当你回答结束时，可以加上一句“我希望这些已经回答了您的问题”或者“这些是否包含了您想要知道的全部要点?”然后微笑地等待下一个问题。

4. 虚实并用

如下例。

考官：你的工作动力是什么?

应聘者：我的动力主要来自以下几个方面。

首先是工作本身，即我是否对工作感兴趣，是否能发挥自己的特长，是否能胜任，是否能学到新知识与技能，以及是否能得到进一步的自我发展。

其次是自我价值的承认问题，即我是否能得到别人的尊重与相信，是否有进一步晋升的机会。

最后是结果，即我能否得到心仪的工资和待遇等。

5. 运用补白

运用补白可以缓解紧张与调整思路。所谓“补白”，就是用一个或一些没有实际意义，但又必不可少的词、短语或句子，来连接上下文，如“噢”“好”“不错”“这个问题很有趣”等。

### (二)压力面试

压力面试是指在有意制造的紧张气氛中提出一连串问题，穷追不舍，直至求职者无法回答，以此观察求职者对压力的承受能力和应变能力。有些考官会先提一个不太友好的问题，或者劈头浇你一盆冷水，让你在委屈和激愤中露出本色。在他看来，击溃你的心理防线，才能筛选出有心理承受能力的智者，找到能面对压力的新鲜血液。要想在压力面试中胜出，要学会绕开陷阱，奋战到底。

**例 1**：你今天为什么不穿西装?

其实，穿不穿西装不是重点，考官主要想知道你对公司规则的反应。完全顺从，固然不好，叛逆性十足也不理想，最好的态度应是保持弹性，以大局为重。

答：我从未穿过西装，但如果这个工作需要穿，我会考虑置办一套。

**例 2：**我觉得你太乖、太听话了，恐怕不适合这个职位。要知道，我们经常会遇到一些很难缠的客户。

你应让考官意识到，尽管他在刁难你、试探你，但你并不在意，也不会被动地挨打，因为你有涵养和信心，是一个强者。

答：我显得内向是因为我善于倾听，愿意把发言机会留给别人，但这并不表示我不善言辞，需要时我也能侃侃而谈(不错，能让考官觉得你潜力无穷)。

### (三)群体面试

所谓“群体面试”，是指将数名应聘者召集在一起，以分析案例或者讨论问题的形式进行竞争，发挥出色者方能进入下一轮。这种面试方式可以节约大量的时间，同时也可以选拔到优秀的人才，因而受到招聘方的欢迎。

群面一般为无领导小组讨论，小组成员地位平等，一般为 5～7 人，选拔 2～3 人。也有可能全组皆过或皆不过。讨论时间为 30～40 分钟。

讨论前需确定自己的角色，下面是各个角色常用的话语。

1. 记录员

“刚才我们已经提出了 3 个解决办法，小王提出……，小李提出……”

2. 计时员

“已经过去 10 分钟了，我们对题目的理解还存在分歧……”

好的领导者和好的协调者能进入下一轮，协调进程的计时员和最后汇报的记录员也容易加分。

3. 领导者

“刚才我们已经提出了不少非常好的方案，接下来把它综合起来。小王，你负责记录，能不能带我们回顾一下刚才的讨论?”

4. 协调者

“小王和小刘的意见都很有道理，我觉得可以综合一下他们的观点。”

### (四)问题解答

**例 1：**你有过和别人合作的经历吗？那么，在这个过程中，你是如何处理意见分歧的呢？

一定要回答“有”。

答：每个人在团队中都可以自由坦诚地发表意见，我会非常认真地聆听，但对于自己的意见我不会没有原则地轻易放弃。民主过后还需要集中。我是学校英语俱乐部的主席，在组织校际年度联欢时，有两个干事的意见和我不一致(停顿一下，让考官记住你的这个闪光点)。我和他们开了会。大家都阐述了各自的理由。很遗憾，我仍然没有说服这两个人。在这种情况下，我感谢他们的积极参与，但表示仍然会采用我的方案。我的理念是：开会不等于投票，完全不需要少数服从多数；我是负责人，我相信自己有能力采取最佳方案；假如失败了，我也会承担主要责任。而如果我是团队的普通一员，我会保留自己的意见，但还是会认真执行管理者已经做出的决策。当然，公司毕竟不同于学校，情况会更加复杂，但我坚信，只要遵循“对事不对人”的原则，任何问题都可以得到解决。

**例 2**：你希望得到多少薪水？

如果你说出一个数字，就可能面临低价抛售自己或者因出价过高而被逐出市场的局面。最好的办法是不要先于他们提出一个数字。

答："只要有发展机会，我愿意接受贵公司的薪酬标准，不知按规定，这个岗位的薪酬标准是多少？"

或"自己最看重的是职业发展空间，薪水希望能符合贵公司的标准，和自己的付出相平衡。"

**例 3**：你的最大缺点是什么？

考官并非真的想了解你有哪些缺点，他们的兴趣更多地集中在你如何应对隐含的批评和你的自我意识程度。无论你提出什么缺点，总要记住考官要找的是一个勇于自我反省而不是以自我为中心的人，千万不要说"我的缺点是没有缺点"。老老实实讲出自己的长处和短处，一般不会减少获得聘用的机会。只有你提到的缺点是严重的人格缺陷，反映出严重的反社会情况，或者直接影响担当那份工作的称职程度，才会有问题。可以说出一些对于所应聘工作"无关紧要"的缺点，甚至是一些表面上看是缺点，从工作的角度看却是优点的缺点，或者一个你已经克服的缺点。

答："朋友们一致认为我有些浮躁，我不知道这样的自我批评是否正确，但我的确希望自己能再稳重一点儿，多听听别人的建议。"

或"我是个完美主义者，只要发现有什么事情没有做好，就绝不罢休"。

**例 4**：你是否愿意出差？

答："坦率地说，我不喜欢。因为从一个地方到另一个地方推销产品并不是一件惬意的事。但我知道，出差是商业活动的一个重要组成部分，也是推销员的主要工作之一。所以，我不会在意出差的艰辛，反而以此为荣，因为我非常喜欢推销工作。"

**例 5**：你为什么来应聘这份工作？

你应事先对该公司和该职位如何适应你的事业发展有个明确的概念，较好的答案应该是说明这项工作在哪些方面能使你最好地发挥自己的聪明才干，其中包括公司的组织结构、声誉、条件、管理方式以及面临的机会和挑战等。

答：我认为贵公司是个积极进取的公司，为员工提供了一个充满挑战、刺激、支持并取得辉煌的环境(或者你重视其他优点——迅速发展的机会，自由创造的空间，技术创新等)。我的学习工作经历表明我具备……(与你应聘工作高度相关的技能或能力)等才能。我想我可以通过以下的例子来说明(列举你的两个成就)……我想在一个能够帮助我提升专业技能的公司，寻找继续提高并超越现有水平的机会。我相信贵公司能提供这个机会。

**例 6**：你的业余爱好是什么？

业余爱好能在一定的程度上反映应聘者的性格、观念、心态，这是招聘单位问该问题的主要原因。不要说自己没有业余爱好或者说一些庸俗的、令人感觉不好的爱好。最好不要说自己仅限于读书、听音乐、上网，否则可能令考官怀疑应聘者性格孤僻。业余爱好应尽量与所应聘职位相关联。

## 三、面试之礼仪形态

在市场经济形势下，考官对公关意识和公关礼仪越来越看重。面试时，求职者将毫无保留地把自己呈现在考官面前，这就形成了种特殊的“公关”环境。无疑，良好的礼仪与优雅的风度，将帮助你树立起一个良好的“公关”形象。

第一，在面试过程中，手机最好关机，或者调成振动模式。如果有电话打进来，这时候尽量不要接听。面试时间一般都会控制在30分钟之内，甚至更短，你的事情可以等面试结束后再去办理。大家的时间都有限，不要因为接打电话而浪费了宝贵的面试时间。

第二，无论任何时候都不要迟到，最好提前十分钟到达面试地点，以表示诚意。

第三，入座时，坐椅子的三分之二为宜，身体稍微前倾，不要低头或昂头。不要附加小动作，身体自然放松，以渴望真诚交流的眼神注视着考官。

第四，如果考官突然有事，在面试中途出去了，你要在座位上耐心地等待。等待期间，不要想当然地翻阅办公桌上的文件资料，那些不属于你的东西更不要去碰。如果对方出去的时间过长，这个时候你可以离开座位活动一下，但不要离开面试的现场。公开摆放在面试场所的资料，一般来说是有关企业宣传的资料，你可以翻阅。有这一段空闲时间，对你来说是一件好事，还应当珍惜并想办法利用起来。除了放松调整一下外，还可以考虑一下后面的问题该怎样面对，是不是应该做一下调整，等等。

第五，如果考官突然接到一个电话，你最妥当的做法是，先打个手势回避下，因为对方是公司里的工作人员，可能有商业秘密，或者是私人问题，一般都不希望他人在场。你出于礼貌地适时回避，可以显示对对方的尊重。

第六，如果你带有包，不要把包放在腿上或者桌子上，可以放在椅子后面或脚边。

第七，在面试过程中，公司里的工作人员可能会给你倒一杯水。这个时候，你不要急着喝，水可能很烫，避免闹出烫了嘴哇哇乱叫的笑话来。还有就是怎么接这个水杯的问题，你应该一只手把住杯子的上沿儿，一只手托住杯子的底部，尽量不要碰到工作人员的手，尤其当对方是异性的时候。

第八，面试结束后，如果外面还有人在等着面试，你可以问考官：“需要我帮您喊下一位吗?”这一句话，给人的感觉会很好。

第九，对方可能会给你一张名片。这个举动说明他信任你，并且想进一步与你交流。这张名片怎么去接、怎么去看、怎么收好，都是有讲究的。你应该身体前倾，面带微笑，双手接过名片，将名片拿在胸前，认认真真地端详一遍。然后目视对方，说一声“谢谢”，也可以读出名片上的核心内容，然后把名片慢慢地收起来。如果你很随意地接过来，率性地往兜里一揣，会给人家留下不礼貌、不职业、不郑重的印象。

第十，如果你有作品、项目计划书之类的东西，希望对方看一下，在面谈临近结束的时候，你可以征询一下对方的意见“这是我的作品，需要我留下吗?”假如对方表示不需要，你就收起来，千万不要勉强。

第十一，结束面谈时，不要主动伸手握手，尤其是在对方是异性的时候。

第十二，面谈结束后，整理好桌上的物品，将座椅放回原处。

第十三，如果对方没有主动给你名片，千万不要向人家讨要。给你名片有给你名片的理由，不给你名片有不给你名片的理由，这一场合下每个人的大脑都是高速运转的，不可能出现“短路”忘记的情况。主动要的话，即便人家出于面子给你了，心里也会不舒服。

第十四，记住，一定要稳重大方，自然得体，避免闹出笑话。

第十五，起身离开时，不要太着急、太猛，注意不要打翻水杯、碰倒桌椅，或者把桌椅弄出很大响声。

## 思考与训练

一、案例讨论

1. 小王的自我介绍有什么问题？请找出问题，并为小王重新写一份自我介绍。

“作为一名会计专业的大专毕业生，我热爱我的专业并为其投入了巨大的热情和精力，在四年的学习生活中，我所学的内容包括了从会计学的基础知识到运用的许多方面。通过对这些知识的学习，我对这一领域有了一定程度的理解和掌握。此专业是一种工具，而利用此工具的能力是最重要的，在与课程同步进行的相关实践和学习中，我具备了一定的实际操作能力和技术，锻炼了处事能力，学习了管理知识，吸收了管理经验。”

2. 王芳大学毕业后的第一份工作是经理助理。刚上班，经理让她给副总裁打个电话，请副总裁处理一项工作。于是王芳就打了电话：“是于副总吗？刘经理让我告诉你，你把×××事情赶紧处理一下，刘经理很急的。”刘经理在那里摇了几下头，办公室里的人听完她说的话都无奈地笑了。

(1)刘经理为什么摇头？

(2)如果你是王芳，你怎么打电话？

二、根据以下招聘启事，模拟面试情景

**招聘启事**

(1)相貌端正，年龄在23～30岁之间，身高1.60米以上，形象气质好，男女不限。

(2)具有本科以上学历，有秘书资格等级证书，能够熟练操作办公软件系统。

(3)具有较强的业务能力和组织应变能力，有两年以上的工作经验者优先考虑。

符合上述条件的有意者请携带相关证件前来应聘。

面试时间：2018年3月20日

面试地点：办公楼201室

联系电话：010-×××××××

联系人：王秘书

地址：××市××路××号

×××公司

2018年3月15日

每一小组共四人，其中三人为主考官，一人为应聘人。总面试时间为5分钟，要求应聘人作1分钟的自我介绍，主考官提问4分钟。

每一轮结束后，主考官和应聘人互相轮换，使每一位同学都能被面试。

# 第三节　入职后的沟通技巧

## 案例引入

小王的公司最近来了个新老板，他和以前的老板不一样。他不穿西装，喜欢穿亚麻夹克和卡其布长裤，而且不打领带，他还经常和下属开玩笑。习惯了前任老板刻板、严肃的办事风格的小王对新老板总有些不适应。老板跟他开玩笑，他常常不知如何作答。久而久之，小王感觉跟老板的距离越来越远。

问：小王应如何与上司拉近距离？

（资料来源：陈桃源、朱晓蓉，《职场沟通与交流能力训练教程》（第二版），北京，高等教育出版社，2014。）

## 一、与上司建立良好的沟通关系

与领导的相处是一门很深的学问。正确地处理你与老板之间的关系，将会使你的工作压力迎刃而解。

员工几乎每天都要与老板接触，因而如何能够受器重，以便产生对自己有利的结果，这是每一个职员都关心的问题。每个员工都想得到这个问题的最佳答案，以供自己参考。

“怎样才能和他们相处”，这个问题似乎难以回答，但也不是毫无线索和脉络可循。

### （一）了解并熟悉上司

在职场中，你的工作只有得到上司的肯定才能转换为有效工作。能否得到上司的赏识，一方面取决于你的工作能力和为人处世的方式，另一方面也在于你是否能适应你的上司。你只有了解上司的性格和做人做事的风格之后，采取与之相宜的方式方法，才有可能赢得上司的支持。

1. 了解上司的个性

了解上司的个性，你将会更好地把握他的情绪，理解他的价值观，并按他的期望去做事。如果你的上司是个注重细节的人，你就要在细微之处下功夫，让他对你的细致入微印象深刻；如果你的上司实干又拼命，那你只能多干活、多出汗，别无选择；如果你的上司是个专权的人，你就必须将工作进程的每个环节都及时向他汇报……顺着上司的个性做事，你才容易得到上司的认可。

2. 了解上司的途径

（1）间接、侧面认识老板。

①先对老板所欣赏的员工进行观察，找出他们身上得到老板欣赏的特质并进行分析、归纳、学习，从而得知老板的价值取向，至少也会了解一些老板的“口味”。

②你必须对老板反感的员工，或者被老板炒鱿鱼的员工多加关注，了解老板为什么会反感他，从而得到前车之鉴。失败者所走过的路，就是自己的镜子，千万不要步人后尘，白白断送前程。

③你可以从普通员工对他的评价中，略知老板的一些情况。特别是一些老员工的评价，多少是能看出一些东西的。当然，老板毕竟有其凌驾他人之处，要想全盘知晓并非易事。不能为了观察而观察，那样会无法切中核心。

了解上司的性格类型，你就可以有的放矢地施展自己的拳脚，成功地把上司的眼球拉到自己身上来。

(2)正面、直接认识老板。

①仪表、举止识个性。西装笔挺、皮鞋锃亮的老板，领带会打得一丝不苟，即使在大夏天也不肯松开衬衫的领口和领带。这种老板，多半严肃、不苟言笑，对工作极其认真努力，而且不能容忍员工的失误。而穿着夹克、牛仔裤、旅游鞋的老板，往往注重工作的内容和结果，相处起来要轻松一些。

②办公室洞悉法。老板办公桌上的办公用品放置得整整齐齐、有条不紊，这种老板往往看重形式，墨守成规，害怕新事物，缺乏革新精神。而办公桌较为凌乱的老板，可能会把报纸、文件及办公用品随处放置，没有特别的归类。这种老板多半是注重结果的人，无论员工多么努力，只要成绩不出色，便很难得到他的青睐。

③走路姿态显个性。有的老板，走路疾步如飞，步幅很大，频率很快，即使从一个办公室走到另一个办公室也恨不得飞跑过去。这种老板多半性急，追求效率，容易产生焦虑情绪。而走路不急不慢的老板，稳健庄重，这种老板多稳重而理智，有驾驭大场面的能力，具备领导才能，可以临危不惧。

### (二)积极表现自己

在现代这个人才济济的社会，一个人欲出人头地、成就一番事业，除了要有一身真本事外，不断地推销自己，向人们展示你的才华，无疑是一种走向成功的捷径。找准一个适当的平台，才能实现所谓自我利益的最大化。因此，在工作中你要敢于展示自己的才能。如果你不主动表现自我，你的上司绝不会无缘无故地注意到你。如果你只懂得日复一日地埋头苦干，而不懂得适当地展现自己，那么你只能让自己的成功来得更迟，甚至消失。

如何表现自我？以下几个争取表现机会的方法可供参考。

#### 1. 做好自己的本职工作

与上司的关系归根结底是工作的关系，你若将工作做好了，处处为公司着想，成为上司的得力助手，就会给领导留下好印象，相处起来就不难了。

#### 2. 保持最佳的工作状态

永远向上司展示自己精神百倍、激情万丈的形象，无论何时何地，都不要让老板发现你憔悴的眼神、蓬乱的头发、凌乱的衣物。即使加班后，也不要表现出疲惫的样子，以致让上司认为你的体力不足以应付工作强度。

#### 3. 勇于主动接受新任务

当上司面临一个棘手的问题时，你一定要慎重对待，因为这是一个表现自身才能的绝佳机会。如果觉得自己有能力拿下来，一定要毫不客气地争取。不要等上司来安排你去做，这样的话，即使做好了，也是你分内之事，显得很被动。最好在衡量工作难度后，毛遂自荐。

4. 及时沟通

交往频率对建立人际关系具有重要作用，与上司的相处也是如此。如果采取对上司不交往或回避态度，就很难和上司在认识上取得一致，而没有一致的认识，相互之间的支持、协调、配合都大受影响。当然，缺乏沟通的关系也不会成为良性的关系。

5. 维护上司的尊严

作为上司，都希望每个下属对自己保持一定的尊敬。要想处理好与领导的关系，就要处处维护他的面子，不使他难堪。唯有让上司感觉到你的尊重，他才会尊重你们之间的关系。总的来说，要处理好与上司的关系，就要清楚自己的位置，与上司在相处之时要有一定的度，既不可太远，也不能太过密切。

### (三)服从上司命令

服从是员工的第一美德，也是员工日后取得成就的必备条件。现在很多企业要求员工一进企业就要接受种种培训，学习并且认同企业的经营理念和价值观念，遵守企业的各种规章制度。很多年轻员工认为这是多此一举，并且极不用心地参加这样的培训。这种观念是错误的。不要以为自己有多大的能耐，到一个新的企业，你就必须从零开始，服从于你的上司，服从于你的老板。

不具备服从意识的员工，得不到领导的欣赏，不可能向更高一级的职位迈进。不会服从，就不会领导；没有服从的激情，就没有规则的严明。有些员工服从意识淡薄，对上司的命令喜欢讲价钱、讲条件，甚至搞“上有政策，下有对策”，表面上一套，暗地里一套；对各项规章制度，喜欢搞所谓的“变通”“细化”，制定一些与规章制度相违背的“土政策”“土规定”。他们这样做，不仅会使上司的命令得不到及时的贯彻执行，而且会使自己养成一种恶劣的自由主义风气，久而久之，会影响企业文化的建设，降低企业的核心竞争力。

服从意识是所有员工都应该具备的。有了这种意识，员工才能挖掘自身潜能，才能创造辉煌的业绩。不要给自己找借口，不要推卸责任，上司要的是业绩而不是你的解释。通过服从，你将对企业的经营理念和价值观念有个深刻的认识。即便你在接受任务时还不具备成功的条件，你也要告诉你的上司自己能行，因为只有这样，你才能千方百计地去克服困难，为最后的成功创造条件。

也许你会认为，不是所有上司的命令都是正确的，上司也会犯错误。但是，一个优秀的员工一定要有服从意识。员工应该放弃个人成见，忠诚于企业，服从于上司，一心一意地执行企业的战略和上司的命令。如果你有什么意见或建议，应该在上司发出命令之前提出。如果你的意见或建议没有得到上司的采纳，你也必须立刻执行上司的命令。

### (四)与上司保持适当距离

几乎每个人都希望能给上司留下好的印象，有很多人认为只要和上司像朋友一样相处，自然会于无声处柳暗花明。然而，这通常是个误区。虽然让上司全面地了解自己，是员工升职计划成功的关键，但是无论什么时候，上司就是上司，即使上司和下属的关系很不一般，也不表示上司和下属之间就没有距离。毕竟你与上司在公司中的地位是不同的，这一点要心里有数。不要使关系过度紧密，以致卷入他的私人生活中。过分亲密的关系是冒险的举动。因为不同寻常的关系，会使上司过分地要求你，也会导致同事们的妒忌，可能还会有人暗中与你作对。

不论什么时候，上司就是上司，即使你们的关系很不一般，也不意味着你对他可以没有敬畏和恭维。和上司保持距离应做到以下几个方面。

第一，减少开玩笑的机会和次数。频繁的玩笑会让别人以为你们的关系已是非常亲密。

第二，减少单独在一起的时间。比如吃饭、逛街、去俱乐部、一起回家等。

第三，不要在上司的办公室里一谈就是半天，哪怕是为了工作，以免给他人留下“你是他的心腹”的印象。其实你不妨用报告或电子邮件的形式汇报工作和提出建议。

第四，不要牵扯到上司的生活里。如果他经常需要你帮忙做一些私事，最好还是找个站得住脚的理由，巧妙回绝为佳。注意千万不要窥视领导的家庭秘密、个人隐私。你可以去了解上级在工作中的性格、作风和习惯，但对他个人生活中的某些习惯和特点不必过多了解。

第五，了解领导的主要意图和主张，但不要试图明了他每一个行动步骤和方法措施的意图是什么。这样做会使他感到，你的眼睛太亮了，什么事都瞒不过你。那么他工作起来就会觉得很不方便。

上司之所以不愿意与下属关系太密切，首先是顾忌到私人关系、私人感情超过了工作关系，那就会对领导产生不良的影响。其次是他担心你对他的思想感情包括个人隐私过分了解，会使他降低威信。同时，任何领导在工作中都要讲究方法，讲究艺术，讲究措施和手段，如果员工把一切都知道得一清二楚，这些方法、措施和手段就可能会失败。无论什么时候，认清这几点，你就知道应该如何把握自己与上司的距离了。

## 二、与下属建立良好的沟通关系

### 案例引入

小王因为工作出众，升任为部门副经理。一天，小王发现一名员工的咽喉部有被捏过的黑紫印，并且嗓子沙哑，肯定是嗓子发炎引起的。

这时，小王提醒员工：“你工作服的第二个扣子没有系上。”员工赶紧说：“我的嗓子上火，所以刚把扣子解开，我马上系好。”另一个副经理看到后把小王叫到一边：“主管的着眼点放在哪儿很重要。他的嗓子这么红肿，咱们首先应该关心他，然后再培训。”小王随后改变了方式，嘱咐员工要多喝水，记得吃药。员工很感动。

（资料来源：陈桃源、朱晓蓉，《职场沟通与交流能力训练教程》(第二版)，北京，高等教育出版社，2014。）

#### （一）不摆架子

在工作和日常生活中，常常有一些上司好摆官架子，表现出一种高高在上、让人难以接受的态度，与周围的人和下属之间保持着情感上的距离。

有这种想法的上司首先需要端正自己的心态，明白自己并不高人一等，只是工作岗位不同，都是为公司的事业做贡献的人。然后在说话做事时注意自己的言行、情绪、处事方式，一出现问题及时调整，在思想感情上和下属保持相通，获取他们的信任和尊重，就能赢得工作上的相互配合，调动下属的工作积极性，做好工作。

### (二)关心下属

在群体中，任何人都希望被人接受、尊重，并得到赏识，当他感受到你的友善，你也会因此受到他的欢迎。领导者与被领导者之间有一种特殊的人际关系，领导者要实现其领导功能，除了依赖其权力性影响力和自身的品格、知识、才能等非权力性影响力外，更重要的是能被下属接受、受下属欢迎。

下属经常是从非常细微之处感受自己是否被上司接纳的。比如，上司是否能热情地和下属打招呼，是否能在餐厅里和下属同桌进餐，是否过问下属的学习和生活，是否偶尔也谈谈自己的兴趣爱好、快乐与烦恼，工作上是否经常倾听下属的看法、意见和建议。这些看似简单的事情，却能产生极大的心理效应。如果答案是肯定的，下属就会感到自己是群体里的一员，是被重视的，从而自觉地把群体的目标当作自己的目标，从而促进群体目标的实现。

### (三)信任下属

与下属建立良好的信任关系，是企业领导试图达到的一种理想的用人状态。所谓“疑人不用，用人不疑”，讲的就是这个道理。

确定下属是可信任之人后，就要让他们放手工作，大胆负责。一方面要相信他们对事业的忠诚，要让他们创造性地开展工作。另一方面要相信他们的工作能力。既要委以职位又要授予权力使他们敢于负责，大胆工作。

对人才的信任和使用，还包括当他们在工作中出了问题，走了弯路时，用人者要勇于承担责任，帮助他们总结经验，鼓励他们继续前进。特别是当他们遇到阻力和困难，受到后进势力压制时，用人者要挺身而出给予坚决的支持和有力的帮助，从而将改革进行到底。

### (四)赞美下属

鼓励和赞美能满足人们自尊心的需要，适当地赞美下属是一种领导艺术。不论能力强弱，也不论职位高低，下属都希望听到上司的赞美。

在工作中，下属能否得到上司的赞美以及赞美的程度如何，往往是其衡量自身价值的尺度。获得领导的赞美，下属就会感到自己是重要的，有价值的，从而产生更强的敬业感和责任感。

一般来说，赞美下属有以下技巧。

*1. 充分考虑赞美对其他员工的影响*

为了给员工以积极的导向，一般来说，赞美都是公开进行的。这时候要注意在赞美一个员工的时候不要在无意中伤害其他员工，不要激起其他员工和被赞美者对抗。

一般来说，凡是受到领导信任的员工都容易受到其他员工的嫉妒，上司应该尽量化解这些员工的这种情绪。例如，在赞美一个员工的时候，对其他员工也进行表扬。即是表扬，就应该以事论理、以理服众。如需公开表扬，一定要在下属取得公认的成绩后再采取这种方式，以免让其他下属感到上司偏心、不公正，从而产生逆反心理。在表扬中应尊重客观事实，尽可能多地引用受表扬者的有关实例与数据，用事实来化解某些人的逆反心理。

2. 要根据员工的特点，讲适合对方的话

如果员工年龄较大、资格较老，领导赞美他经验丰富、几十年如一日兢兢业业地工作，他就非常爱听。大学刚毕业的小伙子，表扬他有创造性、有魄力比较合适。

**(五)批评下属要讲究技巧**

对下属要奖惩分明，当他做错了的时候，要及时批评纠正。但在批评下属时要注意维护他们的自尊心，尽量避免引起对方的反感情绪。上司在批评下属时要注意以下几点。

1. 不要在大庭广众之下批评下属

批评下属是为了纠正错误，如果你在人多的地方批评他，容易让他觉得颜面扫地，形成抵触情绪，不利于纠正错误。如果一定要在人多的地方批评下属，最好只针对事情或者不点名，这样不会激起下属的反抗心理，能督促下属尽快纠正错误。

2. 用称赞代替批评

人们在受到批评时，都会感到不痛快。但也有一些特殊的人，挨了批评却“潇洒”得很，任你怎样批评，他只是听之任之，我行我素，依然如故。批评这种员工应该从另一个角度进攻，利用称赞来使他们改掉毛病，进而增加你所领导的集体的工作效率。

3. 批评对事不对人

对于你的下属来说，做了错事是一件令人难过的事情，你应该明白对方的感受。你最好直截了当地告诉他，你理解他的感受，知道他现在心里不好过，对方一定会体察到你的细致关怀，这样有助于他接受你的意见。

## 思考与训练

一、从下面的故事中你受到什么启发?

在一次家长会上，幼儿园的老师对一个孩子的母亲说：“您的儿子有多动症，在板凳上连三分钟都坐不了，您最好带他去医院看一看。”

回家的路上，孩子问母亲，老师都说了些什么，母亲鼻子一酸，差点流下泪来，因为全班30位小朋友，唯有他表现最差；唯有对他，老师表现出不屑。然而她告诉儿子：“老师表扬你了。说宝宝原来在板凳上坐不了一分钟，现在能坐三分钟。其他妈妈都非常羡慕妈妈，因为全班只有宝宝进步了。”

那天晚上，儿子破天荒地吃了两碗米饭，并且没让喂。儿子上小学了。家长会上，老师说：“这次数学考试。全班50名同学，您儿子排第40名，我们怀疑他智力上有些障碍，您最好能带他去医院查一查。”

回去的路上，她流下了泪。然而，当她回到家里，却对坐在桌前的儿子说：“老师对你充满信心。他说了，你并不是个笨孩子，只要你能细心些，会超过你的同桌。这次你的同桌排在第21名。”

说这话时，她发现儿子暗淡的眼神一下子充满了光，沮丧的脸也一下子舒展开来。她甚至发现，儿子温顺得让她吃惊，好像长大了许多，第二天上学，去得比平时都早。

孩子上了初中，又一次开家长会。她坐在儿子的位置上，等着老师点她儿子的名字，因为每次家长会，她儿子的名字总是在差生的行列中被点到。然而，这次却出乎她的预料，直到结束，都没有听到。

她有些不习惯，临别去问老师，老师告诉她："按你儿子现在的成绩，考重点高中有点危险。"

她怀着惊喜的心情走出校门，此时她发现儿子在等她。路上她扶着儿子的肩膀，心里有种说不出的甜蜜。她告诉儿子："班主任对你非常满意，他说了，只要你努力，很有希望考上重点高中。"

高中毕业了。第一批大学录取通知书下达时，学校打电话让她儿子到学校去一趟。她有一种预感，儿子被清华录取了，因为在报考时，她对儿子说过。她相信他能考取这所大学。

她儿子从学校回来，把一封印有"清华大学招生办公室"字样的特快专递交到她的手里，突然转身跑到自己的房间里大哭起来，边哭边说："妈妈，我知道我不是个聪明的孩子，可是，这个世界上只有你能欣赏我……

这时，她悲喜交加，再也按捺不住十几年来凝聚的泪水，任它打在手中的信封上……

二、测测你的团队合作精神

在职场中，团队合作尤其重要，下面的测试将可以看出你是否具有团队合作精神。

当我是小组成员时：

(1)我提供事实，表达自己的观点、意见和感受，提供信息以帮助小组开展讨论(提供信息和观点者)。

A. 总是这样　B. 经常这样　C. 有时这样　D. 很少这样　E. 从不这样

(2)我从其他小组成员那里征求事实、信息、观点、意见和感受以帮助小组开展讨论(寻求信息和观点者)。

A. 总是这样　B. 经常这样　C. 有时这样　D. 很少这样　E. 从不这样

(3)我提出小组后面的工作计划，并提醒大家注意需要完成的任务，以此把握小组的方向。我给不同的小组成员分配不同的责任(方向和角色定义者)。

A. 总是这样　B. 经常这样　C. 有时这样　D. 很少这样　E. 从不这样

(4)我集中小组成员所提出的相关观点或建议，并总结、复述小组所讨论的主要论点(总结者)。

A. 总是这样　B. 经常这样　C. 有时这样　D. 很少这样　E. 从不这样

(5)我带给小组活力，鼓励小组成员努力工作以实现我们的目标(鼓舞者)。

A. 总是这样　B. 经常这样　C. 有时这样　D. 很少这样　E. 从不这样

(6)我要求他人对小组的讨论内容进行总结，以确保他们理解小组决策，并了解小组正在讨论的材料(情况检查者)。

A. 总是这样　B. 经常这样　C. 有时这样　D. 很少这样　E. 从不这样

(7)我热情鼓励所有小组成员参与小组活动，愿意听取他们的观点，让他们知道我珍视他们对群体的贡献(参与鼓励者)。

A. 总是这样　　B. 经常这样　　C. 有时这样　　D. 很少这样　　E. 从不这样

(8)我利用良好的沟通技巧帮助小组成员开展交流，以保证每个小组成员都明白他人的发言(促进交流者)。

A. 总是这样　　B. 经常这样　　C. 有时这样　　D. 很少这样　　E. 从不这样

(9)我会讲笑话，并会建议以有趣的方式开展工作，借以减轻小组中的紧张感，并增加大家一起工作的乐趣(释放压力者)。

A. 总是这样　　B. 经常这样　　C. 有时这样　　D. 很少这样　　E. 从不这样

(10)我观察小组的工作方式，利用我的观察去帮助大家讨论小组如何可以更好地工作(进程观察者)。

A. 总是这样　　B. 经常这样　　C. 有时这样　　D. 很少这样　　E. 从不这样

(11)我促成有分歧的小组成员进行公开讨论，以协调思想，增进小组凝聚力。当成员们似乎不能直接解决冲突时，我会进行调停(人际问题解决者)。

A. 总是这样　　B. 经常这样　　C. 有时这样　　D. 很少这样　　E. 从不这样

(12)我向其他成员表达支持、接受和喜爱。当其他成员在小组中表现出建设性行为时，我给予适当的赞扬(支持者与表扬者)。

A. 总是这样　　B. 经常这样　　C. 有时这样　　D. 很少这样　　E. 从不这样

评分标准：

总是这样(5分)，经常这样(4分)，有时这样(3分)，很少这样(2分)，从不这样(1分)。

以上(1)～(6)题为一组，(7)～(12)题为一组，前一组与后一组得分用下列方式表达(0.0)。

结果解释：

(6.6)为完成工作只付出了最小的努力，总体上与其他小组成员十分疏远，在小组中不活跃，对其他人几乎没有任何影响。

(6.30)十分强调与小组成员保持良好的关系，为其他成员着想，帮助创造舒适、友好的工作气氛，但很少关注如何完成任务。

(30.6)着重于完成工作，却忽略了维护关系。

(18.18)努力协调团队的任务与维护要求，终于达到了平衡。你应该继续努力，创造性地结合任务与维护行为，以促成最优生产力。

(30.30)祝贺你，你是一位优秀的团队合作者，并有能力领导一个小组。

三、请阅读下面的一则案例，分析一下佩佩的最佳方案被新老板否定的真实原因

佩佩年轻干练，入行没几年，很快成为单位的主力干将。几天前，新老板走马上任，立即就把佩佩叫了过去："佩佩，你经验丰富，能力又强，这里有个新项目，你就多费心盯一盯吧！"

受到新老板的重用，佩佩欢欣鼓舞。恰好这天要去上海某周边城市谈判，佩佩一合计，一行好几个人，坐长途车不方便，人也受累，会影响谈判效果；打车吧，一辆坐不

下，两辆费用又太高；还是包一辆车好，经济又实惠。主意定了，佩佩却没有直接去办理。几年的职场生涯让她懂得，遇事向老板汇报一声是绝对必要的。于是，佩佩来到老板跟前："老板，您看，我们今天要出去……"佩佩把几种方案的利弊分析了一番，接着说："所以呢，我决定包一辆车去！"汇报完毕，佩佩发现老板的脸不知道什么时候黑了下来。他生硬地说："是吗？可是我认为这个方案不太好，你们还是买票坐长途车去吧！"佩佩愣住了，她万万没想到这个如此合情合理的建议竟然被打了"回票"。

"没道理呀，傻瓜都能看出来我的方案是最佳的！"佩佩大惑不解。

讨论：如果你是佩佩，你该怎么说？

# 第四节　职场沟通中的职业形象塑造

## 案例引入

**服务员效应**

一天，黄先生与两位好友小聚，来到某知名酒店。接待他们的是一位五官清秀的服务员，接待服务工作做得很好，可是她面无血色，显得无精打采。黄先生一看到她就觉得她心情欠佳，仔细留意才发现，这位服务员没有化工作淡妆，在餐厅昏暗的灯光下显得病态十足。上菜时，黄先生又突然看到传菜员的指甲油缺了一块，他的第一个反应就是"不知是不是掉我的菜里了"。但为了不惊扰其他客人用餐，黄先生没有将他的怀疑说出来。用餐结束后，黄先生唤柜台内服务员结账，而服务员却一直对着反光玻璃墙面修饰自己的妆容，丝毫没有注意到客人的需要。

自此以后，黄先生再也没有去过这家酒店。

（资料来源：谷静敏，《商务沟通》，北京，国家行政学院出版社，2013。）

良好的个人形象有助于建立成功的组织关系，增强自信心，进而提升职业化程度，赢得别人的信赖和认可，从而在竞争中取胜。因此，在职场中，必须把形象塑造当作一种职业要求并加以重视。而自我的职业形象塑造主要从自我礼仪面貌，即仪容、仪表和仪态等开始塑造。

## 一、仪容礼仪

### （一）仪容美的含义及基本要求

1. 仪容美的含义

首先，是要求仪容自然美。它是指仪容的先天条件好，天生丽质。尽管以相貌取人不合情理，但先天美好的仪容相貌，无疑会令人赏心悦目，心情愉快。

其次，是要求仪容修饰美。它是指依照规范与个人条件，对仪容实行必要的修饰，扬其长，避其短，设计、塑造出美好的个人形象，在人际交往中尽量令自己显得有备而来，自尊自爱。

最后，是要求仪容内在美。它是指通过努力学习，不断提高个人的文化艺术素养和思想道德水准，培养出自己高雅的气质与美好的心灵，使自己秀外慧中，表里如一。

真正意义上的仪容美，应当是上述三个方面的高度统一。忽略其中任何一个方面，都会使仪容美失之偏颇。在这三者之间，仪容的内在美是最高的境界，仪容的自然美是人们的心愿，而仪容的修饰美则是仪容礼仪关注的重点。

2. 仪容美的基本要求

仪容美的基本要素是貌美、发美和肌肤美。商务人员的基本要求是整洁干净。美好的仪容一定能让人感觉到其五官构成彼此和谐并富于表情；发质发型使其英俊潇洒、容光焕发；肌肤健美使其充满生命的活力，给人以健康自然、鲜明和谐和富有个性的深刻印象。俗话说："三分长相，七分扮相。"仪容一方面取决于天生丽质，但更在于后天的修饰和保养。如果说先天的相貌是无法选择的，而仪容美却是可以潜心培养、训练和完善的。

时刻保持自己仪容的干净整洁，讲究卫生，庄重大方。做到这几点，即使天生并不丽质，也能获得他人的好感，维护良好的自我形象，为自己赢得最起码的尊重。

### (二)基本仪容修饰

1. 头发修饰

头发位于人体的"制高点"，在交际中更容易先入为主，因此，我们塑造完美形象也要"从头开始"。头发的功能更多的是反映了一个人的审美需要以及生活状况、卫生习惯等。有人说，女性的美有一半在头发。的确，女性有一头秀发，能增添无限的风韵和魅力。"头上青丝如墨染"早就是形容东方美女的词句。对于男性而言，头发的魅力虽不如女性那么显眼，但还是在一定程度上展示着男性的特点。有人说，鲁迅那短而直立的头发就是他刚正不阿的人格写照。

要对头发定期清洗，并且一直坚持。一般认为，每周至少应当对自己的头发清洗两到三次。洗头时要注意如下事项。

第一，耳朵后方和靠近颈部处是极容易疏忽的地方，也要洗干净。

第二，确保冲洗干净，不要留下洗发精及其香味。

定期修剪头发，可以保持美观的造型和干净的形象。另外，宜经常认真梳理头发，只是不宜当众梳理头发。

2. 面部清洁

对面部最基本的要求是：时刻保持面部干净清爽，无汗渍和油污等不洁之物。

修饰面部首先要做到清洁。清洁面部最简单的方式就是勤于洗脸。午休、用餐、出汗、劳动或者外出之后，都应立刻洗脸。

嘴巴。注意去除口部的多余物，这是指口角周围沉积的唾液、飞沫、食物残渣和牙缝间的牙垢，牙齿洁白，口腔无异味，是对口腔的基本要求。在重要应酬之前忌食蒜、葱、韭菜、萝卜和腐乳等可让人口腔发出刺鼻气味的东西。

脖颈。要及时做好清洁护理。

眼睛。关于眼角分泌物，它给人的印象很不雅，所以应经常及时将其清除；戴眼镜者还应注意，眼镜片上的多余物也要及时揩除。

鼻孔。在外出上班或正式活动之前，要检查一下鼻孔内有无鼻涕，不要让鼻涕或别的东西充塞鼻孔。同时，要经常修剪长到鼻孔外的鼻毛。

耳朵。要除去耳朵的分泌物——“耳垢”，虽然它不易看到，但却不要忘记对其“打扫”。

胡须。除了具有宗教信仰与风俗习惯者之外，男性商务人员等不宜蓄留胡须，因为在交际场合“美髯公”并不美，它显得不清洁，显得对交往对象不尊重，因此，男性最好每天坚持剃一次胡须，绝对不可以以胡子邋遢的形象上班或会面。

3. 手臂

手臂是肢体中使用最多、动作最多的部分，要完成各种各样的手语和手势。如果手臂的形象不佳，整体形象将大打折扣。

手臂的修饰，可以分为手掌、指甲与腋毛三个部分。

手掌。在日常生活中，手掌是接触他人和物体最多的部位，如写字、喝水或微笑时用手遮掩等，双手常在日常生活的一些小动作中表露无遗，若你的双手受到充分呵护而显得娇嫩光滑，你就能给人以高雅的印象。

指甲。绝不要留长指甲，因为它不符合商务人员等的身份，还会残留污垢，给人留下不讲卫生的印象，所以要经常剪，手指甲的长度以不长于手指尖为宜。

腋毛。在他人面前，尤其是外人或异性面前，腋毛是不应为对方所看见的。

**(三)化妆**

个人的容貌是父母给予的，相对定型，但可以通过美容化妆进行修饰、装扮和保养，从而焕然一新，使自身的形象得到改善，变得更完美、更具魅力。这时，把握和利用适当、有效的美容化妆手段，以显露其天资，掩蔽其不利，就显得十分重要了。

1. 美容化妆的原则

美容化妆作为仪容修饰的一种高级方法，在人际交往中既是尊重自己的表现，也意味着对交往对象的重视。然而，美容化妆运用得体，可以成为美的修饰；运用失当，也会沦为俗的装饰。从商务礼仪的角度看，美容化妆要掌握的原则是自然大方、协调得宜。

(1)美容化妆贵在协调。

装饰较好，可以使容貌大为增色。然而，不同的场合对化妆有不同的要求，因而就有了工作妆、交际妆、舞会妆和新娘妆等的区别。上班时比较适合化淡妆，以体现出沉稳高雅的气质；到医院探视病人或参加追悼会之类的活动时更忌浓妆艳抹；而在夜晚的交际娱乐场合，参加舞会、喜庆活动等可化浓妆。高水平的化妆，强调的是其整体效果。

(2)美容化妆贵在自然。

任何高超的化妆都应在似有似无之间，让人不易察觉便是恰到好处，否则会给人一种“油漆粉刷”过的脸谱或面具的失真之感。“妆成有却无”，即妆而不露，化而不觉，好似天生如此美丽，说明化妆技艺精湛，而这也正是美容的精髓。“清水出芙蓉，天然去雕饰”，本身就是一种美，过分的装饰往往适得其反。

2. 不同脸型的特征与矫正

在面型理论中，人的脸型通常被分为椭圆形、圆形、方形、长方形、三角形、倒三角形和菱形。其中椭圆形是女性最完美的脸型，它尤其适合媒体造型，无须做矫正处理，其他的面型或多或少地需要修饰。通常修饰的关键都在于使脸型看上去更接近于完美，即椭圆形。然而，也要针对具体的情况灵活处理，例如，在表现个性的造型化妆中，化妆师就要根据模特的个人特征进行特色化妆，这时脸型的矫正就显得不应过于教条。

矫正的手段多采用粉底造影技巧，涂粉底可根据不同需要选用不同的粉底霜，如粉底和干湿粉底中的任何一种，但无论使用何种粉底，都要准备三种颜色：第一种是和肤色相近的作为粉底；第二种是较肤色深的，作为打阴影用；第三种是浅色作高光色用。涂抹粉底时，可用手或海绵推匀，并可根据需要选择涂薄或涂厚。如果面部有瑕疵，要选用遮瑕膏遮住，再施涂粉底。粉底涂好后，用深色粉底打阴影，以修正脸型。

(1)方脸型。

①特征：方脸型的人面部棱角分明，一般都有宽阔的前额及方形的额骨，整体感觉刚硬有余，柔美不足，在修正时可用一些柔和色调的化妆色来增添温柔等女性的气质。

②修正。

粉底：方脸型的人同样需要用阴影色来掩饰两腮处突出的部分，并且呈宽阔的额角也可用阴影色来制造圆润的效果。

眉：眉形可采用内柔外刚的方形眉，既与面型相配，又有中和方脸型男性化的感觉。

眼睛：眼影可选择一些较暖、较柔和的色彩。

腮红：腮红的位置可略高一些，形状可以三角形晕染。

口红：可画出圆润饱满的唇形。

(2)长方脸型。

①特征：长方脸型的人容易给人以老成、刻板的印象，整个面部缺乏柔和、生动的感觉，在修饰时可以用一些鲜明的色彩来调整。

②修正。

粉底：粉底可选用带有浅粉色的统合粉底，并在前额及下巴处涂阴影色以调整脸型的长度感。

眉：眉形宜选用平直的一字眉。

眼睛：眼部修饰的重点应在外眼角，并以鲜明的色彩来强调。

腮红：腮红的位置应在颧骨的下方，并作横向晕染。

口红：口红的色彩可以柔和浅淡一些，以此削弱长脸型给人的老成感。

(3)三角脸型。

①特征：脸部形状上窄下宽，给人以憨厚可爱的印象，但缺少生动感。

②修正。

粉底：三角脸型修饰的重点在于较宽的两腮处，可以用阴影色进行遮盖。面部的 T 型部位用浅亮色进行提亮。

眉：可以选择上扬，带有一定弧度的眉形。

眼睛：眼影修饰的重点可放在外眼角，以此加宽额部宽度。

腮红：腮红的位置与圆脸型相同，作纵向晕染。

口红：可以选用稍带棱角的唇形。

(4)倒三角脸型。

①特征：倒三角脸的形状与三角脸型恰好相反，它就是我们平常所说的“瓜子脸”。脸型的额部较宽，但下巴窄而尖，给人们以十分女性、秀气的印象，但难免会有单薄、柔弱的感觉。

②修正。

粉底：可在前额两侧及较尖的下颌处涂阴影色，在两腮处涂以亮色来修饰。

眉：眉形不宜画得太长，可加重眉头亮度。

眼睛：眼影描绘的重点应在内眼角处。

腮红：腮红的位置可按颧骨的本来位置作曲线形晕染。

口红：唇形不宜画得太大，并且可选择柔和色调的唇色。

(5)圆形脸。

①特征：圆脸型的人常给人以年轻可爱的印象，因整个面庞圆润少棱角，缺少成熟稳重气质，因此在修正时，我们可以利用色彩的明暗对比及较冷色系的色彩来改变这种印象。

②修正。

粉底：在对圆脸型进行修饰时，重点在两腮处，可用比面部基础粉底深几号的阴影色涂于两腮处，制造阴影，以缩减面部的圆润发生膨胀感，并在额部、鼻梁和下巴处涂以亮色。

眉：眉形可采用带有棱角的上挑眉。

眼睛：眼影可选择较冷的色彩力求增加成熟的印象。

腮红：腮红以侧涂的方式来增加颧骨及面颊部位的立体感。

口红：唇形不宜画得太圆太饱满，可选择带有明显唇峰及唇角上扬的唇形。

(6)菱形脸型。

①特征：菱形脸型的特点是上额部及下颌部较窄，颧骨部位又十分突出，整个脸型显得十分精明、清高，缺少亲切可爱的感觉。

②修正。

粉底：可往上额部位及下颌处涂亮色，颧骨部位的两侧涂阴影色来修正面型。

眉：眉形不可过于高挑，眉峰的位置可略向后一些。

眼睛：眼影的色彩宜选用浅淡的柔和色调，并将重点放在外眼角。

腮红：腮红的位置可涂于颧骨上，以掩饰颧骨的高度。

口红：唇形宜画得圆润、丰满，选择柔和色调的唇膏。

**(四)画好工作妆(以裸妆为例)**

裸妆自从出现，就以其清丽脱俗的特点，在时尚界占据一席之地，下面我们就以裸妆为例进行日常工作妆的讲解。

裸妆，顾名思义就是看起来仿佛没有化过妆一样的妆容。明明没有丝毫着妆的痕迹却看起来比平日精致了许多——这是“裸妆”给人的第一印象。

1. 打出透明底妆

裸妆的妆容虽然看起来很清淡，却并不是未加修饰的纯自然肌肤。要呈现出最自然纯净的自然肤色，在自然光下找出一种接近自己肤色的较薄的液状粉底或是干湿两用粉底。化妆时，先在海绵上蘸些化妆水，再把粉底直接倒在海绵上，利用海绵推开粉底，这样会比直接用手推均匀得多，会是一种薄薄的感觉。

2. 浅一号的眉粉

眉毛的修饰很简单，使用比眉色浅一号的眉粉，先用眉刷轻轻在眉粉上扫一下，然后在空中甩一下，从眉毛中间开始先刷第一下，然后再从眉头开始刷到眉尾，重复2～3次即可。注意只需按照原有的眉形淡淡描画，不必刻意修饰，眉毛的颜色可以与发色协调一致。

3. 让睫毛清晰整洁

画裸妆我们首选的是黑色或透明的睫毛液一根根涂在上睫毛上，而一般来说，睫毛是裸妆的重要环节，要精致完美。在刷睫毛时也有一个技巧，那就是上睫毛可刷深一点颜色的睫色膏，下睫毛可用浅一点的睫毛膏，这样的搭配组合，会让眼睛看起来更明亮有神。

4. 浅色的透明唇彩

双唇要选择接近唇色的液体唇膏，不必勾勒唇线，选择最接近自己唇色的唇彩轻涂唇上，这样有光泽感的唇膏也会显得优雅大方。

5. 突出眼妆重点

步骤1：整款妆容强调的是甜美感，因此以粉红色系为主色调，倒手背上取珍珠粒大的量，用指尖从眼皮到中央，到眼窝区域很薄地延伸。

步骤2：用眼影刷取金色系的眼影刷在眼睑至眼窝的三分之二处，多次重叠，但要注意每次减少分量。

步骤3：用棕色系的眼线笔，以睁开眼的时候能稍微显现出来的程度描画出线条，然后用棉花棒清洁。

步骤4：最后在眼头处点上白色系的眼影。

6. 用棕橙色腮红修饰脸型

最后，我们可以用浅橙或淡棕色胭脂来修饰脸色与脸型。用大号粉刷将胭脂打在两侧脸颊，刷子越大刷出的颜色越自然。最后，为了体现肌肤质感，还可以将润肤液轻拍面颊，创造无痕妆容。

## 二、仪态礼仪

### 案例引入

**请另谋高就**

一次，某公司招聘文秘人员，由于待遇优厚，应者如云。中文系毕业的小李同学前往面试，她的背景材料可能是最棒的：大学四年中，在各类刊物中共发表了3万字的作品，内容有小说、诗歌、散文、评论和政论等，还为6家公司策划过周年庆典，一口英语表达也极为流利，书法也堪称佳作。小李五官端正，身材高挑、均匀。面试时，招聘者拿着她的材料等她进来。小李穿着迷你裙，露出藕段似的大腿，上身是露脐装，涂着鲜红的唇膏，轻盈地走到一位考官面前，不请自坐，随后跷起了二郎腿，笑眯眯地等着问话。谁料，三位招聘者相互交换了一下眼色，主考官说："李小姐，请下去等通知吧。"她喜形于色："好！"挎起小包飞跑出门。然而小李始终没有等到通知。

（资料来源：谷静敏，《商务沟通》，北京，国家行政学院出版社，2013。）

**(一)仪态礼仪的概念**

仪态是指人们身体所呈现出的各种姿态，包括神态表情、体态姿势和举止动作等形体语言。在商务活动中，商务人员可以通过自己规范的、美的仪态向他人传递自己的学识与素养等信息，并能够交流思想，表达情感。因此，体态在传情达意方面的礼仪功能是不容忽视的。

仪态礼仪体现为人们挺拔的站姿、端庄的坐姿、优雅的走姿、恰当的手势和真诚的表情等行为举止。

**(二)仪态礼仪的基本内容**

仪态礼仪主要包括站姿礼仪、坐姿礼仪、走姿礼仪、蹲姿礼仪和手势礼仪等。

1. 站姿礼仪

(1)标准的站姿。

标准的站姿，从正面看，全身笔直，精神饱满，两眼正视(而不是斜视)，两肩平齐，两臂自然下垂，两脚跟并拢，两脚尖张开 60 度，身体重心落于两腿正中；从侧面看，两眼平视，下颌微收，挺胸收腹，腰背挺直，手中指贴裤缝，整个身体庄重挺拔。

站姿的基本要领是：抬头，脖颈挺直，双目向前平视，嘴唇微闭，下颌微收，面带微笑；双肩放松，气向下压，身体有向上的感觉，自然呼吸；挺胸，收腹，立腰，肩平；双臂放松，自然下垂于体侧，虎口向前，手指自然弯曲；两腿并拢立直，提臀，两膝和脚跟靠紧，脚尖分开 45～60 度，呈 V 字形，身体重心放在两脚上。

①女士站姿。女士要想使自己具有优雅迷人的站姿，关键要让自己的双脚、双膝、双手、胸部和下颌五个部分都处于最佳位置。双脚的脚跟应靠拢在一起，两脚尖应相距 10 厘米左右，其张角为 45 度，呈 V 字状。两脚一前一后，前一只脚的脚跟轻轻地靠近后一只脚的脚弓，将重心集中于后一只脚上，切勿两脚分开，甚至呈平行状，也不要将重心均匀地分配在两条腿上，无论处于哪一种场合，双膝都应当有意识地靠拢。这样的话，方能确保双腿自上而下地全方位并拢，并使髋部自然上提，避免双腿的"分裂"、臀部撅起等极不雅观的姿势。

②男士站姿。男士站立时，应将身体的重心放在两只脚上，头要正，颈要直，抬头平视，挺胸收腹不斜肩，两臂自然下垂，从头到脚呈一条线。双脚可微微分开，但最多与肩同宽。站累时可向后挪半步，但上体仍保持正直。这种站姿从外观上看有如挺拔的青松显得刚毅端庄、精神饱满。

总之，站的姿势应该是自然、轻松、优美的。不论站立时摆何种姿势，只有脚的姿势及角度和手的位置在变，而身体一定要保持绝对挺直。而女性在站立时要注意表现出女性轻盈、妩媚、娴静和典雅的韵味，努力给人一种亭亭玉立的"静"的优美感。

(2)不同场合的站姿。

在升国旗、奏国歌、接受奖品、接受接见和致悼词等庄严的仪式场合，人们应采取严格的标准站姿，而且神情要严肃。

门迎、侍应人员往往站的时间很长，双腿可以平分站立，双腿分开不宜超过肩。双手可以交叉或前握垂放于腹前；也可以背后交叉，右手放到左手的掌心上，但要注意收腹。

在发表演说、新闻发言和做报告宣传时，为了减少身体对腿的压力，减轻由于较长时间站立双腿的疲倦，可以用双手支撑在讲台上，两腿轮流放松。

主持文艺活动、联欢会时，可以将双腿并得很拢站立，女士甚至站成“丁”字步，让站姿更加优美。站“丁”字步时，上体前倾，腰背挺直，臀微翘，双腿叠合，亭亭玉立于众人之间，展现女性魅力。

礼仪小姐的站立，要比门迎、侍者更趋于艺术化，一般可采取立正的姿势或“丁”字步。如双手端执物品时，上臂应靠近身体两侧，但不必夹紧，下颌微收，面含微笑，给人以优美亲切的感觉。

2. 坐姿礼仪

坐是最常用的一种举止。良好的坐姿传递着自信、友好和热情的信息，同时也显示出高雅庄重的良好风范。商务人员多数时间都是和客户坐着谈话，因此，良好的坐姿是塑造自身形象不可或缺的。

(1)正确的坐姿。

入座时走到座位前，转身后右脚向后撤半步，轻稳坐下，然后右脚与左脚并齐，女子穿裙装入座时，应将裙子向前收拢一下再坐下；入座后，上体自然坐直，立腰，双膝自然并拢(男士可略分开些)，双脚平落在地上，头正，表情自然亲切，目光柔和平视，嘴微闭，两肩平正放松，两臂自然弯曲放在膝上，也可以放在椅子上或沙发扶手上，掌心向下；坐在椅子上，应至少坐满椅子的三分之二，不可以坐满椅子，也不要坐在椅子边上过分前倾。一般情况下，不要靠背，休息时可轻松靠背；起立时右脚先收半步然后站起，起立后右脚与左脚并齐。

端坐时间过长，会使人感到疲劳、不自然，可换一下姿势。男士可将双脚略向前伸或将双脚交叉，女士可将双脚并拢，两脚同时向左或向右放，两手叠放，置于左脚或右脚上形成优美的S形，也可以两脚交叉重叠，但要注意将上面的小腿回收，脚尖向下。

(2)男士坐姿。

男士坐姿的基本要求与女士相比较略有不同。男士在坐下时，身体重心应该垂直向下，腰部挺直，两腿略分开，与肩膀同宽，看起来不至于太过拘束。两脚应尽量平放在地，大腿与小腿成直角，双手以半握拳的方式放在腿上或是椅子的扶手上。

坐姿要特别注意避免不雅的姿态，如双腿叉开或抖腿和摇脚这一类动作。这要靠平时习惯的养成，如果平时没有养成良好的坐姿习惯，一旦穿上比较正式的服装，就会显得手足无措，甚至还会有比较唐突的表现和比较滑稽的感觉。要想避免这种情况发生，平时就要多加练习，养成良好的习惯。

男士坐在沙发上时，千万记住整个身体不要往内靠，这样会给人一种精神不振的感觉。就座时，姿势应端正，态度谦虚。除非是很休闲的场合，否则不宜跷腿，也勿以手敲拍桌椅。头部要保持平稳，目光平视前方，脸上保持轻松缓和的笑容。如果是侧坐，应该上半身与腿同时转向一侧，面部仍是正对正前方，双肩保持平衡，一般不要跷二郎腿或晃动足尖，因为这样容易使四周的人认为你目中无人或傲慢无礼。

简而言之，端庄优美的坐姿，会给人以文雅、稳重、自然、大方的美感。

(3)女士坐姿。

女士的坐姿是否优美，是影响印象好坏的重要因素。通常女士可采用的坐姿有如下几种(除了双腿必须完全并拢，尤其是膝部以上必须完全并拢这一点相同之外，它们之间的区别主要在于坐定之后的腿位与脚位有所不同)。

双腿垂直式：双腿垂直于地面，双脚的脚跟、膝盖直至大腿都需要并拢在一起，双手自然地放在双腿上。这是正式场合的最基本坐姿，可给人以诚恳、认真的印象。需要注意这种坐姿脊背一定要伸直，头部摆正，目视前方，例如，两膝张开，会给人很散漫的印象。

双脚交叉式：具体方法是双腿并拢，双脚在踝部交叉之后略向左侧或右侧斜放。坐在主席台上、办公桌后面或公共汽车上时，比较适合采用这种坐姿，感觉比较自然。应当注意的是，采用这种坐姿时，膝部不宜打开，也不宜将交叉的双脚大幅度地分开，或是向前方直伸出去，否则可能会影响到从前面通过的人。

双腿叠放式：这种坐姿要求上下交叠的膝盖之间不可以分开，两腿交叠呈一条直线，才会给人以纤细的感觉。双脚置放的方法可视座椅的高矮而定，既可以垂直，也可以与地面呈 45 度角斜放。脚尖不应翘起，更不应直指他人，采用这种坐姿时，切勿双手抱膝，且不能两膝分开。穿短裙时慎用。

双腿斜放式：坐在较低的椅子上时，双脚垂直放置的话，膝盖可能会高过腰，较不雅观。这时最好采用双腿斜放式，即双腿并拢之后，双脚同时向右侧或左侧斜放并且与地面形成 45 度优美的 S 形。当坐沙发时最实用，需注意两膝不宜分开，小腿间也不要有距离。

脚踝盘住收起式：椅子较低时，除了可斜坐之外，还可以将脚踝盘起，往椅子下面靠。但像沙发那样下面没有空间的椅子，就不可采取这种姿势；若是柜台或酒吧内的高脚椅，就可以采用这种姿势。

双脚内收敛式：两条小腿向后侧曲回，双脚脚掌着地，膝盖以上并拢，两脚稍微张开，就算是忙着的时候也是变换坐姿的方式之一，尤其是在自己并不受注目的场合，这种坐姿显得轻松自然。

二郎腿一般被认为是一种不严肃、不庄重的坐姿，尤其是女士不宜采用。其实，这种坐姿只要注意上边的小腿往回掂、脚尖向下这两个要求，不仅外观优美文雅，大方自然，富有亲切感，而且还可以充分展示女士的风采和魅力。

(4)不同场合的坐姿。

在谈判或者会谈时，场合一般比较严肃，适合正襟危坐，但不要过于僵硬。要求上体正直，端坐于椅子中部，注意不要使全身的重量直落于臀部，双手放在桌上、腿上均可。双脚为标准坐姿的摆放。

在倾听他人教导、指示、传授和指点时，对方是长者、尊者和贵客，坐姿除了要端正外，还应坐在座椅、沙发的前半部或边缘，身体稍向前倾，表现出一种谦虚、迎合和重视对方的态度。

在比较轻松、随便的非正式场合，可以做得轻松、自然一些。全身肌肉可适当放松，可不时变换坐姿，以作休息。

### （三）走姿礼仪

“行如风”说的是走姿，走姿始终处于动态之中，体现了人类的运动之美和精神风貌。男士的走姿要刚健有力，豪迈稳重，有阳刚之气；女士的走姿要轻盈自如，含蓄飘逸，有窈窕之美。

1. 正确的走姿

行走之时，应以正确的站姿为基础，抬头，上体正直，目光平视前方，挺胸、收腹、立腰，重心稍向前倾，走得轻巧、自如、稳健、大方。手臂伸直放松，手指自然弯曲，摆动时，要以肩关节为轴，上臂带动前臂向前，手臂要摆直线，肘关节略曲，前臂不要向上甩动，向后摆动时，手臂外开不超过30度，前后摆动的幅度以30～40厘米为宜。脚尖略开，脚跟先接触地面，依靠后腿将身体重心送到前脚掌，使身体前移。两脚内侧行走的路线应为一条直线，而不是两条平行线。步幅，即跨步时两脚间的距离，一般应为前脚跟与后脚的脚尖相距为一脚长。但因性别和身高不同会有一定差距。这种行走动作，符合人体结构的机制，是最省力的。外八字、斜肩、弯腰和大肚的走法都是不美观的。着不同服装，步幅也不同。女士穿旗袍、西装裙、礼服时，步幅应小些；穿长裙时，步幅可大些。脚步要轻，并且富有弹性和节奏感。

2. 穿职业装的走姿

穿西装的走姿要求。西服以直线为主，应当走出穿西装者挺拔、优雅的风度。穿西装时，后背保持平正，两脚立直，走姿的步幅可略大些，手臂放松伸直摆动，手势简洁大方。行走时男士不要晃动，女士不要左右摆髋。

西服套裙走姿要求。西服套裙多以半长筒裙与西装上衣搭配，所以着装时应该尽量表现出职业装的干练、洒脱的风格特点。要求步履轻盈、敏捷、活泼，步幅不宜过大，可用稍快的步速节奏来调和，以使走姿活泼灵活。

穿高跟鞋走姿的要求。女士在正式场合经常穿着黑色高跟鞋，行走时要保持身体平衡。具体做法是：直膝立腰，收腹收臀，挺胸抬头。为避免膝关节前屈导致臀部向后撅的不雅姿态，行走时一定要把踝关节、膝关节和髋关节挺直，只有这样才能保持挺拔向上的形体。行走时步幅不宜过大，每一步要走实、走稳，这样步姿才会有弹性并富有美感。

3. 不同场合的走姿

参加喜庆活动，步态要轻盈、欢快、有跳跃感，以反映喜悦的心情；参加吊丧活动，步态要缓慢、沉重、有忧伤感，以反映悲哀的情绪；参观展览，探望病人，环境安静，不宜出声响，脚步应轻柔；进入办公场所，登门拜访，在室内这种特殊场所，脚步应轻而稳；走入会场、走向话筒、迎向宾客，步伐要稳健、大方、充满热情；举行婚礼、迎接外宾等重大正式场合，脚步要稳健，节奏稍缓；办事联络，往来于各部门之间，步伐要快捷又稳重，以体现办事者的效率和干练；陪同来宾参观，要照顾来宾行走速度，并善于引路。

### (四)蹲姿礼仪

蹲姿是人在处于静态的站姿时的一种特殊情况。在商务活动中，多用于拾捡物品、帮助别人或照顾自己。如果我们不注意低处拾物的礼仪，给对方留下了不好的印象，可能会使我们的工作前功尽弃。

下蹲时，应使头、胸、膝关节在一个水平线上，使蹲姿优美；两腿合力支撑着身体，避免滑倒。特别需要注意的是，女士无论采用哪种蹲姿，都要将双腿靠拢，臀部向下，穿旗袍或短裙时需更加留意，以免尴尬；站在所取物品的旁边，蹲下屈膝去拿，不要低头，也不要弓背，要慢慢地把腰部低下，两腿合力支撑身体，掌握好身体的重心，臀部向下。常用的蹲姿有半蹲式、高低式和交叉式三种。

1. 高低式

下蹲时，双脚不在一条直线上，且一只脚在前，一只脚在后，在前的脚全着地，小腿基本上垂直于地面，在后的脚脚掌着地，脚跟提起。后膝应低于前膝，头和腰保持一条直线，臀部向下。选用这种蹲姿时，男士两腿之间可有适当距离，女性两腿应靠紧。

2. 半蹲式

这种姿态一般用来从地上取较高的物品，如较大的手提箱等。其要求是走到物品的一侧，上身稍许下弯，但不宜与下肢构成直角或锐角，臀部应向下而不是撅起，物品在右侧，则重心放在右腿上；反之亦然。

3. 交叉式

下蹲时右脚在前，左脚在后，右小腿垂直于地面，全脚着地。左膝由后面伸向右侧，左脚跟抬起，脚掌着地。两腿靠紧，合力支撑身体。臀部向下，上身稍前倾。在实际生活中，如集体合影前排需要蹲下时，女士可采用交叉式蹲姿。

蹲姿禁忌是，弯腰拾物品时，两腿叉开，臀部向后撅起，是不雅观的姿态。两腿展开，平平下蹲，其姿态也不优雅。下蹲时注意内衣“不可以露，不可以透”。

### (五)手势礼仪

手势是通过手掌和手指的活动来传递信息的，是人际交往中不可缺少的动作。由于手是人身体上最灵活的部位，所以手势是一种表现力较强的“体态语言”，是体语中最丰富、最具有表现力的传播媒介。

规范的手势应当是手掌自然伸直，掌心向内向上，手指并拢，拇指自然稍稍分开，手腕伸直，使手与小臂成一条直线，肘关节自然弯曲，大小臂的弯曲以 130 度到 140 度为宜。掌心向斜上方，手掌与地面形成 45 度。

1. 基本手势

(1)自然垂放。

垂放是最基本的手姿，多用于站立之时。其做法有二：一是双手自然下垂，掌心向内，叠放或相握于腹前；二是双手伸直下垂，掌心向内，分别贴放于大腿两侧。

(2)夸奖。

这种手势主要用以表扬他人。其做法是，伸出右手，跷起拇指，指尖向上，指腹面向被称赞者。但在交谈时，不应将右手中指竖起来反向指向其他人，因为这意味着自大或藐视，以之自指鼻尖，也有自高自大、不可一世之意。

(3)持物。

即用手拿东西。其做法多样，既可用一只手，也可用双手，但最关键的是，拿东西时应动作自然，五指并拢，用力均匀。不应翘起无名指与小指，显得成心作态。

(4)背手。

多见于站立、行走时，既可显示权威，又可镇定自己。其做法是，双臂伸到身后，双手相握，同时昂首挺胸。

(5)鼓掌。

是用以表示欢迎、祝贺和支持的一种手势，多用于会议、演出、比赛或迎候嘉宾。其做法是，以右手掌心向下，有节奏地拍击掌心向上的左掌。必要时，应起身站立。但是，不应以此表示反对、拒绝、讽刺和驱赶之意，即不允许“鼓倒掌”。

(6)指示。

是用以引导来宾、指示方向的手势。其做法是，以右手或左手抬至一定高度，五指并拢，掌心向上，以其肘部为轴，朝一定方向伸出手臂。

2. 常见的手势

(1)双臂(横摆)式。

这种手势用来向众多来宾表示“请”或指示方向。动作要求：两手五指伸直并拢，掌心向上，从腹前抬起至上腹部处，双手一前一后，肘关节略弯曲，上身稍向前倾，两脚稍并拢，可成V字形或丁字型，面带微笑，同时加上礼貌用语。

(2)V形手势。

此手势源于英国。多数国家表示数字“2”；食指和中指分开并伸直，掌心向外，表示“胜利”(Victory)。如果掌心向内，则是骂人、贬低人的意思。

(3)横摆式。

这种手势用来指引较近的方向。表示“请”的意思时，经常采用手臂横摆式。动作要求：五指并拢伸直，掌心向上，手与前臂成一条直线，肘关节自然弯曲，手臂轻缓地向一旁摆出(与腰间呈45度至60度左右)，另一只手下垂或背在体后，两脚稍并拢，可成V字形或丁字形，同时加上礼貌用语，如“请坐”“请进”等。

(4)直臂式。

这种手势用来指引较远方向。动作要求：五指并拢伸直，掌心向上，指向要指示的方向，手臂抬到大约与肩同高。眼睛看着手指引的方向，同时加上礼貌用语，如“请一直往前走”“先生里边请”等。

(5)曲臂式。

当一只手拿东西，同时又要做出“请”或指示方向时采用。以右手为例，从身体的右侧前方，由下向上抬起，至上臂离开身体45度的高度时，以肘关节为轴，手臂由体侧向体前的左侧摆动，距离身体20厘米处停住；掌心向上，手指尖指向左方，头部随客人由右转向左方，面带微笑。

(6)OK手势。

此手势源于美国。拇指和食指合成一个圈，其余三手指伸直。在美国和英国表示“同意、赞同”“很好”的意思；在法国表示“零”或“毫无价值”；在德国表示“笨蛋”；在突尼斯表示“傻瓜”；在日本和韩国表示“金钱”；在巴西表示“粗俗下流”。

(7)伸直食指。

多数国家表示数字“1”。在法国表示“请求提问”；在新加坡表示“最重要”；在澳大利亚表示“请再来一杯酒”。

(8)跷起大拇指。

一般都表示夸奖、赞赏别人。在我国表示“好”“了不起”。在美国和欧洲一些国家，拇指上伸表示“好”“行”，但拇指左右伸则表示向司机示意搭车方向；在德国、意大利表示数字“1”；在日本表示“5”；在澳大利亚表示骂人；在希腊，拇指上伸表示“够了”，拇指下伸表示“厌恶”“讨厌”。

## 案例

### 微笑的魅力

飞机起飞之前，一位乘客请空姐给他倒一杯水吃药，空姐很有礼貌地说：“先生，为了您的安全，请稍等片刻，等飞机进入平衡飞行后，我会立刻把水给您送过来，好吗?”

15分钟后，飞机早已进入平衡飞行状态。突然，乘客服务铃声急促地响了起来，空姐猛然意识到：糟了，由于太忙，她忘记给那位乘客倒水了。当空姐来到客舱，看到按响服务铃的果然是刚才那位乘客，她小心翼翼地把水送到那位乘客眼前，微笑着说：“先生，实在对不起，由于我的疏忽，延误了您吃药的时间，我感到非常抱歉。”这位乘客抬起左手，指着手表说道：“怎么回事，有你这样服务的吗？你看看，都过了多久?”空姐手里端着水，心里感到很委屈，但是，无论她怎么解释，这位挑剔的乘客都不肯原谅她的疏忽。

在接下来的飞行途中，为了弥补自己的过失，每次去客舱给乘客服务时，空姐都会特意走到那位乘客面前，面带微笑地问他是否需要水，或者别的什么帮助，然而，那位乘客余怒未消，摆出不合作的样子，并不理会空姐。

临到目的地之前，那位乘客要求空姐把留言本给他送过去，很显然，他要投诉这名空姐，此时空姐心里很委屈，但是仍然不失职业道德，显得非常有礼貌，而且面带微笑地说道：“先生，请允许我再次向您表示真诚的歉意，无论您提出什么意见，我都会欣然接受您的批评!”那位乘客脸色一紧，嘴巴准备说什么，可是没有开口，他接过留言本，开始在本子上写了起来。

等到飞机安全降落，所有的乘客陆续离开后，空姐本以为这下完了，没想到，等她打开留言本，却惊奇地发现，那位乘客在本子上写下的并不是投诉信，相反，这是一封热情洋溢的表扬信。

是什么使得这位挑剔的乘客最终放弃了投诉呢？在信中，空姐读到这样一句话：“在整个过程中，你表现出的真诚的歉意，特别是你的12次微笑深深打动了我，使我最终决定将投诉信写成表扬信！你的服务质量很高，下次如果有机会，我还将乘坐你们的这趟航班。”

（资料来源：谷静敏，《商务沟通》，北京，国家行政学院出版社，2013。）

## 三、仪表礼仪

### 案例引入

**“精心打扮”的反作用**

小张过五关斩六将终于获得了某工厂的面试机会，作为一名会计专业的毕业生，能够进入这样的大型国企做一名会计，在现在的专科生中已经很少了。为保万无一失，面试那天，小张精心打扮了一番：身着一身很前卫的时装，佩戴着时尚的手环、造型别致的卡通表、靓丽的项链和新潮的耳坠，凸显其时尚而且风姿卓著的迷人魅力。在分组讨论环节，考官让每10个应聘者组成一个团队，讨论一个具体案例并得出自己的结论。为了给考官留下深刻印象，小张没等其他9个陌生的竞争对手说话，就建议“咱们10人分成两个小组讨论，然后集中两个小组的意见，最后留5分钟总结”，她认为应该充分展示自己的领导才能。面试结束后，小张暗自得意，满以为胜券在握。可面试的结果却出乎她的预料，她落选了。人事经理很抱歉地告诉她：“您很出色，考官们对你的能力很认可，但都觉得您不太适合干会计这个岗位，抱歉。”

（资料来源：谷静敏，《商务沟通》，北京，国家行政学院出版社，2013。）

**（一）仪表基本规则**

仪表，即人的外表，包括容貌、举止、姿态和风度等。在政务、商务、事务及社交场合，一个人的仪表不但可以体现文化修养，也可以反映审美趣味。穿着得体，不仅能给人留下良好的印象，而且还能够提高与人交往的能力。

1. 着装的三色原则

当人们穿着各式各样的服装出入各种社交场合时，最引人注目的是其服装色彩。色彩是服装中最活跃、最积极的因素。色彩能表达人们的审美情趣，流露出其心境和情感，引起丰富的联想。衣着配色和谐，能给人以优雅、高贵的感觉；色彩搭配不当，即使衣着考究，精心打扮，也难以收到理想的效果。所以说，色彩是服饰的灵魂。

常用的服饰配色和谐的方法有以下几种。

(1)呼应配色。

服装的色彩上下呼应或内外呼应。例如，上穿黑底红花纹上衣，下着黑色裤子；穿西装讲究鞋子和皮包同色。这种搭配方法也适合于各种场合的着装配色。这样的服装色彩给人以遥相呼应和统一协调的感觉。

(2)上下装同色。

有两种情况，一种是上下装同色，明度、纯度完全相同，通常是套装，以饰物点缀；另一种是用同一种色相，但明度、纯度有所不同的色彩搭配，即同色系配色。如深红与浅红、橙色与黄色等，这种利用同色系中深浅、明暗度不同的颜色搭配给人以柔和、自然和协调的色彩美。这种搭配方法通常适合于工作或庄重的社交场合着装的配色。

(3)对比色搭配。

利用明亮度对比或相互排斥的颜色对比搭配，可以使着装在色彩上形成强烈反差，静中有动，突出个性。这种搭配方法适合于各种场合的着装配色。运用得当，会有相映生辉、令人耳目一新的亮丽效果。年轻人着上深下浅的服装，显得活泼、飘逸、富有青春气息。中老年人采用上深下浅的搭配给人以稳重、沉着的静感。

(4)点缀配色。

补色之间是相互对抗的，如红和绿、黄与紫搭配在一起会过于醒目、刺激。可以进行点缀和过渡，如在红衣绿裙之间增加一条白色的腰带，就可以使两种颜色面积与分量有取舍。可在大面积的一种色彩上，点缀一点其他的补色，这样就会既鲜明又不刺眼，形成强烈的对比美。例如，穿一身浅驼色的衣服，露出红色的衬衣领，这一点红色使整个服装的色彩“活”了起来，起到画龙点睛的作用。

2. *着装的 TOP 原则*

在社交场合中，正确着装是一个礼仪的要素，提倡着装 TOP 原则是世界通行的着装礼仪基本原则。TOP 是英文 Time(时间)、Object(目标)或 Occasion(场合)、Place(地点)三个单词的首写字母。它的基本含义是要求人们在选择和穿着服装时，必须要考虑着装的时间、目标或场合和地点协调一致，要求人们的服饰应力求和谐，以和谐为美。

(1)时间。

“T”代表时间，意味着着装要顾及时间的变化，具有三层含义：一是指早、中、晚每天不同的具体时间；二是指春、夏、秋、冬不同的季节；三是指时代感，符合时代服装潮流趋势。例如，寒冷的冬天，应该穿保暖、御寒的服装，同时服装的基本色调以深色为主；炎热的夏天，应该穿吸汗、透气性好、纳凉的服装，同时服装的基本色调以浅色为主。白天要参加各种活动，与他人见面，衣服穿着应该得体、严谨；晚上一般居家不外出，穿着应该随意、休闲等。如果一个人的穿着打扮不按时代、季节，不分白天、夜晚，那肯定让其他人难以理解和接受，更谈不上美了。

(2)目标或场合。

“O”代表目标、对象、主体、着装者和场合等含义，是指着装应根据着装者的自身特点，根据不同的交际目的、具体的交集对象和所处的场合，选用不同的服装，给人留下好的印象，以便商务活动顺利开展。简而言之，就是要求穿着得体而应景。

首先，选择服装应该与着装者的年龄、身份、体型、肤色、性格和谐统一。年长者和身份地位高者，选择服装款式不宜太新潮，款式简单而面料质地则应讲究。青少年着装则着重体现青春气息，以朴素、整洁为宜，清新、活泼最好。着装时一定要考虑自己的肤色，衣着同时要体现自己的职业、身份和特点，表现出内在的素养。

其次，选择服装应该与交际的对象与目标相适应。着装选择应考虑沟通交往的目的。如果希望向交往对象推销自己的产品，则应事先了解对方的性格特点和着装风格，并尽量使自己的着装风格趋向于对方，有助于自己得到对方的认可。

最后，选择服装应该与交际的场合相适应。不同的场合有不同的服饰要求，只有与特定场合的气氛一致、相融洽的服饰，才能产生和谐的审美效果，实现人景相融的最佳效应。人们社交活动的场合大体有公务场合、公共场合和休闲场合三类，在不同的场合，人们服装的颜色、款式和面料都应该有所不同。

(3)地点。

“P”代表地点，时间和空间总是紧密相依的。着装也总处在一定的空间和地点当中。所以，服饰需要与不同环境相协调，以获得视觉和心理上的和谐感。例如，穿泳装出现在海滨、浴场是很正常的，但若穿着它去上班、逛街，则会令人哗然。

简而言之，职场服装的选择，其基本的特点是端庄、简洁、持重和亲切。

**(二)职场女性着装礼仪**

女士在着装的时候需要严格区分职业套装、晚礼服以及休闲服，它们之间有着本质的差别。在着正式的商务套装的时候，无领、无袖或者是领口开得太低、太紧身的衣服应该尽量避免。衣服的款式要尽量合身，以利于活动。在选择服装的时候要根据自己的体型、发色和肤色来选择颜色和样式。

西服套裙是女性的标准职业着装，可塑造出有力量感的形象。质料的讲究是不折不扣的事实。所谓质料，是指服装采用的布料、裁制手工和外形轮廓等条件是否精良。职业女性在选择套装时一定不要忽视它。选择合适的套裙主要体现在以下几个方面。

1. 款式

套裙款式的变化主要体现在上衣和裙子方面。上衣的变化主要体现在衣领方面，除常见的平驳领、驳领、一字领和圆状领之外，青果领、披肩领和燕翼领等并不罕见。裙子的式样常见的有西装裙、一步裙、筒式裙等，款式端庄，线条优美；百褶裙、旗袍裙、“A”字裙等，飘逸洒脱，高雅漂亮。

2. 色彩

应当以冷色调为主，借以体现出着装者的典雅、端庄与稳重。一套套裙的全部色彩不要超过两种，不然就会显得杂乱无章。

3. 面料

最好是纯天然质地又是质量上乘的面料。上衣、裙子及背心等应选用同一种面料。在外观上，套裙所用的面料，讲究的是匀称、平整、滑润和光洁，不仅有弹性、手感好，而且应当不起皱、不起毛、不起球。

4. 图案

按照常规，商界女士在正式场合穿着的套裙，可以不带任何图案。

5. 点缀

不宜添加过多的点缀。一般而言，以贴布、绣花、花边、金线、彩条、亮片、珍珠和皮革等加点缀或装饰的套裙都不适宜商界女士穿着。

6. 尺寸

上衣不宜过长，下裙不宜过短。裙子下摆恰好达小腿最丰满处，乃是最为标准、最为理想的裙长。紧身式上衣显得较为正统，松身式上衣则看起来更加时髦一些。

7. 造型

“H”形上衣较为宽松，裙子多为筒式；“X”形上衣多为紧身式，裙子大多为喇叭式；“A”形上衣为紧身式，裙子则为宽松式；“Y”形上衣为松身式，裙子多为紧身式并以筒式为主。

选择和套裙配套的衬衫：与套裙配套穿着的衬衫，有不少讲究。从面料上讲，主要要求轻薄而柔软，比如真丝、麻纱、府绸、罗布、涤棉等，都可以用作其面料。从色彩上讲，则要求雅致而端庄，不失女性的妩媚。除了作为“基本型”的白色外，其他各式各样的色彩，包括流行在内，只要不是过于鲜艳，并且与所穿的套裙的色彩不相互排斥，均可用作衬衫的色彩。不过，还是以单色为最佳之选。同时，还要注意，应使衬衫的色彩与所穿的套裙的色彩互相般配，要么外深内浅，要么外浅内深，形成两者的深浅对比。

选择合适的鞋袜：选择鞋袜时，首先要注意其面料。女士所穿的与套裙配套的鞋子，宜为皮鞋，并且以牛皮鞋为上品。同时所穿的袜子，则可以是尼龙丝袜或羊毛袜。鞋袜的色彩则有许多特殊的要求。与套裙配套的皮鞋，以黑色最为正统。此外，与套裙色彩一致的皮鞋亦可选择。但是鲜红、明黄、艳绿和浅紫的鞋子，则最好不要试。穿套裙时所穿的袜子，可有肉色、黑色、浅灰、浅棕等几种常规选择，只是它们宜为单色。多色袜、彩色袜以及白色、红色、蓝色、绿色、紫色等色彩的袜子，都是不适宜的。

鞋袜在与套裙搭配穿着时，要注意其款式。与套裙配套的鞋子，宜为高跟、半高跟的船式皮鞋或盖式皮鞋。系带式皮鞋、丁字式皮鞋、皮靴、皮凉鞋等，都不宜采用。高筒袜与连裤袜，则是与套裙的标准搭配。中筒袜和低筒袜绝对不宜与套裙同时穿着。

女士的丝巾：丝巾是女士的重要装饰品。面对琳琅满目的丝巾花色。我们该如何进行选择和搭配呢？只要掌握以下几个简单要点，就很容易“驾御”丝巾的色彩。

花色服装搭配单色丝巾，会比较耐看。最关键的技巧是，在花色服装的数种颜色当中，有一种颜色与丝巾颜色一致或极为相似。如果满足这一点，通常丝巾与服装之间很容易“相安无事”，不会有突兀之感。

提示：以单色丝巾搭配花色衣服的时候，可以在花衣服的各元素色中寻找灵感。

单色服装搭配花色丝巾会比较“出彩”。最关键的技巧是，在花色丝巾的数种颜色当中，有一种颜色与服装颜色一致或极为相似。如果满足这一点，通常丝巾与服装之间很容易“相安无事”，不会有突兀之感。

提示：购买花色丝巾的时候，要找到自己常穿服装的“颜色元素”。

单色丝巾配单色服装，只要不违反色彩搭配原理即可。花色服装搭配花色丝巾，要格外小心了。

提示：花丝巾配花衣服的时候，两种花色的形态及色调都要尽量协调一致，否则，稍不留神就会令人产生“眼花缭乱”的感觉。

以上讲的是丝巾的一般配色技巧，在实际操作中还可以根据自己的喜好自由发挥，比如用花色中的基础色的“对比色”来强调个性等。选择丝巾的时候，丝巾的色调要适合自己的皮肤颜色。

丝巾对女性穿着搭配非常重要。巧用丝巾，会收到非常好的装饰效果。常见的丝巾打法有以下几种。

西班牙结。其打法是将丝巾对折成三角形；三角形垂悬面在前方；两端绕至颈后打结固定；调整正面折纹层次。宽松帅气的西班牙结，搭配衬衫外面。

巴黎结。其打法是利用重复对折将方巾折出领带形，绕在颈上打个活结；将上端遮盖住结眼，并将丝巾调整至适当位置。

领带结。其打法是将领巾对折再对折成领带形；较长的一端绕过较短的一端，穿过领巾内侧向上出；穿过结眼由下拉出，并调整成领带形。搭配洋装，优雅出色。搭配衬衫，有简单的中性美感。

牧童结。其打法与西班牙结相同，拉高领巾，调整正面折纹，形成多层次的牧童结。

凤蝶结。其打法是折出斜角口长带后，将一端拉长套在颈上，打个结；将长的一端打个圈，短的一端绕过圈，打出单边蝴蝶结；将单边蝴蝶拉好，结眼移到侧边，调整形状。柔美的凤蝶结，很适合上班或正式的聚会。

海芋结。其打法是将方巾重复对折，稍微扭转后绕在颈上；重复打两个平结，并让两端保持等长；将两端分别置于胸前及肩后。柔美简单的海芋结，出门时选一条方巾，保暖又具时尚感。

竹叶结。其打法是将方巾重复对折成领带形；将方巾绕在脖子上，较长的一端绕过另一端穿过颈部内侧，再由结眼拉出；将长的一端拉出后，拉紧固定，调整尾端与结的位置；随服饰调整竹叶结两端，轻松典雅。

### (三)男性职场人员着装礼仪

西装，又称西服、洋服。它起源于欧洲，以其设计造型美观、线条简洁流畅、立体感强、穿着舒适和适应性广成为当今国际上最标准、最通用的礼服，在各种礼仪场合都被广泛穿用。目前在男装中，尤其是商务男士的着装中，最普遍的是西装。西装美观大方、系统、简练、富于风度。"西装七分在做，三分在穿"，西装的穿着要合乎礼仪要求，搭配齐全合理。

西装穿着细则如下。

1. 衬衫的穿法

与西服配套的衬衫应当是正装衬衫，应挺括、整洁、无皱褶，尤其是领口与袖口。正装衬衫主要以高织精纺的纯棉、纯毛制品为主。以棉、毛为主要成分的混纺衬衫可酌情选择。正装衬衫为单一色彩。在正规的商务应酬中，白色衬衫是商务男士的唯一选择。除此之外，蓝色、灰色、绿色、黑色有时也可加以考虑。正装衬衫以无任何图案为最佳。在一般性的商务活动中，可以穿着较细的竖条衬衫，但必须禁止同时穿着竖条的西装。

正装衬衫的领形多为方领、短领和长领。衬衫衣领选择时，应与个人的脸型、脖子及领带结的大小结合，不能使他们相互反差太大。有时可选用扣领的衬衫。立领、翼领和异色领的衬衫不适合同正装西装相配。正装衬衫必须为长袖衬衫。

衬衫有单层袖口和双层袖口之分。双层袖口的衬衫又称法式衬衫，主要作用是佩戴装饰性袖扣(又叫链扣、袖链)，可为自己平添高贵而优雅的风度。在国外，袖口是商务男士在正式场合所佩戴的重要饰物。但若将其别在单层袖口的衬衫上，就不伦不类了。

正装衬衫以无胸袋为佳。如果穿着有胸袋的衬衫，要尽量少往胸袋内放东西。

除了上述问题外，还要注意正装衬衫大小要合身，尤其衣领、胸围要松紧适度，下摆不宜过短。穿西装的时候，衬衫的所有纽扣(不管是衣扣、领扣还是袖扣)都要全部系好。衬衫的袖长要适度，最美观的做法是令衬衫的袖口恰好长出西装袖口的1厘米左右，以放下手臂时刚好看不见为准；衬衫衣领应高出西装0.5厘米，以保护西装衣领，增加美感。

穿长袖衬衣时，不论是否穿外衣，都必须将其下摆均匀而认真地掖进裤腰之内。商务男士在自己的办公室里，可以暂脱下西装上衣，直接穿着长袖衬衫、打着领带，但不能以此形象外出办事，否则就会有失体统。

2. 西装的领带

领带被称为“西装的灵魂”。一般而言，穿西装套装是要打领带的。穿单件西装时，领带则可打可不打。不穿西装的时候，通常可以不打领带。正式场合要使用真丝领带、单色领带和多色领带，多色领带一般不要超过三种色彩。用于正式场合的领带，其图案应规则、传统。领带打好后，外侧应略长于内侧，领带下端长度应当在腰带扣上下端之间。不要在正式场合用“易拉得”领带。领带的位置应处于西装上衣与内穿的衬衫之间。

领带的系法颇有讲究，其基本要求是：要令其挺括、端正，并且在外观上呈倒三角形。领带结的具体大小最好与衬衫衣领的大小成正比。在正式场合露面时，务必要提前收紧领带结。领带的系法多种多样，对于商务男士来说，可根据不同场合及领带本身材质采取不同的系法。常用的系法有平结、交叉结、双环结、温莎结及双交叉结五种。

(1)平结。平结是大多数男士选用的领结打法之一，适用于各种材质的领带。要诀：领结下方所形成的两边凹洞应均匀且对称。

(2)交叉结。该系法是对于单色素雅质料且较薄领带适合选用的领结，对喜欢展现流行感的男士不妨多加使用交叉结。

(3)双环结。一条质地细致的领带再搭配上双环结颇能营造时尚感，适合年轻的上班族选用。该领结完成的特色就是第一圈会稍露出于第二圈之外，切勿刻意盖住。

(4)温莎结。温莎结适合用于宽领型的衬衫，该领结应多往横向发展。应避免材质过厚的领带，领结也勿打得过大。

(5)双交叉结。这样的领结很容易让人有一种高雅且隆重的感觉，适合正式的活动场合选用。该领结应多运用在素色且丝质领带上，若搭配大翻领的衬衫，不但适合且有一种尊贵感。

3. 西装的纽扣

纽扣一般而言，站立之时，西装上衣纽扣应当系上，以示郑重其事。就座之后，西装上衣的纽扣则要解开，以防其“扭曲”走样。内穿羊毛衫，外穿单排扣上衣时，站立时可不系上衣的纽扣。系单排两粒扣式的西装上衣时，“扣上不扣下”。系单排三粒扣式的西装上衣时，可只系中间的纽扣，也可只系上面两粒纽扣。系双排扣式的西装上衣时，纽扣都要系上。穿西装背心，不论是单独穿着，还是穿着它同西装上衣配套，都要系上纽扣。西裤纽扣要全部系上，拉锁要拉好。

4. 袜子

袜子对男士的要求比较简单，颜色上一般倾向于深色的，如蓝、黑、灰、棕等。不要穿白袜子，也不要穿彩袜、花袜或发光、发亮及浅色的袜子。穿西装时，袜口不要露出来。商务男士在穿袜子时，必须遵守三项基本规则：袜子干净、袜子完整、袜子合脚。

5. 鞋子

穿西装要穿皮鞋，一般来说，皮鞋与西装最为匹配，颜色应为深色和单色，黑色最适合配西装套装。皮鞋的款式要庄重、正统。皮鞋要勤换、勤晾，鞋面要无尘，鞋底要无泥，鞋垫要相适宜，尺码要适当。除了进入需要脱鞋的专门场所外，不要当众把脚从鞋里伸出来。在社交场合不应该出现扎鞋带的举动。不管哪一种鞋子，既不应该拖地，也不应该跺地，这样不仅制造噪音，也会给别人留下不好的印象。

穿西装应注意的问题如下。

1. 拆除商标

穿西装前，务必要将上衣左袖口处的商标等物拆剪掉，切不可穿着以显示西装的品牌和档次。

2. 熨烫平整

不论是新的还是已经穿过的西装，必须要在穿之前将其洗干净，而且一定要熨烫，使其平整、挺括，线条笔直，这样才能显示西装应有的韵味。

3. 穿着整齐

在社交活动中穿着西装时，无论在何种情况下，都不得将衣袖卷起、裤筒挽起。同时，不要在众人面前随意将上衣脱下，更不要将西装上衣当作披风一样披在肩上；在西装的上衣内，除了衬衫与背心外最好不要再穿其他任何衣物。如果是出于保暖的需要，可穿上一件单色、薄的、V开领的羊毛衫或羊绒衫，而不要穿色彩、图案繁杂的毛衫或扣式毛衫，领带应置于毛衫与衬衫之间。衬衣内可配内衣或背心。西装的上衣口袋一般只装一块干净且叠法讲究的丝质手帕，与领带的色、质、纹相配，且多用于社交活动中。西装的其余口袋也不宜放其他物品。西裤两侧的口袋可以放纸巾、钥匙包或零钱包。

4. 和谐的色彩搭配

西装穿着时要注意色彩搭配。如果西装很合体，但没有处理好色彩搭配，也同样穿不出西装的品位。色彩搭配上要讲究“三色原则”和“三一定律”。“三一定律”是男士在正式场合穿着西装外出时，身上有三个部位的色彩必须协调统一，这三个部位是指鞋子、腰带和公文包的色彩必须统一起来。最理想的选择是鞋子、腰带和公文包皆为黑色。

饰品礼仪如下。

在公众场合，人们不仅要注意服装的选择，还要注重服装的配件的选配。人们常将钢笔、手表和打火机看作男士三大配件，并将其当作男士身份的象征。男性应携带至少一支钢笔和一支铅笔，可放在公文包里，也可放在西装上衣内侧的口袋里，但绝不能插在西装上衣外侧的口袋里。有身份的男士在交际中最好带一支高档、气派一些的钢笔。

手表的佩戴因人而异，在涉外交往中最好要戴机械表，不要戴潜水表、太空表或卡通表。打火机可以当作装饰品，也可作为礼品。但在社交场合一定要记住，不要只顾夸耀自己的名牌打火机而冷落了其他人。

无论是房间钥匙还是汽车钥匙，都应放在钥匙包里，或放在西装上衣内侧的口袋或公文包里。绝不要把钥匙别在腰带上，否则走起路来哗哗作响，有失庄重。细节决定成败，配件虽小，却反映了一个人的品位与性格，在社会活动中，如何用典雅恰当的配件点缀服饰，主要取决于衣着的品位与配件内涵间的相互匹配，取决于个人在社会活动中是否尊重自己，是否尊重别人，是否愿意在别人心中留下一个好印象。

## 思考与训练

一、化妆训练

1. 实战训练

(1)教师给一位同学化一个完整的裸妆，边化妆边讲析每道程序的注意事项。

(2)课前同学们自备化妆品。

(3)同学之间分组进行练习。

(4)老师到各组及时解决学生在化妆中遇到的问题。

(5)首先由学生自评，最后由老师进行点评。

2. 注意事项

(1)化妆要注意自然协调，不留痕迹。无论什么妆，切忌抹上厚厚的一层。

(2)如果妆面残缺，应及时卸妆，不可在原妆上再涂新的化妆品，否则会使妆容失去光泽，也对皮肤不好。

(3)在彩色灯光的照射下，要注意化妆品颜色的选择，应用发亮的化妆品，涂抹的范围不宜太大。

3. 项目评价表

最后制作一张化妆评价表。

二、着装训练

1. 实战训练

(1)老师示范几种常用领带和丝巾的系法。

(2)同学之间两人为一组相互练习系领带。

(3)老师在同学们之间边辅导边进行点评。

2. 注意事项

(1)着装不需要多么豪华时尚，但应经常换洗衣服，保持自己的衣服干净整洁。

(2)要令其挺括、端正，并且在外观上呈倒三角形。领带结的具体大小，最好与衬衫衣领的大小成正比。

3. 项目评价表

制作一张着装评价表。

三、仪态仪表训练

1. 实战训练

(1)坐姿训练。几位同学(男女)上台表演不同的坐姿，师生共同来纠正错误。

(2)走姿训练。几位同学(男女)上台表演，体会标准走姿的要领(可采取头部顶书法)。

(3)蹲姿训练。几位同学(男女)上台表演不同的蹲姿，师生共同来纠正错误。

2. 注意事项

(1)公共场合不可用手抓挠身体任何部位，如抓耳挠腮、挖耳鼻、揉眼搓泥垢、随意剔牙、修剪指甲和梳理头发等。

(2)避免臀部向后撅起等不雅观的姿态。

3. 项目评价表

制作一张仪态礼仪评价表。

## 本章小结

本章主要讲述了入职前的沟通技巧、面试的技巧、与上司或下属的沟通技巧以及职场中的形象塑造等内容。

了解入职前的沟通技巧包含的三个主要方面：职前准备、求职信、个人简历。

熟悉求职信的格式和个人简历的写法，了解其中的注意事项和写作技巧，并且能够熟练运用到职场中。

了解面试时自我介绍的几个要点，并能够运用到自我介绍当中。掌握面试时的问答技巧，在压力面试或者群体面试中也能够应对自如。

了解面试的礼仪形态，根据自身情况和面试场景，有选择性地运用到实际生活中。

了解与上司或者下属的沟通，应该从哪些方面深入，明白二者关系沟通中的注意事项。

掌握基本的仪容修饰、仪容美的含义及基本要求；美容化妆的原则和要求；着装的基本技巧；了解仪态礼仪的基本内容。

掌握着装的TOP原则，以及系领带的方法，能根据自身特点和不同场合，合理地搭配服饰，养成良好的着装习惯。

# 第七章　商务谈判

## 学习目标

1. 学习商务谈判基本概念、原则。
2. 学习商务谈判的策略与各阶段的沟通技巧。
3. 学习商务谈判的语言和行为沟通艺术。

## 第一节　商务谈判概述

### 案例引入

战国时期，宋国有一养猴人，因粮食匮乏，不得不对猴子的“口粮”进行限量供应。

于是，他就和猴子们商量：“现在粮食不够了，你们得节约点吃。从现在起，你们每天早晨吃 3 颗橡子，晚上吃 4 颗，怎么样?”群猴听了大为不满，嚷嚷说：“太少了！怎么早晨吃的还没晚上多?”

养猴人见群猴激愤，连忙改口说：“好，好，好。那么每天早晨吃 4 颗，晚上吃 3 颗，怎么样?”群猴这回都高兴地跳起来，觉得早晨吃的比晚上多了，自己取得了胜利。

（资料来源：梁辉，《有效沟通实务》(第二版)，北京，中国人民大学出版社，2015。）

### 一、商务谈判的定义

商务谈判是一项集政策性、技术性、艺术性于一体的社会经济活动，它除了包含一系列经济活动的特点以外，同样具有一般谈判的特征。因此在讨论商务谈判特点以前，有必要了解一下商务谈判的共性。

什么是商务谈判？按照一般的认识，谈判是为了协调彼此的关系，满足各自的需要，通过协商而争取达到意见一致的行为和过程。

### (一)什么是商务谈判

1. 商务谈判的定义

商务谈判，是指一切有形或无形产品的交换中的协商洽谈行为，也指买方与卖方之间为了促进买卖成交而进行的，或是为了解决买卖双方之间争议或争端，并取得各自的经济利益而进行的一种人际协商行为。

2. 商务谈判过程

商务谈判一般分为四个阶段。

第一，准备阶段。这个阶段主要是收集谈判信息、制订计划(方案)、准备谈判人员、设计或协商谈判程序和选择谈判时间与地点。

第二，开局阶段。谈判开局对整个谈判过程起着至关重要的作用，它往往关系到双方谈判的诚意和积极性，关系到谈判的格调和发展趋势，一个良好的开端将为谈判成功奠定良好的基础。因此，这个阶段主要是建立谈判气氛、设计策略和激发对方的交易欲望。

第三，中局阶段。这个阶段是商务谈判的实质阶段，其主要内容包括处理需求、排除障碍、应变、施加压力、接触压力、让步及妥协并取得进展。

第四，收尾阶段。这个时候双方基本上进入签约阶段了。所以主要工作为达成协议、解决遗留问题、完善细节、条款确认、草签协议。

3. 商务环境中的谈判者

商务环境中的谈判者有以下几种类型。

第一，经纪人。旧称“掮客”，主要是联系买卖，沟通买卖双方，促成交易的达成，从而获取佣金。

第二，代理人。根据制造商授权，以制造商的名义开展营销活动，从而获得佣金，同代理人谈判，相当于同其所代表的公司谈判。

第三，商品的供应者。如经销商、批发商，自己不生产商品，但为消费者或组织市场提供商品供应。

第四，制造商。一般是机械设备、零部件和原材料的生产者，通常不通过中间商而是直接销售给客户。

第五，进出口公司。在我国，主要是从事国际贸易的专门机构，打交道的主要是外商。

供应商主要着眼于和需求方建立长期的合作伙伴关系，因此争取双赢是其谈判的基本原则。也就是说，谈判的关键是要认识到谈判各方面所做的让步都是有代价的，以此获得对自己有价值的东西。只有这样，谈判者才会感到他们是成功的。要达到这样的效果，就必须明白什么是己方认为有价值而对方认为无价值的东西。胜利是人人都想得到的，而且谈判可以以双方都胜利而结束，即我们常说的“双赢”。当工会与资方谈判时，工人们会获得更多的报酬，同时资方可获得提高生产率的保证。

### (二)商务谈判的原则

商务谈判中，既要保证自己的合理利益，又要达到预定目标，并不是一件轻松的工作，但是它又是有规律可循的，如果按照一定的原则，就一定能够有更好的结果。

1. 公平原则

同谈判对手进行的竞争应该是一种“公平竞争”，同潜在的合作外商的谈判应建立在平等互利的基础上，因为正如博弈中所表明的，一个商人在不公平的竞争中失败了，在今后的合作中一定会采取消极的态度。

但是，世上没有绝对的公平。就如将一笔财富在穷人之间分配，无论是将财富平均分配还是进行不平均的分配，都各有道理。过程的公平比结果更重要。机会的平等是今天能做到的最大公平。因此，在一个公平的机制下进行的谈判，才能使双方信服和共同遵守。

2. 兼顾双方利益原则

兼顾双方利益就是要达到双赢。商务谈判并不是在商务冲突出现时才进行。商务谈判是谈判各方当事人在追求共同商业目标，实现双方商业利益整个过程中一个不断地化解冲突、实现谈判者最大利益的手段。实践证明，在竞争越来越激烈的市场上，谁能够有效地掌握这一手段，谁就会在商务活动中顺利地实现自己的商业目标，取得自己期待的主要商业利益。谈判结果并不一定是“你赢我输”或“我赢你输”。谈判双方首先要树立“双赢”的概念。一场谈判的结局应该使双方都要有“赢”的感觉。所谓双赢就是你的利益必须以对方利益的存在为前提。国际商务活动中，谈判的双方或多方都有着一定的共同利益，但他们之间也存在商业利益冲突。应该承认，商务活动中无时无刻不充满着矛盾和冲突，而关键是我们如何运用有效的手段来化解这些矛盾和冲突，具体可以通过以下方法达到。

第一，尽量扩大总体利益。这也就是我们俗称的“把蛋糕做大”。有些人在谈判的一开始就急于拿刀去切蛋糕，以为蛋糕就这么大，先下手为强，可以多切一些。其实，这种做法并不明智。谈判中如果通过双方的努力降低成本，减少风险，使双方的共同利益得到增长，这将使双方都有利可图。

有两个人都想要一个橘子，但是让他们头疼的是只有一个橘子，于是他们商量了一会儿，决定最好的方式是从中间分开，各要一半。为了保证公平，他们决定一个人切，一个人选。然后当谈论各自用途时，他们发现一个需要榨汁，另一个需要橘皮做蛋糕。他们奇迹般地发现他们都能赢，没有人输。

第二，分散目标，避开利益冲突。只有利益分散，各得其所，才不至于产生矛盾。在项目谈判中，要善于营造一个公开、公平、公正的竞争局面，以利于扩大自己的选择余地，从而在技术方案制订、资金运作、合作伙伴选择等方面获得有利地位，也有利于打破垄断，避免因不了解情况而陷入被动局面。

第三，消除对立。在谈判中，双方经常由于对同一问题期望的差异而导致谈判进程受阻。

第四，不要在立场上讨价还价。在立场上争执不休，肯定会导致降低谈判的效率，可能会使谈判陷入僵局，甚至使谈判破裂，也可能会使谈判变成一种意志的较量，从而严重损害双方关系。

为对方着想，从对方角度设计一个能让其满意的方案，达到己方的目的，这是上上策。事实上，很多情况，双方只要认准最终目标，在具体问题上可以采取灵活的态度，问题就能迎刃而解。

因此，妥协有时是种让步，在某些时候则仅仅是为了寻求折中的替代方案。退一步的目的永远是进两步，能够创造性地提出妥协方案，是一个谈判者成熟的标志。当然，也不是任何事情都可以妥协，在原则问题上是不允许退让半步的。但是，在非原则问题上，如果你能找到可以退让的地方，并在适当的时候运用，打破僵局，就能抓住谈判中的主动权。

3. 时间原则

时间的价值体现在质与量两方面。所谓质是指要抓住时机，该出手时就出手。所谓量是指谈判中快者败，慢者胜。谈判中切忌焦躁，要懂得慢工出细活。在谈判中装聋作哑，最后使对方问我们“你觉得该怎么办”，从而达到自己目的的例子很多。同时要注意时间的结构，凡是己方想要的，己方能给的，就先谈、多谈；凡是对方想要的，己方不能放的，就后谈少谈。在会谈前先摸清对方的行程时间安排，在看似不经意间安排与会谈无关的内容，最后使对方不得不草草签订有利于己方的协定，这样的例子在商务谈判案例中不胜枚举。

### 案例

1995 年 4 月 20 日，德国某大公司的总裁及其夫人带领包括技术、财务等部门的副总裁组成了一个高级商务代表团去日本进行一次为期 8 天的谈判，刚下飞机便受到了日方公司的热情接待。在盛情款待中，总裁夫人告诉了日方接待职员回程机票的日期。日本人便安排了大量的时间让德国人到处参观、游览，让其领略东方文化并回赠了大量礼品，直到最后两天，方把一大堆问题摆在谈判桌上去讨论。由于时间仓促，德国人不自觉地做出了许多不必要的让步。

（资料来源：王皓白，《商务沟通》，杭州，浙江大学出版社，2011。）

4. 信息原则

永远不要嫌了解对手太多。对对方了解越多，就越能抓住对方的弱点，从而进行有力的回击。

### 案例

意大利著名女记者奥琳埃娜·法拉奇(Oriana Fallaci)正是通过这种方法而获得许多重大内幕资料的。有一次，法拉奇采访亨利·基辛格(Henry Kissinger)博士说：“你简直变得比总统的名气还大，你有什么窍门?”基辛格不想回答，反问法拉奇：“你的意思呢?”法拉奇说：“我可不清楚，我正想通过这次采访找到其中的奥妙——我的意思是说，就像一名高明的棋手，你走了几手绝招(这里指基辛格的中国行)。”这样一说，基辛格顿时神采飞扬，滔滔不绝地叙述了一些中美外交史中的秘密。见报后，基辛格自己也不明白自己怎么会泄露这么多的内幕。虽然记者采访时的提问与我们谈判中的提问有很大不同，但对我们在谈判中如何提问，怎样提问更有力、更有艺术性，是很有借鉴意义的。

（资料来源：王皓白，《商务沟通》，杭州，浙江大学出版社，2011。）

运用信息原则需要注意以下几点。

(1)隐瞒信息，制造假信息。在懂得如何获得有用信息时，还要会制造“烟幕弹”，制造假信息来迷惑对方，或者在似有似无中给对方传递一些使其恐慌的内容，给对方造成压力，从而更好地达到自己的目的。

(2)注重无声的细节。如眼、手等肢体语言，这些无声的信息都向我们传递着谈判对手的内心世界。

(3)收集信息，正确反应。获取信息的途径有很多，无论是公开的，还是隐秘的。但是事实证明，90%的信息可以通过合法的渠道获得，另外10%的信息可以通过对90%的信息分析获得。这也就是说，一个具有很强观察力的人，可以对公开的信息进行分析，从而看到隐藏在表象下的内容，从而找到自己想要的答案。

5. 谈判地位原则

所谓谈判地位是指你在谈判对手心目中的地位。谈判中如果双方处于不平等地位，那么谈判将无法进行。想要提高谈判地位，可以通过暴露专业身份、制造竞争、坚持到底的耐心和放松的心情来达到。

6. 谈判心理活动原则

谈判中既要具体问题具体分析，满足对方心理需求，又要善于利用时机乘胜追击、扩大战果，因此，谈判人员要善于揣测对方的想法。具体表现在慎用负面言语、语言要具有引导性、能用反问绝不用陈述等方面。

谈判不仅是一门很重要的学问，更是一门艺术。每一次谈判既是一次新的挑战，也是一次新的机会。唯有高度的技巧、快速的反应以及无数次实战的经验，才能化险为夷，创造双赢的结果。在商务谈判中，只有遵守以上原则，才能更好地争取合作条件，达到双方满意的效果。

## 案例

1984年，山东某塑料编织袋厂厂长获悉，日本某株式会社准备向我国出售先进的塑料编织袋生产线，立即出马与日商谈判。谈判桌上，日方代表开始开价240万美元，中方厂长立即答复："根据我们掌握的情报，贵国某株式会社所提供的产品与你们完全一样，开价只有贵方的一半，我建议你们重新报价。"一夜之间，日本人列出详细价目清单，第二天报出总价180万美元。随后在持续9天的谈判中，日方在130万美元的价格上不再妥协。中方厂长有意同另一家西方公司进行了洽谈，日方得悉后，立即将总价降至120万美元。中方厂长仍不签字，日方大为震怒，中方厂长拍案而起："先生，中国不再是几十年前任人摆布的中国了，你们的价格、你们的态度都是我们不能接受的！"说罢把提包甩在桌上，里面那些关于西方某公司设备的照片散了满地。日方代表大吃一惊，忙说："先生，我们的权限到此为止，请允许我同厂方联系请示后再商量。"第二天，日方宣布降价为110万美元。中方厂长在拍板成交的同时，提出安装所需费用一概由日方承担，又迫使日方让了步。

（资料来源：王皓白，《商务沟通》，杭州，浙江大学出版社，2011。）

## 思考与训练

一、请谈谈你对谈判原则的理解

二、案例讨论

有位老板想付3万元年薪雇用A先生在他公司任职，A先生提出5万元年薪的要求，老板没说“就3万元，接不接受随你便”的话，因为这太伤人、太无理了。老板说：“你应该得到你所要求的，这很合理。只是在这个级别的薪酬等级中，我所能提供给你的薪水是2.8万～3万元之间，你想要多少？”A先生说：“我想要3万元。”老板略加抵抗地说：“2.9万元，你认为怎么样？”A先生说：“不，我要3万元。”老板叹了口气说：“好吧，如果你坚持，我只好答应了，就3万元吧。”明明是老板的意见，最后竟成了谈判对手坚持要老板让步的意见及其努力的目标，这样的谈判是不可能不成功的。

(1)以上案例中老板输了吗？为什么？

(2)在这个案例里可以看到哪些谈判原则？

三、测测你的商务谈判能力

1. 你认为商务谈判(　　)。

A. 是一种意志的较量，谈判双方一定有输有赢

B. 是一种立场的坚持，谁坚持到底，谁就获利多

C. 是一种妥协的过程，双方各让一步一定会海阔天空

D. 是双方的关系重于利益，只要双方关系友好必然带来理想的谈判结果

E. 是双方妥协和利益得到实现的过程，以客观标准达成协议可得到双赢结果

2. 在签订合同前，谈判代表认为合作条件很苛刻，按此条件自己无权做主，还要通过上司批准。此时你应该(　　)。

A. 责怪对方谈判代表没有权做主就应该早声明，以致浪费这么多时间

B. 询问对方上司批准合同的可能性，在最后决策者拍板前要留有让步余地

C. 提出要见决策者，重新安排谈判

D. 与对方谈判代表先签订合作意向书，取得初步的谈判成果

E. 进一步给出让步以达到对方谈判代表有权做主的条件

3. 为得到更多的让步，或是为了掌握更多的信息，对方提出一些假设性的需求或问题，目的在于摸清底牌，此时你应该(　　)。

A. 按照对方假设性的需求和问题诚实回答

B. 对于各种假设性的需求和问题不予理会

C. 指出对方的需求和问题不真实

D. 了解对方的真实需求和问题，有针对性地给予同样假设性答复

E. 窥视对方真正的需求和兴趣，不要给予清晰的答案，并可将计就计促成交易

4. 谈判对方提出几家竞争对手的情况向你施压，说你的价格太高，要求你给出更多的让步，你应该(　　)。

A. 更多地了解竞争状况，坚持原有的合作条件，不要轻易让步

B. 强调自己的价格是最合理的

C. 为了争取合作，以对方提出竞争对手最优惠的价格条件成交

D. 询问对方：既然竞争对手的价格如此优惠，你为什么不与他们合作？

E. 提出竞争事实，说明对方提出的竞争对手情况不真实

5. 当对方提出如果这次谈判你能给予优惠条件，保证下次给你更大的生意时，你应该(　　)。

A. 按对方的合作要求给予适当的优惠条件

B. 为了双方的长期合作，得到对方更大的生意，按照对方要求的优惠条件成交

C. 了解买主的人格，不要以“未来的承诺”来牺牲“现在的利益”，可以以其人之道还治其人之身

D. 要求对方将下次生意的具体情况进行说明，以确定是否给予对方优惠条件

E. 坚持原有的合作条件，对对方所提出的下次合作不予理会

6. 谈判对方有诚意购买你整体方案的产品(服务)，但苦于财力不足，不能完整成交，此时你应该(　　)。

A. 要对方购买部分产品(服务)，成交多少算多少

B. 指出如果不能购买整体方案，就以后再谈

C. 要求对方借钱购买整体方案

D. 如果有可能，可协助对方贷款或改变整体方案，改变方案时要注意相应条件的调整

E. 先把整体方案的产品(服务)卖给对方，对方有多少钱先给多少钱，欠的钱以后再说

7. 对方在达成协议前，将许多附加条件依次提出，要求得到你更大的让步，此时你应该(　　)。

A. 强调你已经做出的让步，强调“双赢”，尽快促成交易

B. 对对方提出的附加条件不予考虑，坚持原有的合作条件

C. 针锋相对，对对方提出的附加条件提出相应的附加条件

D. 不与这种“得寸进尺”的谈判对手合作

E. 运用推销证明的方法，将已有的合作伙伴情况介绍给对方

8. 在谈判过程中，对方总是改变自己的方案、观点、条件，使谈判无休无止地拖下去，你应该(　　)。

A. 以其人之道，还治其人之身，用同样的方法与对方周旋

B. 设法弄清楚对方的期限要求，提出己方的最后期限

C. 节省自己的时间和精力，不与这种对象合作

D. 采用休会策略，等对方真正有需求时再和对方谈判

E. 采用“价格陷阱”策略，说明如果现在不成交，以后将会涨价

9. 在谈判中双方因某一个问题陷入僵局，此时你应该(　　)。

A. 跳出僵局，用让步的方法满足对方的条件

B. 放弃立场，强调双方的共同利益

C. 坚持立场，要想获得更多的利益就得坚持原有谈判条件不变

D. 采用先休会的方法，会后转换思考角度，并提出多种选择以消除僵局

E. 采用先更换谈判人员的方法，重新开始谈判

10. 除非你满足对方的条件，否则对方将转向其他的合作伙伴，并与你断绝一切生意往来，此时你应该(　　)。

A. 从立场中脱离出来，强调共同的利益，要求平等机会，不要被威胁吓倒而做出不情愿的让步

B. 以牙还牙，不合作拉倒，去寻找新的合作伙伴

C. 给出代选择的多种方案以达到合作的目的

D. 摆事实，讲道理，同时也给出合作的目的

E. 通过有影响力的第三者进行调停，赢得合理的条件

评分标准：

1. A. 2　B. 3　C. 7　D. 6　E. 10。

2. A. 2　B. 10　C. 7　D. 6　E. 5。

3. A. 4　B. 3　C. 6　D. 7　E. 10。

4. A. 10　B. 6　C. 5　D. 2　E. 8。

5. A. 4　B. 2　C. 10　D. 6　E. 5。

6. A. 6　B. 2　C. 6　D. 10　E. 3。

7. A. 10　B. 4　C. 8　D. 2　E. 7。

8. A. 4　B. 10　C. 3　D. 6　E. 7。

9. A. 4　B. 6　C. 2　D. 10　E. 7。

10. A. 10　B. 2　C. 6　D. 6　E. 7。

95 分以上，谈判专家；90～95 分，谈判高手；80～89 分，有一定的谈判能力；70～79 分，具有一定的潜质；70 分以下，谈判能力较差，需努力。

## 第二节　商务谈判策略

### 案例引入

在比利时某画廊曾发生过这样一件事，一位美国商人看中了印度画商带来的三幅画，标价均为 2500 美元。美国商人不愿出此价钱，双方各执己见，谈判陷入僵局。

终于，那位印度画商被惹火了，怒气冲冲地跑出去，当着美国人的面把其中的一幅字画烧掉了。美国商人看到这么好的画被烧掉，十分心痛，赶忙问印度画商剩下的两幅画愿意出多少价，回答还是 2500 美元，美国商人思来想去，拒绝了这个报价，这位印度画商心一横，烧掉了其中一幅画。美国人只好乞求他千万别再烧掉最后那幅画。当美国人再次

询问这位印度商人愿以多少价钱出售时，卖主说："最后这幅画只能是三幅画的总价钱。"最终，这位印度商手中的最后一幅画以7500美元的价格拍板成交。

（资料来源：童革、龙陵英，《表达与沟通能力训练》(第二版)，北京，高等教育出版社，2014。）

## 一、计划与准备策略

商务活动中，谈判的计划与准备阶段是最关键的，一个谈判结果如何，有50%在和客户见面之前就已经决定了。

计划与准备阶段如此重要，而许多商务人员进行谈判时仍是仓促上阵，未能做好充分的准备，使得谈判结果不能尽如人意。因此，在每一次销售谈判之前做好充分的计划与准备，是我们取得良好谈判结果的基石。谈判的计划与准备阶段涉及以下几项内容。

### （一）确定谈判目标

谈判以前明确以下几点内容。

(1)知道自己需要什么。

(2)知道自己为什么需要它。

(3)如果没有实现自己的目标，将会发生什么事情。

(4)知道自己首先要考虑的事情：哪一部分先考虑，哪一部分次考虑，哪一部分最后才考虑。

(5)自己不能接受的是什么。

(6)知道自己的谈判界限：哪些能谈，哪些不能谈。

(7)为自己设定谈判的顶线目标、现实目标、底线目标。

(8)自己能做出什么让步以及有什么拿去作为交换条件而准备让步。

### （二）制订谈判策略

制订全部战略是谈判准备工作的重要组成部分，其重点如下。

(1)第一次会面时，应当提哪些问题。

(2)对方可能会提哪些问题，己方应如何回答。

(3)己方是否有足够的事实数据和信息来支持自己的立场。如果没有，应增加哪些信息。

(4)己方应当采取什么样的谈判风格。

(5)如何选择谈判地点、时间。

(6)如何开局。

(7)以前的谈判可能对这次的谈判产生怎样的影响。

(8)谈判所在地的习惯、风俗以及可能怎样影响谈判双方。

团体间的谈判还应做如下准备。

(1)确定主谈人。

(2)确定提问人。

(3)确定回答对方问题的人。

(4)明确反驳对方观点和缓和紧张气氛的人(即明确唱“白脸”和“红脸”的人)。

**(三)认真考虑对方需要**

谈判的准备工作不能仅仅考虑自己的要求和需要，同时也要考虑谈判的对方可能需要什么。成功的谈判不应该产生失败者与成功者，应力图让双方都取得满意的结果，以双赢为结局。

为了使谈判双方都有所收获，谈判者必须换位思考，站在对方的位置上来考虑问题：在谈判中对方需要什么，为什么需要它；对方需要得到这个结果背后的原因可能是什么；什么问题对对方来说最重要；对方首先要考虑的是什么；什么问题是对方不能做出丝毫让步的；对对方来说最糟糕的结果可能是什么；对方的顶线、现实、底线目标可能是什么；对方准备拿来交换的是什么；对方可能会失去什么；对方为了支持自己的立场可能会提出哪些问题；对方是否有足够的事实数据或信息来支持其立场与观点。

虽然不能准确地回答上述问题，但经过仔细思考和推测这些问题，就能更好地把握谈判的进程和方向。

**(四)评估相对实力和弱点**

己方可能做出的让步和能够交换的项目取决于在谈判中的实力和弱点。实力是指可以对对方的行动施加的支配力或影响力。己方实力的表现形式主要包括以下方面。

(1)决策权威，是否拥有做出正式决策的权利。

(2)专家权，对讨论的问题是否具有丰富的知识。

(3)对讨论的问题是否有充裕的时间。

(4)决心与毅力。

(5)是否做了充足准备。

(6)是否具有丰富的谈判经验。

(7)是否拥有内部消息。

(8)是否认识某个能影响谈判结果的人。

(9)是否拥有使用某些制裁或施压的权利。

## 二、谈判进程策略

商务谈判中，谈判的双方毕竟并非敌对的关系，但也并不是不存在利益冲突和矛盾。在没有任何技巧和原则的谈判中，谈判者往往会陷入难以自拔的境地，要么谈判陷入僵局，要么双方在达成协议后总觉得双方的目标都没达到，或者谈判的一方总有似乎失掉了一场谈判的感觉。全美首席销售谈判大师罗杰·道森(Roger W. Dawson)在他的《销售人员谈判训练》一书中谈到这个问题时说：“谈判双方要的不一定是同样的东西。糟糕的谈判对手试图强迫对方改变立场，而高明的谈判对手知道即使立场差别很大，双方的利益也是可以共同的，所以他们通过行动让对方改变立场，关注双方共同的利益”。

在谈判双方彼此存在长期合作诚意的前提条件下，可以遵循以下步骤和原则促使谈判获得成功。

### (一)创造价值

在谈判的中局阶段，双方彼此沟通，往往申明了各自的利益所在，了解了对方的实际需求。但是以此达成的协议并不一定对双方都能利益最大化。也就是说，利益在此时往往不能有效地达到平衡。即使达到了平衡，此协议也可能并不是最佳方案。因此谈判中双方需要想方设法去寻求更佳答案，为谈判双方找到最大的利益，这一步骤就是创造价值。

创造价值的阶段，往往是商务谈判最容易忽略的阶段。一般的商务谈判很少有谈判者能从全局的角度出发去充分创造、比较与衡量最佳的解决方案。因此，也就使得谈判者往往总觉得谈判结果不尽如人意，没能够达到“赢”的感觉，或者总有一点遗憾。由此看来，采取什么样的方法使谈判双方达到利益最大化，寻求最佳方案就显得非常重要。

### (二)申明价值

申明价值即在谈判开局阶段，谈判双方彼此应充分沟通各自的利益需要，申明能够满足对方需要的方法与优势所在。此阶段的关键步骤是弄清对方的真正需求，因此其主要的技巧就是多向对方提出问题，探询对方的实际需要；与此同时，也要根据情况申明我方的利益所在。因为越了解对方的实际需求，越能够知道如何才能满足对方的要求；同时对方知道了我方利益所在，才能满足你的要求。前面两个人都想要一个橘子的例子就说明了这个道理。

因此，需要指出的是，用所谓“商务谈判技巧”在谈判过程中迷惑对手，让对方不知道我方的底细，不知道我方真正需要和利益所在，甚至想方设法误导对方，生怕对方知道了我方底细会漫天要价，这并不符合产业市场建立合作伙伴关系的谈判原则。如果总是误导对方，那么可能最终吃亏的是误导者自己。

## 案例

1980 年年初，北京某手表厂由于受国际市场的冲击，实际生产不能满足生产能力的要求，厂房闲置，人员富余。这时正好有一瑞士“ETA”公司来京寻找合作伙伴。经双方谈判，该厂利用自己的厂房和部分工人进行来料加工。每装配一个手表的机芯可得加工费 1.2 美元。这样不但解决了部分人员的工作问题，而且也取得了外汇收入，更主要的是提高了职工的技术水平。

来料加工刚进行了一年，老厂长离任。新厂长上任，想一下子扭转工厂局面，但不从本厂生产抓起，而是想提高来料加工费。这时和外商的合作合同也快到期，新厂长想在续约时提高加工费标准，由 1.2 美元提高到 1.7 美元。当时手表行业正处于低潮期，许多工厂都处于半停产状态。

到期谈判时，新厂长没有直接把提高加工费意见拿出来谈判，而是用“该厂厂房要另作他用”为由，想让外方主动提出提高加工费标准。结果，外方很干脆地决定终止谈判，停止合同，马上把这项业务交给南方某市一家小厂去做。北京这家手表厂失去了此项业务，损失惨重。

后来得知，外方对北京这家手表厂的工人的技术很满意，本来有意签第二期合同，同时可以增加 10%的加工费。由于新厂长没有运用正确的谈判方法，而是采用了不合适的方法，致使外方感觉新来的厂长不友好、不诚实，无法合作。如果当时坦率交换有关信息，进行沟通，直接谈价格问题，协议很快就会达成。新厂长提出一个不相干的理由，恰好又另有工厂在与外商接触，致使北京这家手表厂谈判失败。

（资料来源：王皓白，《商务沟通》，杭州，浙江大学出版社，2011。）

**(三)克服障碍**

克服障碍阶段一般是谈判的攻坚阶段。谈判的障碍一般来自两个方面：一个是谈判双方彼此的利益存在冲突；另一个是谈判者自身在决策程序上存在障碍。前一种障碍是需要谈判双方按照公平合理的客观原则来协调利益；后者就需要谈判无障碍的一方主动去帮助另一方顺利决策。

### 案例

第二次世界大战期间，一些美国科学家试图说服罗斯福总统重视原子弹的研究，以遏制法西斯德国的全球扩张战略。他们委托总统的私人顾问、经济学家萨克斯出面说服总统。但是，不论是科学家爱因斯坦的长信，还是萨克斯的陈述，总统一概不感兴趣。为了表示歉意，总统邀请萨克斯次日共进早餐。

第二天早上，一见面，罗斯福就以攻为守地说："今天不许再谈爱因斯坦的信，一句也不谈，明白吗?"萨克斯说："英法战争期间，在欧洲大陆上不可一世的拿破仑在海上屡战屡败。这时，一位年轻的美国发明家富尔顿来到了这位法国皇帝的面前，建议把法国战船的桅杆砍掉，撤去风帆，装上蒸汽机，把木板换成钢板，拿破仑却想，船没有帆不能行走，木板换成钢板就会沉没。于是，他二话没说，就把富尔顿轰了出去。历史学家在评论这段历史时认为，如果拿破仑采纳了富尔顿的建议，19 世纪欧洲史就得重写。"萨克斯说完，目光深沉地望着总统。罗斯福总统默默沉思了几分钟，然后取出一瓶拿破仑时期的法国白兰地，斟满了一杯，递给萨克斯，轻缓地说："你胜利了。"萨克斯顿时热泪盈眶，他终于成功地运用实例说服总统做出美国历史上最重要的决策。

（资料来源：王皓白，《商务沟通》，杭州，浙江大学出版社，2011。）

## 三、价格谈判策略

在谈判中，双方事先都给自己定下心中的保留价格，即卖方心中的最低售价和买方心中的最高购价。谈判中双方彼此都难以知道对方心目中的保留价格，只能大概粗略地估计。经过双方第一回合的一方报价和另一方的还价交锋后，双方的临界价格即卖方报出的最高价、买方递出的最低价，就圈定了讨价还价的价格范围。这个价格范围，很显然包括了策略性虚报部分，这就是通俗所说的水分、虚头。讨价还价就是买方极力降低卖方对于获得高价的期望和估计，卖方则尽量降低买方对于低价的期望和估计，通过争论和策略的运用，以求达到双方共同期望目标的价格。

### (一)谈判中的价格表现

1. 积极价格和消极价格

一方的产品价格如果使对方的敏感程度大，则是消极价格；反之，则是积极价格。同一产品同一价格，不同的买主的敏感程度不同。因此，主要根据其需求程度而定。

2. 如何识别和应对对方所说的“太贵”，可以从以下十个方面来考虑

(1)对方说因为“总经济状况不好”。很多时候这可能只是一种还价的方法。

(2)对方说因为“暂时的经济困难”。你可以提出分期付款，如果对方不响应，则其所说“太贵”只是一种托词。

(3)对方说因为“资金周转困难”。赊账就可以解决此问题。

(4)对方声明价格超出了他自己的计划。说明你没有激发对方获得该产品的欲望。

(5)对方对价格有他自己的计算方法。你应该比对方拥有更多的该产品信息，所以应该分拆价格内容，让对方再次计算。

(6)对方将你的产品与同类产品和替代品比较。你要做的是强调本产品的优点和功能。

(7)对方以竞争者的价格为参照。你应该解释价格比竞争对手高的原因，强调产品的差异性。

(8)从前的价格。你需要解释涨价的原因。

(9)习惯性压价。你可以置之不理，或者视为一种玩笑。

(10)试探是否有讨价还价的余地。你需要以礼相待、不为所动。

3. 实际价格与相对价格

单纯的产品标价即为实际价格，而与产品的有用性(使用价值)相对应的价格则为相对价格。后者使价格与对方即将得到的好处密切联系在一起。

谈判者应努力做到不让对方的精力集中在产品的实际价格上，而是将其注意力吸引到相对价格上来。具体地说，可以从以下 12 个方面将对方的注意力吸引到相对价格上来。

(1)用分期付款、延期付款等方式让对方接受相对价格。

(2)在一些细节和小事上慷慨一些，让对方接受相对价格。

(3)用热情、友好的态度，将对方吸引到相对价格上来。

(4)对经销商而言，使对方意识到购销差价带来的盈利水平，从而淡化其对实际购买价格的注意力。

(5)强调产品的高科技含量，使购买者觉得货有所值。

(6)满足对方对产品需求的紧迫性并予以强调，购买方往往会接受此种情况下的价格。

(7)强调实际价格(卖方强调低价格、买方强调高价格)给己方带来的损失，从而令对方觉得已经很合算。

(8)强调己方产品的良好声誉，使对方意识到相对价格。

(9)强调己方价格的安全性和可靠性，使对方接受相对价格。

(10)作为购买方，可以强调大宗货一揽子交易(大批量购买)，使卖方认可相对价格。

(11)采用心理价格策略，例如，强调对方的声望或地位，使对方注意到相对价格。

(12)突出介绍产品的功能和优点，以产品的有用性让对方注意到相对价格。

4. 报价

报价要高过所预期的底牌，为谈判留有周旋的余地。谈判过程中，你可以降低价格，但绝不可能抬高价格。因此，你所要的报价对你有利，同时买方仍能看到交易对自己有益。

你对对方了解越少，开价就应该越高，理由有两个。第一个理由，你对对方的假设可能会有差错。如果你对买方或其需求了解不深，或许他愿意出的价格比你想得要高。第二个理由，如果你们是第一次做买卖，若你能做出很大让步，就显得更有合作诚意。你对买方及其需求了解越多，越能调整你的报价。当然，这种做法的不利之处是，如果对方不了解你，你最初的报价就可能令对方望而生畏。

如果你的报价超过最佳报价价位，就暗示一下你的价格尚有灵活性。如果买方觉得你的报价过高，而你的态度是“买就买不买拉倒”，那么谈判还未开始结局就已注定。你可以通过如下方式避免开出令对方望而生畏的高价：“一旦我们对你们的需求有了更准确的了解，也可以调整这一报价。但就你们目前的定货量、包装质量和适时库存的要求来看，我们最低只能出每件 2.25 元。”这样，买方可能会想：“要价太高了，但看起来还可以谈一谈。我要下点功夫，看看能压到多少。”

在提出高于预期的要价后，接下来就应考虑：应该要多少？答案是：以目标价格为支点。对方的报价比你的目标价格低多少，你的最初报价就应比你的目标价格高多少。

例如，买方愿出价 1.60 元买你的产品，而你能承受的价格是 1.70 元，支点价格原理告诉你开始应报价 1.80 元。如果谈判的最终结果是折中价格，你就达到了目标。当然，并不是你每次都能谈到折中价，但如果你没有其他办法，这也不失为上策。

概括起来说，报价应当注意以下几点。

(1)周密、审慎地确定报价水平。

(2)报价时应坚定果断，不可有半点犹豫。

(3)报价要明白、准确。

先报价的好处是实际上为谈判规定了一个框架，在整个谈判中起协调作用；但坏处是对方听后可从容调整自己的想法，获得本来得不到的好处，而且还可能集中力量对报价发起攻击，迫使先报价方一步步降价，而他们究竟打算出多高的价还是未知数。

5. 还价

还价在价格谈判中是必然环节，通常要遵循以下原则。

(1)事先对对方的报价表仔细分析、运筹。

(2)如果发现对方所开条件和要求差距大，可以要求对方重新报价。

(3)要求开价方提出其所能提供的最高和最低标价。

(4)探测临界价格(即双方都愿意接受的价格)。

具体来讲，还价时有以下策略可以运用。

(1)假设策略。假装要购买额外的东西，试探对方的价格是否可以变动。

(2)大宗订单策略。若标价 12 元/米，建议以 5 元的价格全部买下来，从而找到买主的成本或底价。

(3)交易告吹策略。对买主过低的价格表示不能成交，询问买主究竟能出多高的价以便作为参考(当时并不答复，而是借口要请示等)，待以后再提出对自己有利的价格。

(4)设托策略。让另一个人出低价来试探卖主的反应，然后你再出面和卖主议价。

(5)同时让步策略。“我这样做，你那样做”，以让步来交换让步。

(6)诱使撤防策略。先表示浓厚的购买兴趣，然后表示没有能力购买，只是想知道这类产品究竟值多少钱。

(7)升高策略。先和买主谈交易内容，再根据情况提高价格。

(8)仲裁策略。快速与对方商谈价格，尽可能使对方做最大让步，即使破裂也无妨，然后再请第三者来仲裁，并且使对方做更大的让步。

(9)合计策略。例如，两幅画共值300元，有一幅要价200元，则买主就以100元的基价去商谈另一幅画。

6. 让步

在商务谈判中，为了达成协议，让步是必须的。但是，让步不是轻率的行为，必须慎重处理。成功的让步策略可以起到以局部小利益的牺牲来换取整体利益的作用，甚至在有些时候可以达到“四两拨千斤”的效果。让步的一般原则包括以下方面。

(1)不做无端让步。

(2)让步要恰到好处。

(3)在次要问题上让步，诱使对方在重大问题上让步。

(4)不承诺同等幅度的让步。

(5)一次的让步幅度不要过大，节奏也不要太快。

**(二)价格谈判应对策略**

1. 低价策略及其应对

为防止大力杀价，卖方力图使买方相信其所出的价格低廉合理，这就是低价策略。常用方法包括以下几个方面。

(1)以最小或较小计价单位报价。

(2)用较高的产品价格与所谈的产品价格比较。

(3)和劣质产品放在一起示范。

(4)列出优点抵消“价格太高”的异议。

(5)从另一角度讨论价格，如把价格分摊到每一月甚至每一天，从而使数目变得很小。

买方应对策略包括以下几个方面。

(1)始终牢记成本是基础。

(2)对方进行价格比较，你可以衡量性价比。

(3)不顺着对方的角度单一考虑问题，应放宽视野，多角度考虑问题。

2. 反向提问策略及其应对

谈判进行到一定阶段，对方不是马上杀价，而是向你方提出一连串问题，以便寻找更多可能出现的还价机会，以便讨价还价，这就是反问提问策略。

应对方法如下。

(1)不对对方的设问立刻做出评估。

(2)分析对方设问的真正原因，不被其大批量或小批量的声称所迷惑。

(3)以对方先确定订货量为条件再行报价。

(4)回避问题，拖延时间，为报价做好准备。

(5)将“球”踢回去，提出种种附加条件请对方考虑。

3. 抬价策略及其应对

谈判过程中，卖方有意抬高此前的报价，并使买主相信你的报价是合理的，以此来抵制对方进一步提出的要求。这是抬价策略。

应对策略包括以下几个方面。

(1)识破对方的伎俩，直接指出，提议双方开诚布公地谈。

(2)让对方在合同上署名的人越多越好，以避免一些不讲信用的人推翻协议。

(3)反抬价，也推翻你和他达成的协议。

(4)在合同签好以前，要求对方做出某种承诺，以防止其反悔。

(5)表明考虑退出谈判。

## 思考与训练

一、请简述谈判前要做哪些准备

二、案例讨论

有一位妈妈把一个橙子给两个孩子。不管从哪里下刀，两个孩子都觉得不公平。两个人吵来吵去，最终达成了一致意见，由一个孩子负责切橙子，另一个孩子选橙子。结果，这两个孩子按照商定的办法各自取得了一半橙子，高高兴兴地拿回家去了。

在商务谈判中经常会用到“你切我挑”的方法，这种方法看似公平，但存在致命的双方利益损失陷阱。主要原因是没有事先了解清楚双方的需求。对外经济贸易大学的王健教授讲过一个“你切我挑”的续集：第一个孩子把半个橙子拿到家，把皮削掉扔进了垃圾桶，把果肉放到果汁机上打果汁喝；另一个孩子回到家把果肉挖掉扔进了垃圾桶，把橙子皮留下来磨碎了，混在面粉里烤蛋糕吃。

从上面的情形，我们可以看出，虽然两个孩子各自拿到了看似公平的一半，然而他们各自得到的东西却未物尽其用。这说明，他们在事先并未做好沟通，也就是两个孩子并没有申明各自利益所在。没有事先申明价值导致了双方盲目追求形式上和立场上的公平，结果，双方各自的利益并未在谈判中达到最大化。

我们试想，两个孩子充分交流各自所需，或许会有多个方案和情况出现。可能的一种情况就是遵循上述情形，两个孩子想办法将皮和果肉分开，一个拿到果肉去喝汁，另一个拿皮去做蛋糕。然而，也可能经过沟通后是另外的情况，恰恰有一个孩子既想要皮做蛋糕，又想喝橙子汁。这时，如何能创造价值就非常重要了。

结果，想要整个橙子的孩子提议可以将其他的问题拿出来一块谈。他说：“如果把这个橙子全给我，你上次欠我的棒棒糖就不用还了。”其实，他的牙齿被蛀得一塌糊涂，父母上星期就不让他吃糖了。

另一个孩子想了想，很快就答应了。他刚刚从父母那儿要了五块钱，准备买糖还债。

两个孩子的谈判思考过程实际上就是不断沟通，创造价值的过程。双方都在寻求对自己最大利益的方案的同时，也在满足对方的最大利益的需要。

问题探讨：

1. 下列对商务谈判的理解，你认为哪个更准确(　　)。

A. 是一种意志的较量，谈判对方一定有输有赢

B. 是一种立场的坚持，谁坚持到底，谁就获利多

C. 是一种妥协的过程，双方各让一步一定会海阔天空

D. 双方的关系重于利益，只要双方关系友好必然带来理想的谈判结果

E. 是双方妥协和利益得到实现的过程，以客观标准达成协议可得到双赢结果

2. 请你分享在本案例中你学到了什么？

# 第三节　商务谈判各阶段的沟通

### 案例引入

C公司向D公司进口定做木质宾馆家具700套，合同规定买方发现单货不符时索赔期限为货到目的港的30天内，付款期为90天内。

由于C公司的客户E宾馆尚未建好，家具无法安装，两个月后，待宾馆完工，家具就位，发现某些家具起壳，就向D公司提出拒付，但D公司依据合同规定的单货不符时索赔期限为货到目的港的30天内，如今D公司发现单货不符(家具起壳)提出拒付的时间已经是货到目的港的两个月(即60天)，这早已经超过了合同规定的单货不符的索赔期限。最终D公司理由充分地拒绝了索赔。

(资料来源：王皓白，《商务沟通》，杭州，浙江大学出版社，2011。)

这是一个在谈判中沟通不足造成无法索赔的例子。商务人员作为谈判的主体，在形成良好融洽的气氛中应发挥自己的主观能动性，有意识地营造一个和谐、舒适、坦诚、亲切的谈判氛围，为双方制造一个良好的幽雅环境，推动谈判气氛向着融洽、友好、富有建议性和创造性的方面发展，为顺利地完成谈判和执行合同创造有利条件。

## 一、开局阶段的沟通

进行谈判要有一定基础，在正式谈判之前，大家有一个互通信息、互相摸底的阶段，即开局阶段。这个阶段对以后谈判的发展有着非常重要的意义。在谈判开局阶段，我们应做好以下几个方面的沟通工作。

**(一)正确处理开局阶段的“破冰”期**

我们把谈判涉入问题前的准备时间称为“破冰”期。谈判开局的准备时间与谈判前的准备阶段不同，它是谈判已经进入开始阶段的短暂的过渡时间，谈判的各个方面、寒暄、握手、谈笑等都是在此期间进行的。正确把握“破冰”期，有利于谈判期的自然过渡。

“破冰”期应该把握多长时间需要根据谈判的具体情况而定，通常情况下，“破冰”期一般可控制在全部谈判时间的2%～5%为宜。长时间或多轮谈判时，“破冰”期可以相对延长，例如，谈判双方在异地的大型会谈，可用整天的时间组织观光，沟通感情、增进了解，为正式谈判营造良好的气氛。

“破冰”期是走向正式谈判的桥梁。如何掌握好“破冰”期的“火候”，也是谈判者的一种艺术，成功的谈判者无一不正确处理“破冰”期。“破冰”持续的时间长了，会降低谈判效率，增大成本投入，甚至导致谈判者乏味，产生适得其反的后果；“破冰”持续的时间短了，会使谈判者感到生硬、仓促，谈判起来没有“水到渠成”的感觉，达不到创造良好开端的目的。至于“破冰”期究竟进行到何种状态才算适宜，这不仅要以时间的长度加以考虑，更重要的是靠谈判双方的经验，以直觉来互相感应。

在“破冰”期间，应注意如下几个问题。

1. 不要紧张

许多性格内向或初涉谈判者，由于心情紧张，在面对谈判对手时，手足无措，不知说什么好，结果使对方也很不自然。谈判者必须克服紧张心情，特别在一些涉外谈判中，不可面对高鼻梁、蓝眼睛的外国人自惭形秽，唯唯诺诺，缩手缩脚。

2. 不要举止轻狂

“破冰”期是展示双方气质、姿态的第一回合。谈判是一种文明竞争的方法。谈判举止的第一印象，是影响对方对你所持态度的关键因素。如果谈判者在谈判的一开局就举止轻狂，甚至锋芒毕露地炫耀自己，这在富有经验的谈判者面前就是一个初涉谈判的小丑形象。

3. 行为、举止和言语不要太生硬，感情应是自然流露

谈判双方的言行、举止，都应是随和而流畅的，切记不可言语生硬、举止失度，如说话粗俗、拉拉扯扯等不良行为，都不利于创造“破冰”期的和谐气氛。

4. 说话不要唠叨

有些谈判者虽然快言快语，但却唠唠叨叨，一句话重复很多遍，在惜时如金的谈判桌前这是最惹人反感的，特别是在谈判的一开始，即刻会给人留下不好的印象。谈判者在“破冰”期内的用语必须注意效果，应简洁、精练。

5. 不要急于进入正题

在创造气氛中我们已经谈到，谈判者初见面时不宜急于切入正题，而应首先沟通感情、增进了解，否则便犯了“破冰”期的大忌。“欲速则不达”，就是告诉我们办任何事情都要循序渐进，不可心急，谈判亦是如此。

6. 不要与谈判对方较劲

“破冰”期内的交谈，一般都是非正式的，通常采用漫谈的形式。因此，语言并不严谨。谈判者不可对对方的每一句话都仔细琢磨，这会影响感情交流。如对方有哪句出言不周，切不可耿耿于怀，立即回敬，这只能弄巧成拙、招致蔑视。

当然，要很好地度过谈判“破冰”期，不要忘了微笑和幽默。

### (二)创造和谐的谈判气氛

要想获得谈判的成功，必须创造出一种有利于谈判的和谐气氛。任何一方谈判都是在

一定的气氛下进行的，谈判气氛的形成与变化，将直接关系到成败得失，影响到整个谈判的根本利益和前途，成功的谈判者无一不重视在谈判开局阶段创造良好的谈判气氛。

谈判者的言行，谈判的空间、时间和地点等都是形成谈判气氛的因素。谈判者应把一些消极因素转化为积极因素，使谈判气氛向友好、和谐、富有创造性方向发展。

想要形成一个和谐的谈判气氛，要把谈判的时间、环境等客观因素与谈判者自身的主观努力相结合，应该做好以下几个方面的工作。

1. 不要在一开始就涉及有分歧的议题

谈判刚开始时，良好的气氛尚未形成，最好谈一些友好或中性的话题。如询问对方的问题以示关心；回顾以往可能有过交往的经历，以密切关系；谈谈共同感兴趣的新闻；幽默而得体地开开玩笑；等等。这些都有助于缓解谈判开始的紧张气氛，达到联络感情的目的。

2. 心平气和，坦诚相见

谈判之前，双方无论是否有成见，身份、地位、观点、要求有何不同，一旦坐到谈判桌前，就意味着双方共同选择了以磋商与合作的方式解决问题。因此，谈判之初就应心平气和，坦诚相见，这才能使谈判在良好的气氛中开场。这就要求谈判者抛弃偏见，全心全意地效力于谈判，切勿在谈判之初就以对抗的心理出发，这会不利于谈判工作的顺利进行。

3. 谈判者要在谈判气氛形成过程中起主导作用

形成谈判气氛的关键因素是谈判者的主观态度，谈判者积极主动地与对方进行情绪和思想上的沟通，而不能消极地取决于对方的态度。例如，当对方还板着脸时，你应率先露出笑容，主动地握手，主动地关切，主动地交谈，都有益于创造良好的气氛。如果谈判者都能充分发挥自己的主观能动性，一定会创造出良好的谈判气氛。

4. 不要一见面就提出要求

如果这样，很容易使对方的态度即刻变得比较强硬，谈判的气氛随之恶化，双方唇枪舌剑、寸步不让，容易使谈判陷入僵局。由此可见，谈判尚未达成必要的气氛之前，不可不讲效果地提出要求，这不仅不利于培养良好的谈判气氛，还会使得谈判基调骤然降温。

### (三)在谈判开局阶段，探测对方情况，了解对方虚实

在谈判的开局阶段，不仅要为转入正题创造气氛，做好准备，更重要的是，谈判的双方都会利用这一短暂的时间，进行事前的相互试探，以了解对方的虚实。所以，这段时间也被称为探测期。

在这一期间，主要是借助感觉器官来接受对方，通过行为、语言传递来的信息，并对其进行分析、综合，以判断对方的实力、风格、态度、经验、策略以及各自所处的地位等，为及时调整己方的谈判方案与策略提供依据。当然，这时的感性认识还仅仅是初步的，还需在以后的磋商阶段加深认识。老练的谈判者一般都以静制动，用心观察对手的一举一动，即使发言也是诱导对方先说；而缺乏谈判经验的人，才会抢先发表己见，主张观点。实际上，这正是对方求之不得的。

如果谈判者不想在谈判之初尽量地暴露弱点，就不要急于发表己见。特别是不可过早下断语，因为谈判情势的发展，往往会使你陷于早下结论的被动境地。

正确的策略是在谈判开始时最好让对方先说，然后再察言观色，把握动向，对尚不能确定或需进一步了解的情况进行试探，具体方法如下。

1. 当对方在谈判开局发言时，应仔细观察对方

因为注意对方每一句话的意思和表情，研究对方的心理、风格和意图，可为己方所做的第一次正式发言提供尽可能多的信息依据。

在谈判桌上，不仅要注意观察对方发言的语义、声调、轻重缓急，还要注意对方的行为语言，如眼神、手势、脸部表情，这些都是传递某种信息的符号。优秀的谈判者都会从谈判对手的一举一动中，体察对方的虚实。

2. 采取策略，灵活、得当地使对方说出自己的想法

征询对方意见，这是谈判之初最常见的一种启示对方发表观点的方法。如“贵方对此次合作的前景有何评价”“贵方认为这批冰箱的质量如何”“贵方是否有新的方案”等。

使用激将的方法。激将法是诱导对方发言的一种特殊方法，因为运用不好会影响谈判气氛，应慎重使用。如“贵方的销售情况不太好吧”“贵方是不是对我们的资金信誉有怀疑”“贵方总没有建设性意见提出来”等。

诱导对方发言，这是一种开渠引水，启示对方发言的方法。如“贵方不是在传真中提到过新的构想吗”“贵方对市场进行过调查，是吗”“贵方价格变动的理由是什么”等。

在启示对方发言时，应避免使用能使对方借机发挥其优势的话题，否则会使己方处于被动。

3. 要对具体的问题进行具体的探测

在有些情况下，察言观色并不能解决问题，这就要进行一些行之有效的探测了。例如，要探测对方主体资格和阵容是否发生变化，可以问：××怎么没来；要探测对方出价的水分，可以问：这个价格变化了吧；要探测对方的资金情况，可以问：如果C方要我们付现金呢；要探测对方的谈判诚意，可以问：据说贵方有意寻找第三者；要探测对方有否决策权，可以问：贵方认为这项改变可否确定；等等。

此外，谈判者还可以通过出示某些资料，或要求对方出示某些资料等方法来达到探测的目的。

处理好谈判的开局，还要注意防止两种倾向。

(1)切忌激进。我们强调谈判的开局要有一个高目标，但高目标不是无限度的，更不能把己方的高目标建立在损害对方利益的基础之上。

如果谈判一方单纯考虑自己的利益，而忘记了谈判是双方或多方的合作。由于自己的要求过高而损害别人的利益，则会出现两种不利的局面：一是对方会认为你没有诚意以致破坏了谈判的必要性。因此，谈判者在开局阶段，不仅要力戒保守，而且也要防止因提出过分的要求而破坏谈判的气氛。二是对方为了抵制过高的要求，也会漫天要价，使谈判在脱离现实的空中楼阁中进行，只能导致徒劳无功、浪费时间。这就是所谓的“以其人之道，还治其人之身”，使谈判陷于僵局。

(2)切忌保守。因为人们在陌生的环境中与他人发生联系时，处事往往是较为谨慎小心的。所以在谈判的开局阶段，谈判者通常是竞争不足、合作有余，更易保守，唯恐失去一个合作的伙伴或一个谈判的机会。如果因此一味迁就对方，不敢大胆坚持己方的主张，

结果必然会被对方牵着鼻子走。开局阶段的保守，将会导致两种局面：一是一拍即合，轻易落入对对方大有伸缩的利益范围，失去已方原来应该得到的利益；二是谈判一方开局就忍让，迁就对方，使对方以为你的利益要求仍有水分，而把你的低水平且保守的谈判价值作为讨价还价的基础，迫使你做出更多的让步。

所以，在谈判的开局阶段要敢于正视对方，放松紧张心理，力戒保守。为了防止谈判开局中的保守所导致的上述两个局面，就必须坚持谈判的高目标。谈判目标定的高低，将直接影响谈判结果的成败，没有远大的目标，就没有伟大的创举。只有将谈判的目标定在一个努力弹跳能摸到的位置，才是恰当的。

在谈判开局中，坚持在一个高目标的基础上进行，就会避免出现不利情况，使谈判者在以后的谈判中获得合适的利益。

在谈判的开局阶段，谈判者既要有一个高目标，又要防止不切实际地漫天要价。在处理谈判开局阶段中的竞争与合作、索取与退让的关系以及把要求的目标限定在一个科学、适度的范围内的过程中，我们应科学地分析和预测彼此价值要求的起点、界点、争取点，从而找到谈判的协作区，以决定全局中的利益要求的限度。

## 案例

卡内基曾亲身经历过这样一件事。他曾向纽约某家饭店租用大舞厅，每一季用 20 个晚上，举办一系列的讲课。

在某一季开始的时候，他突然接到通知，说他必须付出几乎比以前高出 3 倍的租金。卡内基得到这个通知时，入场券已经印好并发出去了，而且所有的通告都已经公布了。

当然，卡内基不想付这笔增加的租金，可是跟饭店的人谈论不应该加租金，是没有什么用的，他们只对他们所要的感兴趣。因此，几天之后，他去见了饭店经理。

“收到你的信，我有点吃惊。”卡内基说，“但是我根本不怪你。如果我是你，我也可能发出一封类似的信。你身为饭店的经理，有责任尽可能地使收入增加。如果你不这样做，你将会丢掉现在的职位。现在，我们拿出一张纸来，把你可能得到的利弊列出来，如果你坚持要增加租金的话。”

然后，卡内基取出一张信纸，在中间画一条线，一边写着“利”，另一边写着“弊”。

他在“利”的下面写下这些字：“舞厅空下来”。接着说：“你把舞厅租给别人开舞会或开大会的收益，这是一个很大的好处，因为像这类活动，比租给人家当讲课场能增加不少收入。如果我把你的舞厅占用 20 个晚上来讲课，对你当然是一笔不小的损失。

“现在，我们来考虑坏处方面。第一个坏处，你不但不能从我这儿增加收入，反而会减少你的收入。事实上你将一点收入也没有，因为我无法支付你要求的租金，我只好被逼到别的地方去开这些课。”

“你还有一个坏处。这些课程吸引了不少受过教育、修养高的群众到你的饭店来。这对你是一个很好的宣传，不是吗？”

“事实上，如果你花费 5000 美元在报上登广告的话，也无法像我的这些课程能吸引这么多的人来看看你的饭店。这对一家饭店来讲，不是价值很大吗？”

卡内基一边说，一边把两项坏处写在“弊”的下面，然后把纸递给饭店的经理，说：“我希望你好好考虑你可能得到的利弊，然后告诉我你的最后决定。”

第二天，卡内基收到一封信通知他租金只涨50%，而不是300%。

（资料来源：王皓白，《商务沟通》，杭州，浙江大学出版社，2011。）

分析与讨论：在这件事情上，戴尔·卡内基是如何与对方沟通成功的？

## 二、中局阶段的沟通

开局过后，即转入正面交锋，也就是进入了中局阶段。在此阶段，谈判的双方唇枪舌剑，左冲右突，从自己的利益出发，抓住一切有利于自己的因素，竭力说服对方，使谈判朝着有利于自己的方向发展，这是整个谈判的决定性阶段和实质阶段。这个阶段的沟通技巧尤其不能忽视。

第一，探测对方的需求。对方的需求究竟在哪里，这是商务人员始终关心的问题。谈判中，应通过提问、聆听、观察对方的体态语言等方式进行探测。

第二，灵活应变。面对不断变化的局面，要运用一定的应变技巧；不理会对方的大声叫嚷；接受对方的正确意见并立即采取行动；反击污蔑不实之词；要善于缓和气氛；该撤退时就撤退；转移话题；主动承担无关紧要的责任。

第三，调动对方的技巧。具体做法包括采取低姿态，令对方的强势无用武之地；大智若愚，在一些小问题上装糊涂，让对方放松警惕，看准时机发出最后通牒。

第四，满足需求。满足需求一般包括满足对方的基本需求，比如适当满足对方的经济利益需求；满足对方的归属需求，如按对方的意愿认可对方是一家著名企业；满足对方获得尊重的需求，如认可对方某主谈人员的名气或在公司里的地位。

第五，提出本方需求。提出本方需求一般包括根据本方的实力和地位提出需求；通过提出极端的需求来降低对方的期望两种方法。

第六，激将法。有时可以适当地激怒对方，对方通常会为了赢得你的尊敬而竭尽全力。

第七，排除障碍。可以从避免争论，避开枝节问题，排除障碍但不要伤害感情，多多赞美对方，尽量先发制人排除障碍，不可对对方的心理障碍大做文章等方面进行。

第八，对待竞争者的策略。对方有时会通过提及竞争者，企图以此获得利益。对此，可以运用赞扬竞争者但尽量回避有关竞争者的话题；用有力的证据批判竞争者的产品；承认竞争者的存在，但不轻易攻击等策略。

## 三、结束阶段的沟通

谈判进入结束阶段时，商务人员应注意以下几点。

第一，正确选择结束谈判的时机。原则、目标的临界点即将到达时，可提出结束谈判。

第二，重要的谈判圆满结束后，双方应尽量地在一起轻松地交流一下，一是消除一下疲劳，二是为今后的合作(合同的履行)营造更好、更融洽的关系基础。

第三，结束时，谈判者应该用巧妙的方法祝贺对方做了一笔好生意，不要令对方有后悔的感觉。

### 思考与训练

一、案例讨论

1. 因为要结婚，小高这几个月正在装修房子，房子装修好以后，小高发现有几个地方没有按照自己的要求做，尤其是客厅的颜色跟自己要求的淡米色差距较大，但婚期已定，返工是不可能了。他要扣装修公司的装修费，而装修公司认为都是按照小高的要求做的，也让他看过了，装修公司并没有过错。客厅的油漆颜色是小高自己选定的，刷上后比预想的颜色深，小高要自己负责任。小高该如何与装修公司谈判?

请你帮小高拟定一个谈判方案。

2. 假如你是一家公司的办公室人员，公司向某家饭店租用一个大厅，准备举办员工培训的系列讲座。可就在培训即将开始的时候，公司突然接到饭店的通知，要求提高租金。当你得知这一消息的时候，所有的前期准备工作已经就绪，通知也已发出去了。单位领导派你去说服饭店不要违约，你准备怎么去说服对方?

二、模拟谈判

1. 活动规则。

(1)将学生 8～10 人分为一组，每组选出主谈和辅谈共 3～4 名，其他学生作为听众或参加评议。

(2)谈判过程中选手可以和听众进行互动，调动全体学生参与活动的积极性。

2. 活动要求。

(1)要求学生做好谈判前的准备，列出谈判提纲和步骤。

(2)谈判过程中简要记录对方采用的谈判技巧。

(3)活动结束后，老师和学生共同点评、总结。

## 第四节　商务谈判的语言和行为沟通艺术

### 案例引入

据记载，一个美国代表被派往日本谈判。日方在接待的时候得知对方需于两个星期之后返回。日本人没有急着开始谈判，而是花了一个多星期的时间陪她在国内旅游，每天晚上还安排宴会。谈判终于在第 12 天开始，但每天都早早结束，为的是客人能够去打高尔夫球。终于在第 14 天谈到重点，但这时候美国人已经该回去了，已经没有时间和对方周旋，只好答应对方的条件，签订了协议。

（资料来源：21个经典实用的商务谈判案例分析及策略，http：//www. xspic. com/koucai/tanpanjiqiao/535869. htm，访问日期，2019-8-26。）

## 一、行为沟通艺术

### （一）学会应付难堪的局面

谈判中有时会出现难堪局面。应付难堪的局面需要有理智和控制局面的能力。作为商务人员，由于其工作场所的公开性，因此就更应注意。

生活中，面对复杂的社会人际环境，机智幽默是应付难堪局面的最佳方法。国外一位学者讲述过这样两个故事。

**案例**

1. 一位作家刚刚写完一本书，聚会时朋友和同行们都赞扬他，气氛很是融洽、愉快。这时，另一位作家站起来说道："我也很喜欢这本书，是谁替您写的?"这时只见作者从容地、微笑着站起来答道："我很高兴您喜欢我写的书，那么是谁替您读的呢?"机智和幽默使作家摆脱了难堪，并保持了尊严和优雅的风度。

（资料来源：王皓白，《商务沟通》，杭州，浙江大学出版社，2011。）

2. 著名剧作家萧伯纳的名作《武器与人》首演大获成功。演出结束后，剧场内热情的观众纷纷要求剧作家上台亮相说几句话。当萧伯纳走到舞台中央，正要给观众讲话时，突然观众席上有一个人站起来冲他大叫："萧伯纳你的剧本糟透了，谁也不想看，赶快收回去吧，停演吧!"突如其来的攻击，真让人难堪。然而，萧伯纳一点也不生气，反而极有绅士风度地向那位反对者深深鞠了一躬，彬彬有礼地说："我的朋友，你说得好，我完全同意你的意见。但是现在有这么多观众，光我们反对有什么用呢?"观众仍然报以热烈的掌声。萧伯纳的机智幽默使自己立即摆脱了尴尬和难堪的境地，变被动为主动。

（资料来源：王皓白，《商务沟通》，杭州，浙江大学出版社，2011。）

谈判中，假如你遇到难堪的场面，采用以下方法也许能帮助你化解难堪。

（1）充满信心，大方从容，用微笑和其他身体语言表明你的态度和风度。

（2）设法转移话题。

（3）采用巧妙的"封堵"方式，让对方把不该说的话留在喉咙里。

（4）巧用"潜台词"，让对方心领神会。

（5）学会装糊涂来避其锋芒。

（6）运用自我嘲弄的幽默感。

(7)准备好终止交谈的说辞。

(8)率直地说出自己的感受。

(9)故意曲解对方的意思。

(10)给自己找台阶下。

**(二)从容对付僵局**

所有的谈判似乎都会出现僵局，那么应该怎么办呢？首先，你为谈判做准备时，你应假设这个时刻迟早会到来，不要心慌气馁。设想任何谈判都会出现分歧，出现似乎不能解决的问题。其次，度过这种情况的关键是感情上的反抗。你必须面对似乎不能解决的僵局，然后退回来休整 5 分钟、1 小时甚至几天。可以暂停休息一会儿、出去走走或离开产生僵局的话题，或者换一个新环境，改变谈判背景。当与对方重新聚集在一起时，双方或许都会带着解决问题的新办法回来。

**案例**

柯尔比(Kirby)与 S 公司的谈判已接近尾声。然而此时对方的态度却突然强硬起来，对已谈好的协议横加挑剔，提出种种不合理的要求。柯尔比感到非常困惑，因为对方代表并非那种蛮不讲理的人，而协议对双方肯定是都有利的，在这种情况下，S 公司为什么还要阻挠签约呢？柯尔比理智地建议谈判延期。之后从各方面收集信息，终于知道了关键所在：对方认为 ITT 占的便宜比己方多多了！价格虽能接受，但心理上不公平的感觉却很难接受，导致了协议的搁浅。结果重开谈判，柯尔比以一番比价算价，对方知道双方利润大致相同，一个小时后就签了合同。

(资料来源：王皓白，《商务沟通》，杭州，浙江大学出版社，2011。)

1. 先框架后细节

很多时候，双方为了让协议完成，会提出一些让步。缔结协议的一个方法可以是首先达成一个仍有点粗略的整体框架，然后完成协议的各个细节部分。因为此刻合作关系已取代对抗，双方放下了武装。

2. 用创新来避免失败

永远不要将一场完全失利的辩论进行到底，当开始面临僵局并已经知道不能赢时，可以抽身而退，争取想出一个新方法来解决问题。

3. 将一次谈判看作整个合作过程的一个部分

合作伙伴关系更多的是战略性的，所以，要顾全全局和整体的关系，特别是长远利益，不能因一次不完全满意的谈判结果而失去合作前景。

4. 庆祝协议的达成

一旦协议达成，合同签订，可以举行简单的庆祝活动，双方庆祝一下，一起吃晚饭，一起喝上一杯，或者互赠礼物，总之要做些什么来纪念一下，使之成为特别时刻，让双方谈判人员获得一定的成就感。这对合同的顺利履行以及对双方今后的合作是非常有利的。

## 二、语言沟通艺术

前面的内容已经从不同方面侧面地涉及了谈判中的语言运用技巧。现将谈判中的语言沟通艺术归纳如下。

### (一)商务谈判的十大规则

(1)说话过多和要点过多会影响交易的达成。

(2)不要泛泛罗列太多产品的优点。

(3)正确使用停顿。

(4)说话不应该是经过准备的讲演或个人独白，谈判不是表演。

(5)谈话中穿插提到双方有关人员的名字，既可以帮助彼此记忆，也可以增添谈话的亲切感。

(6)逐一介绍产品的优点比一句话介绍好几种优点效果要好。

(7)说话时多用主动语态。

(8)不要表现出过分热情。

(9)你的谈话要点被对方接受才有助于谈判的进行。

(10)对方的认真倾听不代表他真的同意你的大部分观点。

### (二)谈判中应当避免的词句

(1)尽量避免以“我”为中心的词句，如“我认为……”“我的看法是……”“如果我是你的话……”“我要你说的是……”“我可不这么看……”“考虑一下我所说过的话……”等。

很多情况下，把“我”改成“您”。

(2)避免言之无物的词句，如“我想顺便指出……”“正像我早些时候说过的……”“或者，换句话说……”“事实上……然而……所以说……”“在不同程度上……”等。

(3)避免没有影响的“行话”。不能用特别是那些属于自己公司的语言或者属于本行业的语言。

### (三)回答技巧

回答技巧包括以下几种，总的原则是知道应该说什么，不应该说什么。

(1)不可随意回答。

(2)不一定要全部回答。

(3)“顾左右而言他”式回答。

(4)寻找某一借口(资料不全等)拖延回答。

### (四)提问技术

1. 提问的种类

(1)引导性提问。如“违约要受惩罚，你说是不是”。

(2)间接提问。如“××先生您也这样认为吗”。

(3)直接提问。如“您觉得这个价位合适吗”。

(4)挑战性提问。如“您不觉得这个价位太离谱了吗”。

(5)突然提问。即在对方陈述过程中，突然提出问题，以打乱对方部署。

(6)澄清式提问。如“您刚刚说上述情况没有变动，这是不是说你们可以如期履约了”。

(7)探索式提问。如“您怎么来证明贵方可以如期履约呢”。

(8)强迫选择提问。如“原定的协议，你们是今天实施还是明天实施”。

2. 提问的原则

(1)要用审问式提问。

(2)不要随意或故意提问。

(3)可以用虚心的态度提问。

(4)可以向对方的其他人员(部门经理、秘书等)提问，答案可能会更令你满意。

**(五)说服技巧**

说服技巧包括以下几种。

(1)充分运用各种工具进行说服，如印刷品、可视媒介物、模型及样品、宣传材料、证明材料等。

(2)先讨论容易解决的问题，再讨论容易引起争议的问题。

(3)强调彼此的一致，比强调彼此的差距更能让对方接受。

(4)先透露一个对方感兴趣的消息，再设法说服他。

(5)再次劝诱不成，可适当采用威胁策略进行说服。

## 思考与训练

一、利用本节知识分析下述案例

**利益上的谈判**

约翰逊(Johnson)是一个在当今商业界声誉卓著的“投资家”，他已经搞到了一批不同类型的企业——旅馆、实验机构、自动洗衣店及电影院等。出于某些适当的理由，他决心要挤入杂志出版界。

一名“牵线人”替约翰逊同罗宾逊的杂志发行人拉上了关系。多年来，罗宾逊一直在发行和编辑一份挺不错的杂志，内容涉及某个日趋发展的专业领域。这份杂志从未“畅销”，但由于罗宾逊自己承担了大部分工作，成本低廉，所以他的日子过得还算小康。他在那个出版界里，是一个出色的人物，也许是最优秀的人物。一些大的出版商都主动争取他那份杂志，但由于这个或那个原因，他们都一无所获。

约翰逊决意要获得那份杂志，更确切地说，他要罗宾逊为他做事，并以罗宾逊为核心发展起一套专业丛刊。经过两次午餐聚会，他们认为可以进行认真的谈判。

约翰逊通过调查和自己的观察，了解到有关罗宾逊的一些事情。罗宾逊恃才傲物，这一点无可非议。他一向不喜欢那些大出版社——他管他们叫工厂。此外，罗宾逊已经有了妻室，并开始增丁添口，做一个独立经营者所具有的那种高度冒险的乐趣，对他已渐渐不再产生吸引力。在办公室里开夜车，特别是把时间花在毫无创造性的簿记工作上，已使他感到厌倦。而且，罗宾逊不相信局外人——那些与他的创造性领域不相干的人，尤其不信任那些“生意人”，特别是那些毫无创造性的出版商。

谈判一开始，约翰逊就坦率承认，他对杂志出版业务一窍不通。对他来说最大利益之一，就是将有一个指挥全局的行家。接着，约翰逊掏出一张25000美元的支票，他说：“显然，在股票和长期利益方面，我们还会赚到更多的钱。但我觉得，任何一项协议——就像我希望和你达成的这项协议，都应当有直接的、看得见的好处。”

约翰逊向罗宾逊介绍了他的一些同事，特别是他的业务经理，表示这些人将听从罗宾逊的差遣，并将承担罗宾逊希望摆脱的一切琐碎杂务。

罗宾逊坚持要做一笔直接的、“干净的”交易——现款结算，不接受带有附加条件的母公司股票。但约翰强调长期保障，他指出，近年来母公司的股票正在不断升值，而且股票的利息将与他们休戚与共。他进一步强调说，他需要罗宾逊的创造力，不能让别的工作、对退休的考虑或其他任何事情削弱这种创造力。

最后，罗宾逊同意把自己的杂志转让给约翰逊，为期5年，并在此期间为他做事。他得到的现款支付为40000美元，其余部分则为5年内不能转让的股票。

（资料来源：王皓白，《商务沟通》，杭州，浙江大学出版社，2011。）

分析与讨论：

1. 约翰逊掌握那么多罗宾逊的个人情况，其目的是什么？

2. 约翰逊是如何满足对方需要又圆满实现自己的扩展目的的？

二、模拟商务谈判。请反复阅读以下给定情景资料，然后组织一次模拟的商务谈判活动

提示：

1. 阅读时最好记一下笔记，记录一些相关的数据。

2. 凡是情景资料里没有提到的东西，都假设是不存在（或不发生）的，切不可另外增加情况以适应本方的设想。

**白石粉供需合作谈判**

金星公司是Y省最大的石材加工企业，长期销售白石块和白石粉。金星公司控制着Y省30%的白石矿，而Y省的白石矿储量占全国总储量的60%以上。其余的白石矿控制在其他几家企业手中。由于国际市场的白石粉价格飙涨，金星公司看准机会建立了一个大型白石粉加工厂，目前经营状况良好。白石块的利润没有白石粉高，因此金星公司更希望向火星公司供应白石粉而不是白石块。同时希望由火星公司投资，在金星公司建立新的白石粉生产线。

火星公司是全国最大的白石粉使用企业，长期向金星公司（火星公司的采购经理和金星公司的销售经理因此十分熟悉、关系良好）和其他企业购买白石块，但没有购买白石粉，因为火星公司已经有一条自己的生产线，但现在已经不能满足生产需要了。

最近白石粉涨价，火星公司专程赴Y省，与多家供应商商谈如何长期合作以降低成本。同时火星公司也在积极从其他省份寻找白石矿，已经找到了一小部分。

白石是一个供需双方的竞争都很激烈的行业，供需双方都很透明，金星、火星公司都不是对方唯一的合作商。金星公司的资金实力不如火星公司，但火星公司的资源实力不如金星雄厚。

金星、火星两家公司在金星公司会面，参观完工厂后在会议室开始谈判，双方面临以

下合作方式。

(1)签订长期供货合同，锁定供货价格，可以保证双方的生产稳定。

(2)双方合作投资。金星公司和火星公司合资，在金星公司兴建新的白石粉生产线。但金星、火星两家都想控股。

(资料来源：王皓白，《商务沟通》，杭州，浙江大学出版社，2011。)

三、如果你是公司商务谈判代表，在商务谈判中遇到下述问题，你将如何处理?

1. 你的一位客户不接受你所开出的价格，但他只是抱怨价格太高，而没有提出任何具体的建议。面对这种情况，你会怎么办?

2. 你公司有一辆半新不旧的轿车想出售，经研究能卖5万元即感满意。就在你准备寻找卖主的当天下午，即有人介绍说，某单位可出6万元的价格购买一部同样的车。此时，你认为最明智的选择是什么? 从以下方面选择，并说明理由。

(1)毫不犹豫地接受这家公司的报价，向领导光荣交差。

(2)告诉对方3天后再答复他。因为你想看看自己再寻找其他买主的效果如何。

(3)跟对方讨价还价。

3. 商务谈判到一定阶段(比如中局阶段或结尾阶段)，对手的话往往或多或少有了一些伸缩性，或者说有了一些弦外音。下面这些话如果是你们的谈判对手说的，这些话到底暗示着一些什么意思呢?

(1)“你所给的期限太短，我们很难接受。”

(2)“这是很合理的价格。”

(3)“我无权议价。”

(4)“本公司从没以价格作为谈判的标准。”

(5)“根据公司的政策，我们是不打折扣的，就是打折扣，也不会超过10%。”

(6)“在这样的订货条件下，我们的价格是300元。”

(7)“这是我们标准的签约条件。”

## 本章小结

本章主要讲述了商务谈判的技巧。

商务谈判是指一切有形或无形产品的交换中的协商洽谈行为，一般商务谈判分为四个阶段，即准备阶段、开局阶段、中局阶段、收尾阶段，需遵循公平，兼顾双方利益、时间、信息、谈判地位、谈判心理活动等原则。

着重讲述了商务谈判过程中各阶段的策略，以及掌握商务谈判中的各种语言技巧和行为策略。讲述了针对不同的对手设计谈判方案，选择谈判策略，并且能够打破谈判的僵局，实现成功的双赢谈判。

# 第八章　营销沟通技巧

## 学习目标

1. 学习商务销售的基础知识。
2. 学习并掌握商务销售的原则和方法。
3. 学习并掌握商务销售技巧。

## 第一节　销售概述

### 案例引入

1981 年 7 月 29 日，是英国查尔斯王子和戴安娜小姐举行婚礼的日子。人们早已急不可待，都想亲眼看见这“20 世纪最豪华的婚礼”。有的人几天前就在马路上划好地盘，写上名字，标明这是自己的“领地”，有的人索性晚上就睡在马路边上；有许多外国人也长途跋涉赶来观看盛典。7 月 29 日上午，从白金汉宫到圣保罗大教堂的街道两旁，聚集了约 150 万人，后面的人因为难以看清街道上的情形而显得焦躁不安，唯恐错过这次机会。9 点 40 分，距婚礼开始还有 20 分钟的时候，奇迹出现了，不知道从什么地方一下子涌出近百名报童，一边奔向人群，一边高声叫着：“女士们，先生们，请用潜望镜观看盛典，一英镑一个。”他们把一个个用硬纸板做的潜望镜出售给急于观看又唯恐看不到的群众，使这些人的需求得到了很大的满足。这次推销活动一下子售出潜望镜几十万个。策划这次推销活动的老板借着这个机会大大赚了一笔。

（资料来源：胡伟、胡军，《沟通交流与口才》(第一版)，北京，清华大学出版社，2016。）

### 一、销售沟通的职能

销售是最重要的商务活动之一。企业是营利性组织，一切活动都是以获得利润为目标。获得利润的前提是销售收入能够弥补成本。

在不同时代，销售在企业经营中的重要性是不同的。人们对销售的地位及其重要性的认识，也经历了一个不断演变的过程。在进入大工业生产时代之前，整个市场的基本格局是供不应求的，销售成为产品生产出来之后一个自然而然的环节，销售在经营中只处于附属的地位。而进入大工业生产时代之后，特别是第二次世界大战以后，随着需求不足、竞争激烈、销售下降、成本提高等情况的出现，销售在经营中的地位不断提高，有些企业甚至将销售作为经营的核心环节，如实行以销定产、订货生产等。今天，大部分的经营者都认为销售是联结市场需求与经营的纽带。要想有效地满足顾客需要，占领市场的制高点，就必须将销售置于企业的核心地位。可以说，从直接的角度看，销售是企业生存和发展的生命线。

从经营的角度看，影响产品销售的因素有很多，如市场需求、产品性能、品牌形象、渠道能力等。但不可否认的是，在其他条件相同的情况下，销售人员与目标客户的沟通能力也对销售业绩有重大影响。即使销售同样的产品，善于沟通的销售人员会比不善于沟通的销售人员的销售成果好得多。销售人员的工作热情、工作态度、工作技巧对销售业绩有着十分重要的作用。

销售沟通在经营中的职能是多方面的，其中突出的有以下四个方面。

第一，销售沟通有助于树立企业的良好形象。在很多时候，顾客是无法了解企业生产、经营的全过程的。不仅个体消费者如此，一些企业客户和经销商也是如此。对于这些客户而言，对企业的了解除了大众媒体之外，最直接的就是与销售人员的沟通。如果说客户对大众媒体的宣传还心存怀疑，那么通过与销售人员的沟通所获得的关于企业的印象就真实、直观得多了。

第二，销售沟通有助于了解顾客的需求。取得商务成功的一个重要前提条件就是了解顾客的需求。在顾客需求越来越差异化和个性化的今天，销售人员与顾客直接的沟通将为企业带来大量珍贵的第一手需求信息。

第三，销售沟通有助于全面、准确、及时地将产品信息传递给目标客户。在现代社会化大生产的条件下，生产是高度集中在一个或几个区域内的，而目标顾客则分散在世界各地，获取产品信息是顾客购买产品的必要前提。这个需求在很大程度上是通过销售沟通实现的。有些时候，顾客本身也不十分了解自己的需求以及相对应的解决方案，此时，销售沟通的重要性尤其显著，它同时起到了激发需求和实现销售两个方面的作用。

第四，销售沟通有助于达成直接的销售。销售沟通是一种多功能的行为，通过销售沟通不仅可以向顾客介绍产品信息、宣传企业形象，还可以达成交易、完成售后的一些服务。

## 二、销售沟通的类型

按照销售对象、销售阶段和销售形式的不同，销售沟通可以分为不同的类型。

### （一）售前沟通、售中沟通和售后沟通

按照销售阶段的不同，销售沟通可以分成售前沟通、售中沟通和售后沟通。

售前沟通指企业或销售人员在与顾客直接见面推销或销售前进行的沟通，可以分为传媒沟通和人际沟通两种形式。售前沟通中的传媒沟通是指企业或销售人员通过电视、报纸、广播、网络等大众媒体向目标顾客发送的单向信息，它对销售人员的销售活动往往会

起到非常好的支持作用。售前沟通中的人际沟通是指在销售活动进行前通过派发宣传材料、样品、礼品、口头介绍等方式向顾客介绍企业和产品的情况。售前沟通主要对引起顾客的购买兴趣具有比较大的影响。

售中沟通是指在销售过程中向顾客介绍企业和产品信息。售中沟通是销售沟通中最重要的一个阶段。在这一阶段，销售人员既要帮助顾客了解产品性能，又要促使消费者打消顾虑和产生购买冲动。售中沟通是对达成交易影响最大的一个阶段。

售后沟通是销售完成后销售或服务人员与顾客之间的沟通。售后沟通可以分为三种情况，即售后告知、售后回访和售后服务。售后告知是指在消费者刚刚购买完产品的时候，销售人员要及时地就产品使用中的注意事项、可能出现的不良后果进行解释说明，这样做一方面是为了客户更好地使用产品，另一方面也可以在一定程度上为将来可能出现的纠纷或问题免除法律或道义上的责任。这样一些内容之所以选择在购买刚刚结束的时候说明，是为了避免加重顾客的犹豫，在不影响销售的情况下履行全面的告知义务。通常，在这个时候顾客是有机会选择退货的，不过绝大部分顾客不会退货。售后回访是顾客购买产品一段时间后，通过上门访问、电话访问等形式了解顾客对产品和服务情况的意见、建议。售后服务是指在顾客购买产品后提供的其他服务，如送货、安装、维修、升级等。售后沟通往往对于树立企业良好形象、刺激重复购买具有很大的作用。

**(二)媒体沟通和人际沟通**

按照销售形式的不同，销售沟通可以分为媒体沟通、人际沟通等。

前面我们已经介绍过，媒体沟通是售前沟通中最重要的沟通形式。通过媒体沟通，企业可以向消费者传递企业和产品信息，树立企业品牌形象，激发消费者的购买欲望，减小购买的阻力。

人际沟通是指销售人员通过面对面或电话等媒介直接与顾客进行的沟通。人际沟通是销售沟通中最主要的形式。

**(三)渠道沟通和用户沟通**

按照销售对象的不同，销售沟通可以分为渠道沟通与用户沟通。渠道沟通是指销售人员与经销商或代理企业之间的沟通，如制造商与超市之间的沟通。在现代市场竞争中，由于最终顾客分布在不同的地域、行业，即使一些世界知名的大企业也无法直接与最终顾客建立起直接的联系，在零售终端尤其如此。在这种情况下，企业一般通过经销商、代理商与最终顾客建立起联系。此时，企业与销售渠道成员的沟通就变得十分重要，因为渠道成员在企业和最终消费者之间起着上传下达的作用。或者换句话说，企业与最终顾客之间的沟通是依赖渠道成员实现的。

用户沟通是指企业销售人员与产品最终购买者和用户之间的沟通，由于受到企业资源和顾客分散性的影响，通常大部分企业不采取这种销售和沟通方式，只有某些特定行业或者某一部分企业采取这种形式。

## 三、销售沟通中的障碍

销售沟通属于典型的外部沟通，而且在销售过程中顾客要为存在不确定性的商品或服务付出经济代价，因此，销售沟通中存在很多特殊的障碍，几乎是最困难的商务沟通形式。关于人际沟通中的一般障碍我们在第一章中已经做过介绍，这里不再赘述。下面我们就销售沟通中的障碍做一些介绍。销售沟通中的特殊障碍主要表现在沟通对象的不信任心理、沟通对象的复杂性和沟通双方利益的直接冲突。

**(一)沟通双方利益的直接冲突**

尽管正常的销售活动是买卖双方之间商品和货币的自愿让渡，但交易条件的不同直接导致双方不同的利益分配。因此，沟通双方利益的直接冲突是销售沟通中一个不可回避的问题。从销售人员方面看，必须采取适当的策略和方法、提供适当的佐证材料，才能使买方如实介绍自己的观点和交易条件。

**(二)沟通对象的不信任心理**

为了将自己的产品或服务顺利地销售出去，企业和销售人员总会尽力将自己的产品或服务描绘得完美无缺，正所谓“王婆卖瓜，自卖自夸”。这必然会造成沟通对象的怀疑心理。如何获得销售对象的信任，是销售沟通成功的首要问题。

**(三)沟通对象的复杂性**

对于销售人员来说，所要沟通的目标顾客来自四面八方甚至世界各地，公司背景和个人背景相去甚远，性格各异，目标也不尽相同。学会与不同背景的顾客打交道，是对销售沟通的基本要求。因此，要求销售人员在销售沟通过程中，首先一定要清楚沟通的对象是谁。

## 思考与训练

一、测测你的销售能力

1. 假如您的客户询问您有关产品的问题，您不知道如何回答，您将(　　)。

A. 以您认为对的答案，用好像了解的样子来回答

B. 承认您缺乏这方面的知识，然后去找正确答案

C. 答应将问题转呈给业务经理

D. 给他一个听来很好的答案

2. 当客户正在谈论，而且很明显，他所说的是错误的，您应该(　　)。

A. 打断他的话，并予以纠正

B. 聆听然后改变话题

C. 聆听并找出错误之处

D. 利用反问以使他自己发觉错误

3. 假如您觉得有点泄气时，您应该(　　)。

A. 请一天假不去想公事

B. 强迫您自己更卖力去做

C. 尽量减少拜访

D. 请示业务经理和您一道去

4. 当您拜访经常吃闭门羹的客户时，您应该(　　)。

A. 不必经常去拜访

B. 根本不去拜访他

C. 经常去拜访并试图去改善

D. 请示业务经理换人试试

5. 您碰到对方说“您的价格太贵了”，您应该(　　)。

A. 同意他的说法，然后改变话题

B. 先感谢他的看法，然后指出一分钱一分货

C. 不管客户的说法

D. 运用您强有力的辩解

6. 当您回答客户的相反意见之后，您应该(　　)。

A. 保持沉默并等待客户开口

B. 变换主题，并继续销售

C. 继续举证，以支持您的观点

D. 试行订约

7. 当您进入客户的办公室时，正好他在阅读，他告诉您他会一边阅读，一边听您的话，那么您应该(　　)。

A. 开始您的销售说明

B. 向他说您可以等他阅读完了再开始

C. 请求合适的时间再访

D. 请求对方全神贯注地聆听

8. 您正用电话去约一位客户以安排拜访时间，总机小姐把您的电话，转给他的秘书小姐，秘书问您有什么事，您应该(　　)。

A. 告诉她您希望和他商谈

B. 告诉她这是私事

C. 向她解释您的拜访将带给他莫大的好处

D. 告诉她您希望同他谈论您的商品

9. 面对一个激进型的客户，您应该(　　)。

A. 客气的交谈

B. 过分的客气

C. 证明他错了

D. 拍他马屁

10. 对付一位悲观的客户，您应该(　　)。

A. 说些乐观的事

B. 对他的悲观思想一笑了之

C. 向他解答他的悲观外表是错误的

D. 引述事实并指出您的论点是完美的

11. 在展示印刷的视觉辅助工具时，您应该(　　)。
A. 在他阅读时，解释销售重点
B. 先销售视觉辅助工具，然后再按重点念给他听
C. 把辅助工具留下来，以便待查之后让他自己阅读
D. 希望他把这些印刷物张贴起来
12. 客户告诉您，他正在考虑竞争者的产品，他征求您对竞争者的产品意见，您应该(　　)。
A. 指出竞争者产品的不足
B. 称赞竞争者产品的特征
C. 表示知道他人的产品，然后继续销售您自己的产品
D. 开个玩笑以引开他的注意
13. 当客户有购买的征兆，如“什么时候可以送货”，您应该(　　)。
A. 说明送货时间，然后继续介绍您的产品特点
B. 告诉他送货时期，并请求签订单
C. 告诉他送货时期，并试做销售提成
D. 告诉他送货时间并等候客户的下一步骤
14. 当客户有怨言时，您应该(　　)。
A. 打断他的话，并指责其错误之处
B. 注意聆听，虽然您认为自己公司错了，但有责任予以否认
C. 同意他的说法，并将错误归咎于您的业务经理
D. 注意聆听，判断怨言是否正确，适时答应并予纠正
15. 假如客户要求打折，您应该(　　)。
A. 先答应，待回去后向业务经理要求
B. 告诉他没有任何折扣了
C. 解释贵公司的折扣情况，然后热心地推介产品的特点
D. 不予理会
16. 当经销商店向您说：“这种产品销售不好”时，您应该(　　)。
A. 告诉他其他零售店销售成功的实例
B. 告诉他产品没有按照应该陈列方法陈列
C. 很技巧地建议他商品计划的方法
D. 向他询问销路不好的原因，必要时将货取回
17. 在获得订单后，您应该(　　)。
A. 高兴地多谢他后才离开
B. 略为交谈他的嗜好
C. 谢谢他，并恭喜他的决定，扼要地再强调产品的特征
D. 请他到附近去喝一杯
18. 在开始做销售说明，您应该(　　)。
A. 试图去发觉对方的嗜好，并交换意见

B. 谈论气候
C. 谈论今早的新闻
D. 尽快地谈些您拜访他的理由，并说明他可获得的好处
19. 在下列的情况中，哪一种是销售员充分利用时间的做法（　　）。
A. 将客户资料更新
B. 当他和客户面对面的时候
C. 在销售会议学习更好的销售方法
D. 和销售同事谈论时
20. 当您的客户被第三者打岔时，您应该（　　）。
A. 继续销售不予以理会
B. 停止销售并等候有利时间
C. 建议他在其他时间再来拜访
D. 请客户去喝一杯咖啡

评分标准：

| 题目 | 答题分数 A | 答题分数 B | 答题分数 C | 答题分数 D |
|---|---|---|---|---|
| 1 | 2 | 5 | 3 | 1 |
| 2 | 1 | 3 | 1 | 5 |
| 3 | 1 | 5 | 1 | 3 |
| 4 | 1 | 1 | 5 | 3 |
| 5 | 1 | 5 | 3 | 2 |
| 6 | 2 | 1 | 2 | 5 |
| 7 | 1 | 5 | 3 | 2 |
| 8 | 1 | 1 | 5 | 2 |
| 9 | 5 | 1 | 1 | 1 |
| 10 | 3 | 2 | 1 | 5 |
| 11 | 1 | 5 | 1 | 1 |
| 12 | 1 | 3 | 5 | 1 |
| 13 | 1 | 3 | 5 | 1 |
| 14 | 1 | 2 | 1 | 5 |
| 15 | 2 | 3 | 5 | 1 |
| 16 | 1 | 1 | 5 | 2 |
| 17 | 3 | 1 | 5 | 1 |
| 18 | 3 | 1 | 1 | 5 |
| 19 | 3 | 5 | 2 | 1 |
| 20 | 1 | 2 | 5 | 3 |

销售能力测评评分表：

如果您的分数是100分，您是专业的推销员。

如果分数在90～99分，您是很优秀的推销员。

如果分数在80～89分，您是一个良好的推销员。

如果分数在70～79分，你是一般推销员。

如果分数在60～69分，您是待训练的推销员。

如果分数在59分以下，您需要自问：我选择了推销这个行业是正确的选择吗？

二、案例讨论

“我可以使用一下您的打字机吗?”一个陌生人推开门，探着头问。在得到主人的同意后，他径直走到打字机前坐了下来，在几张纸中间，他分别夹了8张复写纸，并把它卷进了打字机。

“您用普通的复写纸能复写得这么清楚吗?”他站起来，顺手把纸分发给办公室每一位，又把打在纸上的字句大声朗读了一遍。毋庸置疑，来人是上门推销复写纸的推销人员，疑惑之余，主人很快被这复写纸吸引住了。

这是出现在上海浦东开发区某家誊印社的一个场景。不言而喻，推销人员当场获得了这家誊印社一份数额可观的订货合同。

1. 分析这位推销人员在语言、动作、实物三方面各有什么特点?
2. 总结一下他是如何成功地推销了复写纸的?

# 第二节　销售沟通的原则与方法

## 案例引入

一对年轻夫妇想给孩子买一些百科读物，推销员过来与他们交谈。

推销员：你看这套书的装帧是一流的，整套都是这种真皮套封烫金字的装帧，摆在您的书架上，非常好看。

客户：我看得出，不过我想知道的是……

推销员：本书内容编排按字母顺序，这样便于资料查找。每幅图片都很漂亮逼真，比如这幅，多美。

客户：我是为孩子买的，让他从现在开始学习一些东西。(推销员作势要将书打包，给客户开单出货)

推销员：本周内有一次特别的优惠抽奖活动，现在买说不定能中奖呢。

客户：我恐怕不需要了。

## 一、销售沟通的原则

要顺利实现销售沟通的目标，销售人员在销售沟通中要遵循一些基本原则。这些基本原则主要包括以下几个方面。

### (一)情感原则

销售沟通的对象是人，而无论他是何人，无论他是什么地位，也无论他代表什么样的机构、具有什么样的社会属性，都无法改变他是一个人的基本属性。每一个人都是具有感情的社会一分子。因此，在销售沟通中尽量不要仅仅以金钱作为诱导手段，而应采取富有人情味的表达方式。例如，销售人员可以建立客户档案，记录每个客户的特点、爱好、父母亲的生日、结婚纪念日、孩子的生日等，在适当的时候给予客户不同的关怀、照顾和祝福，这是建立感情的重要资源，而且可以收到投入小、见效大的效果。

### (二)诚信原则

任何法律上的合约都不可能把销售中可能发生的所有事情都考虑周到，即使合约规定得比较缜密，也还是会存在执行程度的问题。要保持长期的互惠互利关系，沟通双方必须在沟通过程中和其后的执行过程中坚持诚信原则，不可以言而无信。

### (三)顾客为本原则

所谓顾客为本就是在沟通过程中处处考虑顾客的利益和感受，以此作为沟通的核心内容。在销售沟通过程中，顾客为本原则上可以用“顾客是上帝”这样一句话来概括。“顾客是上帝”是很多销售人员经常提到的一个基本原则。从销售沟通的角度看，“顾客是上帝”具有以下几重含义。

第一，顾客是有权提出各种要求的，尽管这些要求销售人员不一定都要满足。

第二，顾客是企业和员工的衣食父母，销售人员必须竭尽全力为顾客服务。

第三，作为上帝的顾客是永远没有错误的，不能以挑剔、指责的态度对待客人。

### (四)法制原则

从法律角度讲，销售人员与顾客之间达成的各种协议，特别是书面协议都是具有法律效力的，受到法律的保护，双方都必须遵守。此外，除了合约中的约定之外，各国还存在大量强制性的法律法规。在销售沟通中销售人员应该树立法治意识，既要严格遵守法律法规的强制规定，也要从法律角度考察沟通的内容和形式的合法性。

### (五)利益诱导原则

与管理沟通不同的是，在销售沟通中，沟通双方处于完全平等的地位，不存在地位和权力的高低之分。销售人员要达到沟通的目的，只能对顾客采取诱导的方法，而不能采取逼迫的方法。尽管有些时候由于供不应求等原因使得销售者处于有利地位，可以在一定程度上采取逼迫的策略，但从长期看，这样必然会损害企业与顾客之间的关系，正如孙子兵法所云：“合于利而动，不合于利而止”。

销售人员在销售沟通中，首先，必须清楚地向顾客传递清晰的诱导信息，如自己的产品或服务能给消费者或客户带来什么利益，有什么好处，与竞争对手的同类产品相比，或与替代产品相比有什么优点等。其次，需要注意的是利益的表现形式是多样化的，可以是物质利益，也可以是精神利益，无论何种形式，只要是顾客需要的就可以。最后，“利”的主体也是多样的，可以是他本人，也可以是他的家人。

## 二、销售沟通的方法

销售沟通的方法有很多，下面我们根据进行销售沟通的思路的不同，将销售沟通的方法主要分为开门见山、步步为营、示弱求助、拖延重复、虚实结合、迂回诱导等。

### (一)开门见山

所谓开门见山，是指销售人员在销售过程中直接向有关客户介绍本企业、本企业产品和本企业销售方面的信息。开门见山方法的特点是直接、明确。一般适合于客户对企业或产品已有比较多的了解，对于有长期往来的老客户这种方法比较适合。此外，这种方法也适用于与潜在客户的初次一般沟通。

### (二)示弱求助

所谓示弱求助，是指利用对方心理或感情上的弱点，使对方在心理上对我方产生好感或同情，使自己得到较为有利的交易条件。

大多数人都有同情弱者的心理，在商务活动中也不例外。采用这种方法要把握几个要点：一是对对方要尊重礼让，即通过良好的表现，使对方获得尊重的需要，获得心理上的满足；二是在沟通过程中故意暴露出处境艰难、令人怜悯的迹象，借以赢得对方的恻隐之心，降低交易条件；三是要注重与沟通对象的非正式沟通，利用各种非正式场合尽可能加强与对方的沟通，取得谅解和共识，例如，在欢迎酒宴或观光旅游过程中巧妙地提出自己的要求等。礼貌、周到、耐心是这种方法的核心。

### (三)步步为营

所谓步步为营，是指在销售过程中明确表明己方的态度、观点和条件，立场强硬，迫使对方做出让步。这种方法主要适合于产品供不应求或购买方由于品牌、质量、功能方面的原因对本方所销售的产品有比较强的购买意向的情况。

采用这种方法通常要具备两个条件：一是要注意确保本企业的产品在品牌、质量、功能方面的确处于明显的领先地位；二是通过市场调研确认对方对本方所销售的产品具有比较强的购买意向。运用这种方法时要注意，起初的销售条件要高，让步要慢，同时要趁机试探对方的条件底线。在沟通过程中即使做出让步，幅度也要很小，随着沟通的展开，让步越来越小，即使面临陷入僵局的危险也不改变本方的强硬立场。

采用这种战术，事先要做好充分的准备工作，开始就向对方提出一系列使对方难以回答或保证的问题和要求。同时，针对对方的论点和论据，不遗余力地逐一加以批驳。这样做的目的是打击对方的自信心，使他们对自身看法产生动摇。但是，要注意采取比较温和的方式，如措辞尽量委婉、提供新的证据、给予对方足够长的时间等。

当对方提出要求而我方不愿意满足时，为了避免让步，可以借口某种客观因素或条件的制约而拒绝对方的要求。经常使用的限制性因素包括授权限制、资料限制以及其他的限制。为了达成交易，当双方沟通处于僵持阶段时，可以突然宣布某个新条件或某个期限，并向对方说明这是由于目前的一些特殊原因而提出的优惠条件，时间很紧，给对方一定压力尽快做出最终答复。

**（四）迂回诱导**

迂回诱导是指在对方对己方的销售人员不信任或对产品不感兴趣的情况下，销售人员暂时不谈及直接的销售目标，而是先努力与对方加强感情沟通，获得对方的信任，然后再借机推销产品的方法。

迂回诱导是销售沟通中常用的一种方法。在销售过程中，客户的不信任心理是十分常见的现象，在这种情况下，如果一味采取直接介绍和说服的方法，不仅不能够为对方所接受，反而会招致对方的反感。这个时候就需要另辟蹊径，想办法赢得对方的好感，之后才能够进一步推销自己的产品。

**（五）虚实结合**

所谓虚实结合，是指在沟通中采取虚实结合的方法向对方传递信息、提出建议，利用对方的判断失误获得对己方有利的交易条件。经常采用的虚实结合的方法包括以下几种。

传递虚假信息，即在沟通过程中，为了迫使对方降低交易条件，有意向对方传递虚假的信息。例如，暗示对方我方会调整销售人员、结束谈判或者暗示对方与其他客户接触的信息等。采用这种战术最重要的是计划安排要严谨，使对方不产生任何怀疑。

声东击西，即转移对方注意力，在无关紧要的问题上纠缠不休或者在己方不成问题的问题上做文章，以达到分散对方能够对自己真正要解决问题的注意力，在对方没有警觉的情况下实现自己的销售目标。

先硬后软，即安排两组或两个人与对方沟通。一般是第一组或第一个人先与对方沟通，提出较为苛刻的交易条件。在多次沟通未果的情况下再由第二个人或第二组与对方沟通，并提出一个较为优惠的交易条件，诱使对方接受。其实，第二个人或第二组提出的交易条件就是己方真正的交易条件。

**（六）拖延重复**

所谓拖延重复，是指人为地延长沟通的时间或增加沟通的次数，以期对方失去耐心或出现失误，为了快速结束沟通而答应我方的销售条件。常用的拖延重复战术包括以下几种。

疲劳轰炸，即有意将沟通过程安排得非常紧，使得对方不得不在经过白天长时间的沟通后继续在晚上还做沟通准备，从而导致对方疲劳过度，出现失误，达成有利己方的协议。

重复立场，指在沟通中反复强调己方立场，对于对方的立场或建议，或直接加以否定，或寻找借口推脱，或干脆置之不理，迫使对方在无可奈何的情况下做出让步。

不明确表态，即在沟通过程中态度不明朗，利用含糊其词的立场使对方琢磨不透，拖延时间，诱使对方出现失误或降低交易条件。

## 思考与训练

一、案例讨论

**向和尚推销梳子**

一家效益相当好的公司，为扩大经营规模，决定高薪招聘营销主管。广告一打出来，报名者云集。面对众多应聘者，招聘工作的负责人说：“相马不如赛马，为了能选拔出高素质的人才，我们出一道实践性的试题：就是想办法把木梳尽可能多地卖给和尚。”绝大多数应聘者感到困惑不解，甚至愤怒：出家人要木梳何用？这不明摆着拿人开涮吗？于是纷纷拂袖而去，最后只剩下三个应聘者甲、乙和丙。负责人交代：“以十日为限，届时向我汇报销售成果。”十日到。负责人问甲：“卖出多少把？”甲答：“1 把。”“怎么卖的？”甲讲述了历尽辛苦游说和尚应当买把梳子，无甚效果，还惨遭和尚的责骂，好在下山途中遇到一个小和尚一边晒太阳，一边使劲挠着头皮。甲灵机一动，递上木梳，小和尚用后满心欢喜，于是买下一把。负责人问乙：“卖出多少把？”乙答：“10 把。”“怎么卖的？”乙说他去了一座名山古寺，由于山高风大，进香者的头发都被吹乱了，他找到寺院的住持说：“蓬头垢面是对佛的不敬。应在每座庙的香案前放把木梳，供善男信女梳理鬓发。”住持采纳了他的建议。那山有十座庙，于是买下了 10 把木梳。负责人问丙：“卖出多少把？”丙答：“1000 把。”负责人惊讶地问：“怎么卖的？”丙说他到一个颇具盛名、香火极旺的深山宝刹，朝圣者、施主络绎不绝。丙对住持说：“凡来进香参观者，多有一颗虔诚之心，宝刹应有所回赠，以做纪念，保佑其平安吉祥，鼓励其多做善事。我有一批木梳，您的书法超群，可刻上三个字，便可作为赠品。”住持大喜，立即买下 1000 把木梳。得到“积善梳”的施主与香客也很是高兴，一传十、十传百，朝圣者更多，香火更旺了。

讨论：

1. 甲乙丙三人的销售方法各有什么特点？

2. 丙销售成功的经验什么？

二、情景模拟

两人一组，一位是卖肉的屠户，另一位上了年纪的妇女。妇女在屠户的摊位前停下来，看着面前的一块肉说：“哎！太肥了！”模拟把这块肉推销出去的过程，并总结销售的成功经验与不足。

# 第三节　销售沟通技巧

## 案例引入

被誉为“日本推销之神”的原一平，在刚刚进入销售行业时，是一个桀骜不驯、不太注重礼仪的人。

有一天，原一平受公司之托去拜访一家酒店。

这家酒店的老板是公司的老业务员促成的新客户，因此原一平的这次拜访应该算是回访。原一平当天打扮得很随便，帽子歪戴着，领带也没系好。

原一平一边说“早安”，一边没有礼貌地直接拉开酒店的玻璃门，应声而出的是酒店的老板。

老板一见原一平的模样，就生气地大声说：“喂！你是什么态度？你懂不懂礼貌？还歪戴着帽子跟我讲话，我信任明治保险才投了保，谁知我所信赖的公司的员工竟然这么随便、无礼！”

客户拒绝了原一平请求其继续投保的要求。

后来，原一平不断地道歉，才勉强留住了这位客户，多年后他对这件事依然记忆犹新。在世界“百万美元圆桌会议”上，有媒体对这位20世纪最伟大的销售员做了专访，当记者问原一平什么才是成功推销的保证时，原一平很认真地说出了两个字——“礼仪”。

（资料来源：魏巍，《销售礼仪与沟通技巧培训全书》，北京，中国纺织出版社，2015。）

## 一、销售沟通计划的制订和执行

成功的销售沟通需要事先制订周密的计划，计划制订之后还要切实地执行。我们可以把复杂的销售沟通过程归纳为四个步骤，即制订沟通计划、建立良好关系、实现销售和保持长期关系。

### （一）制订沟通计划

在沟通计划中首先要明确销售沟通的目标、对象、主题、时间、地点、方式等沟通的基本内容。特别要注意的是，不仅要分析自己的目标，还要设法理解和弄清楚对方的心理和要求，然后将两者进行比较，找出双方利益一致和不一致的地方。对于双方利益一致的地方，可以在沟通前首先提出来，确立双方沟通的基础。

买卖活动发生的客观基础是双方之间的利益双赢，即买卖双方之间存在可以谈判和协商的利益。双方沟通的过程既是发现利益的过程，也是对利益进行分割的过程。在销售沟通过程中要注意共同利益区间的存在，也就是双方可以接受的利益区间，即最低利益与最高利益之间。如果卖方要价过高，使对方无法得到最低利益，就会导致沟通破裂；反之，如果卖方要价过低，也会使本方利益受到损失。销售沟通的目标可以分为三个层次：第一个层次是最低目标，也可以称为销售底线；第二个层次是可接受的目标，这是销售中可接受的交易条件范围；第三个层次是最高目标，即认为可以取得的最好的交易条件。

沟通计划的制订是否成功，在很大程度上取决于信息收集和分析的质量高低。信息可以区分为不同的类型，如市场信息、技术信息、政策信息、竞争对手状况的信息等。信息内容不是一成不变的，还有很多信息事前很难获得，如沟通对象的背景、性格、能力等；有些信息还要在沟通过程中加以核实和调整。

### （二）建立良好关系

在一般情况下，人们在对对方不了解、不信任的情况下总是存在一定的戒备心理，层层设防。很多人不愿意与陌生的销售人员进行沟通，更不愿购买其产品。在这种情况下，销售成功的可能性是很低的。只有在双方有了一定的了解和相互信任的情况下，销售才能顺利展开。可以说，买卖双方之间良好的信任关系是销售成功的基础。

### （三）实现销售

在建立良好关系的基础上，销售人员就可以向潜在的客户介绍企业和产品的情况了，通过介绍情况和分析客户可获得的利益，销售人员可以说服潜在客户购买自己的产品或服务，从而实现销售。

**(四)保持长期关系**

仅仅实现一次销售并不是销售人员的目标，销售人员的目标是向同一顾客或不同顾客不断销售自己的产品或服务。要做到这一点，就必须对现有客户和潜在客户群信守协议、积极履行合同与他们建立良好的关系。

## 二、销售沟通中的注意事项

下面我们简要介绍一下销售沟通中要注意的一些事项。

**(一)介绍和自我介绍**

买卖双方结识是展开销售沟通的前提。销售人员可以通过他人介绍与顾客结识，也可以通过自我介绍与顾客结识。对销售人员来说，掌握介绍和自我介绍的技巧和礼节是十分重要的。

介绍分为正式的介绍和非正式的介绍。在较为正式、庄重的场合，有两条通行的介绍规则：其一是把年轻的人介绍给年长的人；其二是把男性介绍给女性。在介绍过程中，先提某人的名字是对此人的一种敬意。比如，要把一位章先生介绍给一位李小姐，就可以这样介绍："章先生，让我把李小姐介绍给你好吗?"然后给双方做介绍："这位是章先生，这位是李小姐。"再如，把一位年纪较轻的女性介绍给一位德高望重的长辈，则不论性别，均应先提这位长辈，可以这样说："章先生，我能把李小姐介绍给您吗?"在介绍时，最好是姓名并提，还可附加简短的说明，比如，职能、职务、学位、爱好和特长等。这种介绍方式等于给双方提示了开始交谈的话题。如果介绍人能找出被介绍的双方某些共同点就更好了。如果是在一般的、非正式的场合，则不必过于拘泥礼节，假若大家又都是年轻人，就更应以自然、轻松、愉快为宗旨。介绍人说一句："我来介绍一下"，然后即做简单的介绍，也不必过于讲究先介绍谁、后介绍谁的规则。最简单的方式恐怕莫过于直接报出被介绍者各自的姓名，也不妨加上"这位是""这就是"之类的话加强语气，使被介绍人感到亲切和自然。在把一个朋友向众人做介绍时，说句"诸位，这位是李小姐"也就可以了。

除非特殊情况，人们一般都不习惯毛遂自荐，主动地自报姓名。如果你想知道某人的名字，最好是先找个第三者问一问："那位穿西装的是谁呀?"其后在你和这位穿西装的章先生见面时就可以说："你好，章先生。"无论如何不要莽撞地问人家："你叫什么名字?"这显得唐突。如果万不得已也应说得婉转一点："对不起，不知该怎么称呼您?"

有时销售人员为了某事需要结识某人，在没有人介绍的情况下也可以直截了当地自我介绍："我叫章杰，是北京公司的销售经理。"或者说："你是李小姐吧，我叫章杰，是北京公司的销售经理。"如果能找出你和对方的某种联系作为自我介绍的内容，那就再好不过了，但即使是素昧平生也没什么关系，只要你能彬彬有礼，对方自然也会以礼相待。

**(二)销售礼仪**

销售礼仪是展现销售人员良好修养和精神面貌的外在线索。商务人员在商务交往中通常注重仪表、礼仪，希望通过外在的现象展示企业和个人的良好形象。

销售礼仪包括服饰礼仪和行为礼仪两个方面。

销售人员的服饰礼仪主要包括服装和外形修饰两个方面。尽管销售人员的服装并不存在一个统一的标准或规范，但通常销售人员的服饰选择应遵循典雅、庄重、保守、规范的基本原则，例如，西装、衬衣、领带、皮鞋就是高级销售人员比较常见的着装组合。在外形修饰方面，对销售人员的一般要求是整洁、端庄，尽量避免过于新奇时髦的发型和妆容。

销售人员的行为礼仪方面的要求包括精神饱满，面带温和、亲切的微笑，眼睛正视顾客；主动与顾客打招呼，称谓恰当；走路时挺直腰杆，身体略向前倾，迈步有节奏；讲话要用明快、清晰的语调；主动为客户开门；递、接名片用双手，并要道谢；除非得到同意，否则不要吸烟；避免不良的动作和姿态，如玩弄手中的小东西，不时地理头发、搅舌头、清牙齿、掏耳朵，盯视指甲、天花板或对方身后的字画等；不要随意做手势，特别是夸张的手势。

**(三)谈话的主要内容和注意事项**

开始谈话最困难的，就是应讲什么话题。在销售沟通中与不熟悉的客户开始第一句交谈是最不容易的。因为你不熟悉对方，不知道对方的性格、嗜好和品行，又受时间的限制，不允许你做过多了解或考虑，又不宜冒昧地提出特殊话题。这时，直截了当地进行自我介绍和产品介绍是一种比较保险的方法。如果对沟通对象有一定把握，也可以现场发挥，按照当时的环境寻找话题。

通常来说，关于公司、产品、业务的一些知识是销售沟通的基本内容。通过对公司、产品、业务的详尽介绍，可以向客户展示你对本公司产品和服务的良好理解，并指出产品和服务能为客户带来的好处。在这方面，销售人员不要仅仅局限于公司事先准备好的宣传材料，千篇一律的介绍会导致客户的厌烦和不信任。销售人员可以适当介绍一下别人的经验和自己的体会，即使不够准确也没关系。在与客户的交往中，个人体验得来的经验往往具有很强的说服力，积累得越多，就越有说服力。

销售沟通中要尽量避免一些容易引起争议、歧义的话题，例如，不要说竞争对手的坏话，这有失风度；不要说公司、同事、上司的丑闻和坏话；不要泄露其他客户的秘密，否则会让顾客觉得你不能保守秘密，不值得信任；除非赞扬，尽量避免谈及女客户的身体或容貌方面的问题；不要谈论商业上的不景气，这容易影响顾客的购买欲；尽量不要谈论对方可能不知道的东西，这显得不重视顾客，难以激发顾客的兴趣。一般不要涉及疾病、死亡等事情，不谈一些荒诞离奇、耸人听闻、黄色淫秽的事情。一般不询问妇女的年龄、婚否，不询问对方的履历、工资收入、家庭财产、衣饰价格等私人的问题。与妇女谈话不要说对方长得胖、身体壮之类的话。对方不愿回答的问题不要追问，谈及对方反感的问题应表示歉意，或立即转移话题。一般谈话不批评长辈、身份高的人员。不讥笑、讽刺他人，也不要随便议论宗教问题。

交谈过程中表情要自然，语言和气亲切，表达得体。说话时可适当做些手势，但动作不要过大，更不要手舞足蹈。谈话时切忌唾沫四溅。

参加别人谈话时要先打招呼，如果别人在个别谈话时，不要凑前旁听。若有事需与某人说话，应等别人说完。当有第三者参与谈话时，应以握手、点头或微笑表示欢迎。谈话中遇有急事需要处理或离开，应向谈话对方打招呼，表示歉意。

谈话中要使用礼貌语言，如“您好”“请”“谢谢”“对不起”“打搅了”“再见”等，一般见面时可以说“早安”“晚安”“你好”等。

## 思考与训练

一、案例讨论

**威伯先生的推销艺术**

华尔菲亚电器公司是自动化养鸡设备的生产企业，经理威伯先生发现宾夕法尼亚州的销售情况不妙。当他到达该地区时，推销员代表皱着眉头向他诉苦，咒骂当地富裕的农民：“他们一毛不拔，你无法卖给他们任何东西。”

“是吗?”威伯先生微笑着，盯住推销员的眼睛。

“真的。”推销员说道，“他们对公司意见很大，一点希望也没有!”

“也许是真的。”威伯先生说，“让我们一起去看看吧。”

推销员笑了。他心里想：你们这些当官的，高高在上，平常满口理论，这下可得让你尝尝厉害，他特地选了一家最难对付的农户。

“笃笃笃”，威伯先生轻轻地敲那家农舍的门。

门打开一条小缝，屈根保老太太探出头来。当她看见站在威伯先生后面的推销员时，“砰”的一声，关上了大门。

威伯先生继续敲门，屈根保老太太又打开门，满脸怒色，恶狠狠地说：“我不买你的电器，什么电器公司，一群骗子!”

“对不起，屈根保太太，打扰您了。”威伯先生笑着说，“我不是来推销电器的，我是想买一篓鸡蛋。”

屈根保老太太把门开大了一点，用怀疑的眼光上下打量着威伯先生。

“我知道您养了许多美尼克鸡，我想买一篓新鲜鸡蛋。”

门又打开了一点，屈根保老太太好奇地问：“你怎么知道我的鸡是良种鸡?”

“是这样的”，威伯先生说，“我也养了一些鸡，可是，我的鸡没有您的鸡好。”

适当的称赞，抹掉了屈根保老太太脸上的怒色，但她还有些怀疑：“那你为什么不吃自己的鸡蛋呢?”

“我养的来杭鸡下白蛋，您的美尼克鸡下棕蛋，棕蛋比白蛋营养价值高。”

到这时，屈根保老太太疑虑全消，放胆走出来。大门打开时，威伯先生眼睛一扫，发现一个精致的牛栏。

“我想”，威伯先生继续说，“您养鸡赚的钱一定比您先生养牛赚的钱要多。”

“是嘛!”屈根保老太太眉开眼笑地说，“明明我赚的钱比他多，但是我家那老顽固，就是不承认。”

深谙“人际关系技巧”的威伯先生一语中的。顽固的屈根保老太太竟说她丈夫是“老顽固”。

这时，威伯先生成了屈根保老太太受欢迎的客人，她邀请威伯先生参观她的鸡舍，推销员跟着威伯先生走进了屈根保老太太的家。

在参观的时候，威伯先生注意到，屈根保老太太在鸡舍里安装了各式各样的小型机械，这些小型机械能帮助她省力省时。威伯先生是“诚于嘉许，宽于称道”的老手，适时地给予赞扬。

一边参观，一边谈，威伯先生“漫不经心”地介绍了几种新饲料，某个关于养鸡的新方法，又“郑重”地向屈根保老太太“请教”了几个问题。“内行话”缩短了他们之间的距离。顷刻间，屈根保老太太就高兴地和威伯先生交流起养鸡的经验来了。

没过多久，屈根保老太太主动提起她的一些邻居在鸡舍里安装了自动化电器，“据说效果很好”，她诚恳地征求威伯先生“诚实的”意见，问威伯先生这样做是否“值得”。

两个星期之后，屈根保老太太的那些美尼克良种鸡就在电灯的照耀下，满意地咕咕叫唤起来。威伯先生推销了电器，屈根保老太太得到了更多的鸡蛋，双方皆大欢喜。

（资料来源：王皓白，《商务沟通》，杭州，浙江大学出版社，2011。）

讨论：

1. 在这个案例中推销人员与当地农户之间沟通的最主要障碍是什么？

2. 威伯先生采取了什么样的沟通方法？他是如何做到的？

二、模拟推销：推销手机

1. 两人一组，分别扮演销售员和客户。销售员要将手机成功地推销给客户。在推销过程中，客户提出各种疑问和拒绝，直到被说服购买。时间为 5 分钟。

2. 邀请 2～3 组同学上台表演，其余同学仔细观摩。

3. 表演结束后请参与者结合销售过程谈谈感受，分析成败，并分享经验。

## 本章小结

本章主要讲述了商务销售的艺术。

商务销售是商务活动中最为常见也是最为重要的一种活动，企业除了生产之外，所有的商业利益都要依靠销售来实现。销售沟通不仅有利于了解客户，树立良好的客户形象，更有利于促成交易的达成，因此，销售过程中的各类沟通都极为重要。在销售过程中，要以顾客为本、顾客就是上帝的原则来与顾客进行沟通，同时在利益诱导的基础上，结合拉近距离的情感策略来达成交易。除了上面这几个具体原则之外，在具体的销售沟通过程中同样要采用开门见山、步步为营、拖延重复等一系列的策略来实现和达成交易。在销售的实务中，不仅要灵活运用以上这些原则和策略，同时要注意销售过程中的谈话技巧、销售礼仪等问题，这样才能真正通过销售沟通实现成功的交易和良好的人际关系。

# 第九章　跨文化沟通

## 学习目标

1. 掌握跨文化沟通的概念、特点和意义。
2. 了解影响跨文化沟通的因素和跨文化沟通的障碍。
3. 学习并掌握跨文化沟通的策略及技巧。
4. 学习跨文化沟通中的文化差异。

## 第一节　跨文化沟通概述

### 案例引入

**喝茶事件**

一个美国公司在英国伯明翰购买了一家纺织工厂，希望把它作为进入欧洲市场的桥头堡。但在购买后不久，美国的管理者意识到生产上的一个主要问题，也就是在喝茶休息上所耽误的时间。在英国，一个工人在喝茶休息上要花费半个小时的时间。工人都会沏自己所喜欢的茶，然后用1品脱的器皿慢慢品……

管理者建议工会是否可以用美味的咖啡加快“品尝的时间”，把它改为10分钟，但工会的尝试失败了。一个星期后的一个早晨，工人们骚动了。公司进行了改进，装了一台饮茶机，只放了纸杯在龙头底下，而这只能接标准量的饮料。1品脱的容器被5盎司的纸杯所代替，这个公司再没有恢复生产，即使在饮茶机被取消之后，工人们仍然联合抵制公司直到它被迫关闭。

美国公司对英国工厂的这次“喝茶事件”的改革失败的主要原因是跨文化沟通的障碍。美国公司没有重视不同文化对于员工行为的影响，企图用自己的文化价值去规范不同文化员工的行为，显然是行不通的。

（资料来源：http：//www.doc88.com/p-5177623295905.html，访问日期，2019-5-29。）

随着经济全球化进程的不断加快，跨文化交往活动日益频繁。不同文化背景的人员如果缺乏跨文化沟通的知识和技巧，文化之间的差异便会使他们在沟通中产生误会和不必要的摩擦，影响工作效率，增大内耗。因此，有效的跨文化沟通对改进工作方法和提高生产效率具有重要意义。

## 一、文化的概念

文化是一个具有多义性的模糊概念，不同的国家、不同的地域、不同的民族都可能具有不同的文化。它既包括文学、艺术诸形式，也包括一个民族的风俗、习惯和礼仪，还包括意识形态等方面的内容。文化是人类共同创造的，是人文学科共同关注的基本问题。“文化”是跨文化沟通中的核心因素之一，其文化有广义和狭义之分。

广义的文化，包罗人类所创造的全部物质财富和精神财富，一切非自然的人类创造物都属于文化。狭义的文化侧重于语言、文学、艺术及包括一切意识形态在内的精神产品。

一般而言，对于文化定义的分歧主要集中在“狭义”方面。总的来说是指由某一群体的人们发展、共享并代代相传的行为方式，即某一组织特有的行为特征。其文化要素涵盖了认识体系、规范体系、社会关系和社会组织、物质产品、语言和非语言符号。

## 二、跨文化沟通的概念

跨文化沟通，广义地讲是指发生在不同文化背景的人们之间的信息和情感的互相传递的过程，也称作交叉文化沟通或超越文化沟通。狭义地讲，跨文化沟通专指跨国沟通的行为，它可以分为三个主要层次。

### (一)跨文化人际沟通

跨文化人际沟通是指不同文化背景的个人之间的沟通，沟通双方可以是不同种族、民族和国家的人，也可以是某个亚文化与另外一个亚文化之间的人。

### 案例

**用词不同会造成理解上的差异**

中国人对长者的期待不同于西方人，中国人尊重老人，同时也希望得到老人的支持、鼓励。因此，即使是陌生的长者，我们也常常以亲属关系来称呼他们，比如大爷、大娘、大叔、大婶等。这样的称呼显然是西方人所不能了解和接受的，即使我们中国人最常用的老王、老李、老张等带“老”的称呼，也可能会引起西方人的反感。我曾经开玩笑地告诉一位从事语言学研究的美国同事，为了表示亲切我们应该叫他老单(Old Dan)。但是，他非常生气地说：“我不老，别叫我老单。”同时，中国人对于自己所敬重的人，往往很少直接称呼对方的名字，除非双方有着非常深厚亲密的关系。我们还习惯根据职务、身份来称呼对方，比如，某某主任、某某局长、某某老师等。在中国，我不止一次地看到父母教导自己的孩子不能够直呼长辈名字。但是在西方，如果在相似的人群之间不直呼其名的话，那么就意味着你可能不愿意与他们交朋友，从而会使对方大失所望且很不高兴。在美国，即使对自己最尊敬的教授，学生们也喜欢直呼他的名字。他们认为只有这样，才能表达对老师的敬爱，而这正好与我们中国人的期望相反。

（资料来源：彭凯平、王伊兰，《跨文化沟通心理学》，北京，北京师范大学出版社，2009。）

### (二)跨文化组织沟通

### 案例

**美日谈判**

为了促进贸易，一个美国小组前往四个亚洲国家旅行。这个小组中包含了种植商、制造商、加工商和研究人员。当这个小组来到第一站日本京都的时候，他们就碰到了一个跨文化沟通的挑战。日本的商务人士和政府代表在指定的会议室里与这个小组见了面，他们非常礼貌地问道："谁是你们的领导者?"美国人的第一反应是哄堂大笑。在他们各自的细分行业中，他们都是领导者，而又没有指定某个人超越于其他人之上。

在结束了这次并不成功的京都会议，来到第二站东京的时候，这帮美国人就去向自己的大使馆寻求了帮助。在大使馆里他们才明白，日本人喜欢让自己的组织层级分明，而在日本政府和日本企业内部，通常都是根据资历晋升的。这个小组召集了一次简短的会议，讨论怎样才能让他们的第二次会议变得更成功。每个人都推举格拉斯梅尔——一位受人尊敬的资深研究员，为领导者。

在第二次会议上，当日本人礼貌地询问"谁是你们的领导者"的时候，美国人做好了准备。日本人把格拉斯梅尔安排在了上座，而又在别人之前先给他上茶。这次会议非常成功，美国人和日本人构建起了关系，这种关系带来了一份日本人进口2万吨美国货物的协议。

（资料来源：https：//wenku.baidu.com/view/484425e4d1f34693daef3efd.html，访问日期，2019-5-29。）

跨文化组织沟通是指不同文化背景的两个组织之间的沟通，也包括组织内部不同文化背景成员之间的沟通。跨国经营中的跨文化沟通问题大多发生在这一层面。

### (三)国家间的跨文化沟通

跨文化人际沟通是指不同国家之间利用各种方式进行的信息沟通。这种沟通不一定是直接与外国人进行沟通，日常接触到的外国音乐、电影、新闻、广播等多种形式也是跨文化沟通的重要形式。

## 三、跨文化沟通的特点

对于一般人而言，跨文化沟通存在着不小的困难。那么，跨文化沟通与文化内部成员之间具有哪些差异？从心理学来分析，跨文化沟通一般具有寻求共同点、强烈的投入感、沟通中断的顾虑和沟通的持续性这四个特点。

### （一）寻求共同点

跨文化沟通最大的障碍，往往就是双方之间的共同点非常少，我们不知道对方是否也了解我们文化中习以为常的知识、信念和假定。正因为跨文化沟通时双方的共同点更少，因此不断地寻找双方之间的共同点，是跨文化沟通的一大特色。

由于生活在不同的文化背景中，人们在意识形态、生活经历上都有着很大的差别，在很多话题上可能都会有不同的看法。跨文化沟通过程中，我们应该回避那些令人不愉快的话题，因为这些话题的出现，可能会引起对方的反感。在某种程度上，沟通的双方应该积极地去寻求共同点，具体地来讲，这种寻求共同点的方向有三种。

第一，寻求过去经历中的共同点。比如说共同的学习经历，来自相同的地区，去过相同的地方，共同的业余爱好、兴趣，共同的审美观点等。回忆和寻求双方以往经历中的共同点，可以增进彼此的亲近感，从而淡化文化上的陌生感。

第二，寻求现实交往中的共同点。比如说共同的现实利益、共同的责任和目标等。在寻求到这些共同点之后，双方就会自然而然地产生一种顾全大局的心态，也就是一种求同存异的心理需求。在这种感觉和要求的作用下，双方的冲突意识就会淡化，沟通的愿望也因此增强。

第三，寻求未来关系中的共同点。比如说未来共同的命运、共同的合作关系、共同的前途等，这些更容易使沟通双方产生一种宽广的胸怀和视野，从而主动寻找消除双方差异和歧义的动机及愿望。

### （二）强烈的投入感

跨文化沟通的效果依赖于双方之间对彼此进行高智商、高投入、高情感的过程，因此它对双方的心理素质、智力素质和感情素质的要求都会很高。这种强烈的投入感往往会使得那些曾经经历过跨文化沟通的人感到某种程度的疲惫。而同一文化背景下的人际沟通，特别是朋友间的沟通中，往往不太需要强烈的投入感。

### （三）沟通中断的顾虑

由于缺少共同点，跨文化沟通不像拥有同样文化背景人们之间的沟通那样顺畅，跨文化沟通中人们最常有的感觉就是双方之间无话可说，从而影响沟通质量。

文化内部的沟通失败，通常是由一些外部的原因造成的，如外在的干扰、时间的紧迫等。但是，跨文化沟通的失败往往是由内在因素决定的，如对主体的不了解，也就是说当沟通双方不知道对方的信息以及信息所产生的效果时，他们就可能非常担心沟通的中断。这时沟通者会尽量去发现对方的理解程度或是寻找能够使沟通继续进行下去的主题，或者干脆放弃继续沟通，这些都会让他们焦虑、紧张，从而对沟通产生反感和敌意，这会对双方沟通的质量产生负面影响。

### (四)沟通的持续性

**案例**

李英一直很希望了解美国当地的文化习俗，体验一下美国当地的生活方式，所以应大卫的邀请去爬山，这本来对于李英而言是一件好事，但由于李英在大卫不知情的情况下带了十几名自己的朋友，而使大卫感到不自在，李英也不理解大卫，从此以后，二人之间的联系变得越来越少，而李英与大卫之间的不愉快事实上是双方在文化差异的基础上没有进行良好的沟通造成的。

(资料来源：https：//max. book118. com/html/2018/0421/162259997. html，访问日期，2018-5-30。)

与文化内部的沟通不一样，跨文化的沟通是一个不断分析、判断和决策的过程。也就是说在跨文化沟通的过程中，人们实际上是要随时随地评估沟通的过程和结果，并决定所期望的和能够实现的双方关系。跨文化沟通的过程和效果决定了双方之间的关系是合作的还是竞争的，是关注问题解决还是关注双方之间的感情关系，是一种等级有序的关系还是一种平等一致的关系，是正式的还是非正式的。文化内部的沟通，双方的关系一般是早已经确定的，而在跨文化沟通中，双方的关系要依赖于沟通的过程和结果。这一特点也就决定了跨文化沟通的难度。

**思考与训练**

一、案例分析

飞利浦照明公司某区人力资源的一名美国籍副总裁与一位被认为具有发展潜力的中国员工交谈。他很想听听这位员工对自己今后五年的职业发展规划以及期望达到的位置。中国员工并没有正面回答问题，而是开始谈论起公司未来的发展方向、公司的晋升体系，以及目前他本人在组织中的位置等，说了半天也没有正面回答副总裁的问题。副总裁有些疑惑不解，没等他说完已经不耐烦了。同样的事情之前已经发生了好几次。

谈话结束后，副总裁忍不住向人力资源总监抱怨道：“我不过是想知道这位员工对于自己未来五年发展的打算，想要在飞利浦做到什么样的职位而已，可为什么就不能得到明确的回答呢?”“这位老外总裁怎么这样咄咄逼人?”谈话中受到压力的员工也向人力资源总监诉苦。

问题：

1. 请对案例中的文化差异对沟通产生的影响进行分析。

2. 提出关于如何消除文化障碍以实现有效的沟通效果的解决方案。

二、案例讨论

**电影《刮痧》中的文化冲突**

故事发生在美国中部密西西比河畔的城市圣路易斯。许大同来美国八年，事业有成，家庭幸福。但是，随后降临的一个意外却使许大同如梦初醒。

五岁的丹尼斯闹肚子发烧，在家的爷爷因为看不懂药品上的英文说明，便用中国民间流传的刮痧疗法给丹尼斯治病，而这就成了丹尼斯一次意外事故后许大同虐待孩子的证据。

法庭上，一个又一个意想不到的证人和证词，使许大同百口莫辩。而以解剖学为基础的西医理论又无法解释通过口耳相传的经验中医学。面对控方律师对中国传统文化与道德规范的"全新解释"，许大同最后终于失去冷静和理智……法官当庭宣布剥夺许大同的监护权，不准他与儿子见面。

恼怒的许大同与朋友昆兰之间产生误解和冲突；为让儿子能留在家里得到母亲的照顾，许大同搬出了家；父亲也决定回国，为了让老人临行前再见一面孙子，许大同从儿童监护所偷出儿子丹尼斯到机场送别。受到通缉的许大同带着儿子逃逸，和围追堵截的警察兜圈子，玩了一场追车游戏，从容地"在逃亡中享受父子团聚的片刻快乐"。

父子分离，夫妻分居，朋友决裂，工作丢失……接连不断的灾难噩梦般降临，一个原来美好幸福的家庭转眼间变得支离破碎，努力多年、以为已经实现了的美国梦，被这场从天而降的官司彻底粉碎。

讨论：

1. 致使许大同美国梦破碎的原因是什么？
2. 许大同在沟通中遇到了哪些障碍？
3. 许大同应该如何才能适应美国生活？

# 第二节　跨文化沟通的意义

### 案例引入

阿兰是美国驻墨西哥的销售代表。他与别人约定见面时间后，总会准时赴约，但他拜访的人却常常迟到。为了节省时间，阿兰想直接谈生意，但客户却想聊一聊阿兰的观光情况和他的家庭状况。更糟糕的是，他们的会面常常受到干扰，客户不断接听商务电话，而且还会和其他人谈很长时间，有时甚至会和客户的孩子交谈。阿兰的第一份进展报告十分悲观，他还没有任何销售业绩，也许墨西哥不是销售公司产品的好地方。

（资料来源：http：//www.doc88.com/p-993979692599.html，访问日期，2019-5-30。）

## 一、跨文化沟通的重要性

纵观历史，可以清楚地看到，由于人们的文化背景不同，空间上的隔离，以及在思想方法、容貌服饰和行为举止上的差异，相互理解和和睦共处始终是一个难题。正因为如此，跨文化的沟通才得以成为一个专门学科而产生和发展起来。值得注意的是，有许多文明在发展过程中所遭受的挫折，既表现了个性的色彩，又反映出全球普遍的共性；在人类历史的进程中，断断续续而又自始至终地贯穿着民族间的误解和正面的冲突以及大大小小的争端，从一般的辱骂到孤立主义政策的实施直至流血的武装冲突。

**(一)国际意识**

随着不断增强的流动性，现代化的交通信息技术的发展，以及对全球范围的共同问题的意识，在迅速地打破不同文化间的时空关系。由于偶然的和人为的原因，某些曾经显得遥远的、与世隔绝的文化，一下子与我们的关系密切起来。飞机等交通工具能够在数小时内把我们送到世界的任何一个角落。

随着交通和通信的越来越便利，学会理解别人行为的意义，无论是在国内还是国外，不仅是一个国家政府所十分关注的事，而且也为许多其他社会组织所关注；同样还为不计其数力求理解这个显得越来越复杂的世界的个人所关注。

**(二)国内意识**

随着世界范围内的一系列变化，世界正在发生一场文化方面的革命。从不同的方面，以不同的深度，我们正在认识一些新的不同文化，以及其他一些有异于主流文化的文化群体。

这些不同文化群体间的接触经常是不成功的，甚至是非建设性的。语言差异、时空观、服饰、肤色等，仅仅体现问题的表面特征。人们越来越清楚地看到，缺乏相互理解的情况比预想的要深刻、复杂得多。我们常常在经受了痛苦之后才认识到，有些文化群体具有与我们不同的生活方式、价值观念。

**(三)个人意识**

一个人成为一个善于跨文化交往的人，对个人本身也有一定的好处，包括心理上的愉悦直至经济上的效益等诸方面。在跨文化沟通的研究中，个人能够从四个方面受益。

其一，对新事物的发现，总是伴随着很大的乐趣和满足。同样，对其他人文化上特点的发现，也有其乐趣和满足。

其二，跨文化沟通的知识能够帮助我们预见并解决在交往中将会出现的问题，就能避免某些误解。说到底，只要真正理解跨文化交往中的不同成分，许多麻烦问题都是可以避免的。

其三，跨文化沟通的领域提供了广泛的就业机会。商业企业界同样大量需要能够在不同文化之间行事自如的人。当然，仅仅具有能力与其他文化的人交流准确的(有时是独具文化特色的)思想和信息，并不足以成为跨文化企业中的工作人员。但这种能力一旦与专业人员相结合，则大大提高两者的价值，尤其在计算机技术、企业管理、公共事业管理、经济、教育等专业。

其四，跨文化沟通的研究将极大地改善人们的自我认识和理解。在试图弄清其他文化的过程中，我们会更好地理解我们自己和我们自己的文化。

不过，各种文化在我们日常生活中正产生越来越广泛的影响；整个世界正变得越来越“小”，我们的生活也会有相应的变化。

## 二、跨文化沟通的必要性

### (一)国际化的需求

我们居住在一个互相联系、互相牵制、互相依赖的社会中，跨国性的交流访问工作和贸易逐渐成为我们生活中不可或缺的部分。可以这样说，21 世纪是一个跨文化沟通的时代，任何人都不可能逃得出这一世界性的潮流。

通用电气公司的老总杰克·韦尔奇曾经说过一段意味深长的话，他说："未来的通用电气公司的领导，一定不是像我一样的管理者，而一定是能够与其他新兴市场打交道的人，尤其是五个金砖国家的人。"

因此，跨文化沟通的能力不仅仅是我们工作和生活必不可少的基本技能之一，也是我们作为世界经济大国所必备的领袖才能之一。

### 案例

**联想的并购行动——适当的"距离"才能产生美**

在联想宣布收购 IBM 的全球 PC 业务后，海外投资银行的分析专家普遍认为，联想除了面临着实现双方在业务上整合的挑战外，还面临着应对东西方文化差异，以及中国企业与美国企业在文化上的差异的挑战。双方如何在最短的时间里建立一种文化融合的模式，在很大程度上决定着并购的成功。面对企业文化和国家文化的双重差异，并购双方对彼此文化的认同和接受程度就成了文化整合的关键因素。

中国企业文化管理的方式和美国企业文化管理的模式很不一样：中国企业强调严格管理，强调服从，中国员工倾向于远离权力中心，这就导致了中国企业的成败往往取决于企业最高领导者。在组织职能不完善的情况下，企业领导者往往通过对下级的直接干预来管理企业，要求下级服从领导者的安排。而西方企业文化讲求自由，讲求个人自律与个人权利的统一。在这些国家的企业中，企业中层往往扮演非常重要的角色。这种差异引发了并购之后的企业管理上的冲突。联想只有用更大的包容性，才能解决这方面的问题。

联想希望把自己建立成一个真正意义上的国际化公司。为此采取了一系列措施：总部迁往纽约，建立多个全球营运中心，公司的正式场合语言改为英文等。但如果中国企业在短期内就照搬发达国家的管理模式，由于语言、人才能力和文化方面的原因，这种做法短期内不可能立竿见影，海外并购后的企业依然会处于一种多元文化并存的状态。事实上，语言也不过是一个表层的东西，管理思想和管理理念的融合才是最重要的。我们当然坚信中国企业有自己的文化优势，在国内，联想的企业愿景、柳传志的管理哲学也是备受推崇的。但是，如何让美国员工接受中国企业的文化理念，是一个亟待解决的重要问题。因此，联想应当适当保持两种文化的相对独立性，在学习西方先进管理经验的同时，注重在新企业中不断地融入中国文化的优点。

（资料来源：https：//wenku. baidu. com/view/878ce5fdf705cc175527095a. html，访问日期，2019-5-30。）

### (二)自我的超越

学习跨文化沟通从某种意义上讲，是一种发现自我、超越自我的过程。罗素曾将自我列为人类必须战胜的第一个敌人，列在他人和自然之前，说的就是我们对自己的了解受到环境的局限，我们必须要超越这种局限，而学习跨文化沟通能帮助我们跳出自己的圈子，想想是否有另外一种可能性。

### 案例

一位意大利妈妈每次用小推车推她的孩子出去，总是有无数的中国人过来告诉她，这么冷的天你不能只给孩子穿袜子，一定要穿上鞋。有时候好心的中国人多得她都无法走路。

“在意大利，冬天穿短袖衬衫夏天穿羽绒的多了去了，这个天气只给孩子穿袜子是极其正常的。”那位意大利妈妈极其不解地问：“难道我不比他们更了解我的孩子？难道我不比他们更关心我的孩子?”

针对上述材料，我们可以做出如下分析：

材料中意大利妈妈的气愤源于她对中国文化尚没有清晰的认识和理解，她和处于交际另一方的中国人的跨文化意识都有些淡薄，从而导致了跨文化交际的矛盾冲突。

意大利妈妈没有意识到中西文化的差异，才对中国人的行为感到非常不解。她所遇到的情况在中国人看来是好心的提醒，而在意大利妈妈看来却令人十分不快。在西方文化中，建议、劝告、提醒之类的话被视为对听话人的面子威胁，讲话人表示自己认为听话人应该做某事或可能会忘掉某事，似乎显示自己比别人强，因而会触犯听话人。而中国人则将这些行为看成是对自己的关心，只会产生感激之意。

意大利妈妈的跨文化交际行为产生的跨文化冲突从本质上来说，都是由中西方的思维方式不同造成的。而思维方式有文化差异，造成此差异的原因有：历史发展轨迹不同、宗教信仰不同和生活环境各异，并且这种思维方式差异会对跨文化交际造成干扰，甚至还会引起严重的文化误解和文化冲突。材料里中国人好心的提醒正是受中国人思维的影响，认为这是对他人的关心；而处于西方文化的意大利妈妈受西方个体思维的影响，就认为这是对她们的不尊重，从而造成误解。

中国文化是群体文化，追求整体观，崇尚群体观念，因此注重关心他人，维护他人的利益，因此中国人对意大利妈妈都会给予好心的提醒，而西方文化则属于个体文化，他们崇尚个人意识，以个体为中心，一切从个人利益出发。案例中意大利妈妈受到提醒而感到气愤都是由于她们认为自己的个人权利受到了侵害。

处于不同文化背景的人在交际过程中如果没有相应的跨文化意识，不能认识到不同文化在语言、生活、交际和思维等方面的差异就容易产生跨文化交际的冲突。材料中的意大利妈妈生活在与她们自身文化截然不同的中国，就应当努力去了解两种文化的差异所在，积极培养自己的跨文化意识，努力实现文化适应。而文化适应的过程也是价值观念和文化身份调整或转变的过程，它的成果大小、时间快慢不仅取决于两种文化之间差异的大小，更重要的是看本人的态度和适应能力。她们应该意识到在文化适应过程中，遇到挫折是在所难免的，只有多与新文化接触，自觉自愿地接受新的文化生活方式、价值观念，才能更好地融入新文化中。

（资料来源：https：//wenku. baidu. com/view/ecb05370dd88d0d232d46a3a. html，访问日期，2019-5-30。）

## 思考与训练

一、案例分析

12月2日星期五中午，某财专外经系教师甲把接外教时需要交付外籍教师的资料(课程表、学校班车时刻表、桃李园附近地图和新校区地图)交给教师乙，嘱咐教师乙在经过老校区时让司机停下车把班车停车点指给外教看，并嘱咐外教班车可能停在家属院门口也可能停在门后面的路上也可能停在操场里，到宾馆后先要让外教把护照交给前台扫描后还给外教，跟前台要上网号，签下自己的名字，留下自己的电话，要教外教开门、取电、开灯、用上网号上网，并记下房间号告诉教师甲。12月4日星期天，中澳合作办学项目市场营销课外籍教师克莱尔乘坐CZ3116航班于中午12：00抵达。外经系派出教师乙与司机丙赶赴机场接机。14：43，教师乙给教师甲发短信："一切都安排妥当!"教师甲回复："好，辛苦了啊，在哪个房间?"教师乙回复："407。"次日下午1点20分左右，某财专外经系市场营销教师丁打电话给教师甲说在班车上没看到克莱尔。教师甲打电话给教师乙问是否按要求去做。教师乙说汽车没走农业路，走的丰产路，他给克莱尔说了一下出了桃李园往右拐，到路口再往右拐就到了。教师甲给教师戊打电话说明情况，教师戊碰巧带着维多利亚大学国际项目专业课协调员雷切尔去看老校区和桃李园，正在桃李园待着。教师甲嘱咐教师戊一会儿走农业路如果碰到克莱尔把她捎到新校区。过了一会儿教师戊看到有女外宾走进桃李园，便问了一下，果然是克莱尔。原来克莱尔不知道到底在哪等车，宾馆服务员出于好心，问了一下，认为克莱尔找公交车站，让她去了丰产路。克莱尔上了另一个学校的班车，却被人家给赶了下来。她只能又回到桃李园。晚上，外经系招待雷切尔、专业课教师迈克和克莱尔。结束后教师甲与教师乙送三位外教回住处。教师甲提出带克莱尔再看一下班车停车点，克莱尔说不用了，教师戊已经指给她看了。教师甲坚持要再让她看一下顺路送她回桃李园，克莱尔说她和雷切尔有很多事要谈，不便久等。教师甲就要求克莱尔把桃李园附近的地图找来在地图上指给她看。克莱尔把自己的手提箱里的东西翻了几遍都没找到地图。教师甲要求克莱尔把教师乙给她的资料袋拿过来。四份资料都在资料袋里，克莱尔只在班车时刻表上做了密密麻麻的标记，其他三份资料上没做任何标记。

（资料来源：https：//www. xzbu. com，访问日期，2019-7-24。）

问题：

请根据以上案例分析此次沟通失败的原因，并提出你认为最优的解决方案。

二、案例讨论

下岗女工兰妹通过中介公司找到一份在外国专家家里做保姆的工作。兰妹热情活泼，精明能干，第一天就给对方留下了不错的印象。她的主要工作之一是打扫房间，包括布朗夫人的卧室。细心的布朗夫人特意给兰妹制订了一份时间表，上面规定每天上午8点清理卧室，让兰妹按照上面的计划严格执行。

开始几天，兰妹都干得相当好，很令布朗夫人满意。直到有一天，兰妹照例去清理布朗夫人的卧室，却发现布朗夫人并没有像往常一样不在家，仍在休息。兰妹心想，我还是得按照计划办事，而且我打扫并不会影响她休息。热情的兰妹认真地干起活儿来。这时，布朗夫人突然醒了，发现兰妹在她的房间里，很惊讶，马上用不很流利的汉语叫起来："你进来干什么？请出去。"兰妹仍是一片好心："您接着休息吧，我一会儿就打扫完了。"。布朗夫人提高了嗓门，一字一顿地说："请——你——出——去！"并且用手指着门。兰妹不明白自己哪里惹了布朗夫人，怎么对她这种态度。她心想，不是你叫我按时打扫的吗？但她还是满肚子委屈地走了。

(1)你知道布朗夫人为什么大发其火吗？

(2)兰妹应该怎么做？

# 第三节　跨文化沟通的障碍

## 案例引入

斯坦想要和一家中国公司商谈建立合资企业的事情。他询问李同森，中国人的可支配收入是否够高，能否买得起它的产品。李先生沉默了一会，然后说："你的产品很好，中国人一定很喜欢。"斯坦笑了笑，他很高兴李先生认同他的产品质量，并给了李先生一份合同让他签字。过了几个星期，斯坦还没有得到任何答复。他就想，中国人效率这么低，自己是不是还应该在这里做生意？

（资料来源：https：//wenku.baidu.com/view/c432d5878762caaedd33d4b9.html，访问日期，2019-7-24。）

## 一、影响跨文化沟通的因素

跨文化沟通是民族昌盛、国家富强的必由之路，而要真正实现人类的跨文化沟通，一方面，不同文化背景的人们要树立世界意识，有海纳百川的气魄和兼容并蓄的胸襟，以宽容、平等、谦逊的态度相互接纳；另一方面，还需要了解和研究其他民族和国家的文化，消除交往过程中的沟通障碍，保证跨文化交际活动的顺利进行。

由于不同文化背景，生活习惯、价值观、语言表达技巧的差异，形成了沟通上诸多困难，具体来说包括下列几点。

### （一）感知差异

感知差异是指人通过自己的感觉器官对外部世界的信息进行选择评价和组织的过程。影响感知的有生理因素、环境因素和文化因素三类，其中文化因素对人的感知影响最大，且人们的感知是在特定的社会环境中习得的。

跨文化沟通时，这些社会习得的文化因素在人们的感知过程中比生理、环境因素的影响更大。在沟通过程中，具有不同文化背景的人往往会在感知层面遇到沟通障碍，阻碍了人际关系的建立。

### （二）思维方式

思维方式是指人们对客观世界进行定义、判断和推理的过程中所惯用的方式或程序。思维方式因人而异，但不同文化背景的个体之间，思维方式的差异会很大，正因为如此，常常使跨文化沟通难以顺利进行。

### （三）价值观

价值观是指个体或社会对某种特定行为方式或存在状态的一种判断和持久的信念。价值观既是相对稳定的，又是发展变化的，它在很大程度上影响着人们的行为方式。

文化背景不同的人往往具有不同的价值观，即使在同样的文化背景下，人们的价值观也不尽相同。价值观的差异主要体现在年龄观念、时间观念、自我观念、成就观念等方面，它从潜意识中影响人们待人接物的行为。

### （四）社会规范

社会规范是指人们应该做什么，不应该做什么，可以做什么，不可以做什么的规则。社会规范有风俗习惯、道德规范、法律规范和宗教规范四种层次。这也是跨文化沟通中引起误会和冲突的重要因素。风俗习惯是一种最基本的社会规范，其中禁忌是最重要的内容之一；道德规范是一种内化了的行为标准，行为是自觉采取的；法律规范是一种具有强制性的行为规范。而宗教规范是强制性的行为规范。在跨文化沟通中，宗教规范上的冲突要比风俗习惯、道德上的冲突更加难以调和。

### （五）语言差异

语言是一个民族的“呼吸”，是人们借以沟通的工具。

在组织中，不同语言的个体在沟通时最容易在语义和语用方面引起误解，产生跨文化沟通障碍，甚至引起文化冲突，使组织蒙受损失。准确理解沟通方的语言，有利于消除跨文化障碍，提高组织运作效率，并改善人际关系。

### （六）非语言差异

研究发现在沟通过程中，非语言沟通传递了55％的信息。非语言沟通包括目光接触、面部表情、手势、身体空间的利用及沉默等。在不同的文化中，各种非语言行为可能代表不同的含义，这种差异很容易引起沟通双方的误解，产生跨文化沟通的障碍。

## 二、沟通风格的障碍

在很多情况下，文化在沟通方式本身上的差异往往也会影响沟通的方式和效果。个体之间的沟通风格千差百异，不同文化之间的沟通风格也是不一样的。

著名的社会学家爱德华·霍尔在 1976 年提出在跨文化的沟通中还有一些非言语的语言障碍，这其中最大的差异就是高情境沟通文化与低情境沟通文化。

高情境沟通文化强调在很多情况下沟通的情境、信息和意义的交换不是由你说的语句和内容来决定的，而是由你表达的方式、手势、语调、语速等情境性的因素来决定的。在高情境文化沟通中，沟通的意义在很大程度上是间接的，表达的词汇和语句往往比较间接，而且很大程度上只是所要传递信息的一个很小的部分，其余的部分必须依靠听众的理解和意会来加以补充，这种意会建立在听众对沟通者背景的理解、对沟通情境的敏感和其他外在信息的利用上。“此时无声胜有声”所指的就是这种高情境沟通风格，因为中国文化本身就是一个高情境沟通的文化，类似的文化还包括日本文化、西班牙文化等。

低情境沟通文化强调沟通的方式是直接的、明确的，它的意义应该是直接由字面表达的。听众不需要对背景和情境进行再加工，因为他们可以直截了当地从沟通者所说的、所用的词汇中理解对方的意思。

## 案例

迈克是来自德克萨斯州的一位项目经理，主管印度尼西亚的一支多元文化团队。周五早上开会时，要求其团队成员 9 点到会议室。然而，直到 9 点 20 分，6 位印度尼西亚成员中的最后 3 人才露面，而且每人带来 3 名不速之客。本来会议已晚开半小时，但迈克还得重新布置会场，以安排这 9 名额外与会者就座。

尽管会议协调员搬来 9 把椅子，迈克还是注意到 4 位日方成员还是调整了座位以便 4 人能坐到一起。然后大家都坐等印度尼西亚方的高级成员布迪先生来做会议开场白。当他终于到场时，却又将原定 5 分钟的讲话拖长到 10 分钟，结果 9 点钟的会议到 9 点 45 分才正式开始。迈克宣布了会议议程并邀请各位提问。令他惊讶的是，无人愿意首先提问。这时他才意识到应先请布迪先生发言。果然，布迪先生讲话之后，他的团队成员才开口。

起初，迈克还能较好地控制讨论，但他很快发现印度尼西亚成员私下开起小会，迈克对此感到很气恼。通常，他希望会议应集中精力商讨团队的发展目标及其最终结果。讨论进行到一半时，迈克与美方技术总监罗伯特产生分歧。两人之间的激烈争执，使来自印度尼西亚和日本的团队成员颇感吃惊。10 点 30 分，印度尼西亚与日本的团队成员气愤地提出休息。休息期间，印度尼西亚的团队成员对只准备咖啡而没有提供点心的做法表示惊讶。奇怪的是，迈克已在印度尼西亚工作数月，竟没有注意到这个最基本的印度尼西亚习俗。

重开会议之后，迈克想以一项表决结束会议。迈克已开始与美方成员一起准备就他们长期讨论的议程进行民主表决，但他还是希望日本的团队领导能投赞同票。但这位日本领导请求给他一周时间以便他与东京总部协商，结果使迈克的项目日程不得不推后一周。这令迈克很灰心。但这位日本的团队领导却认为这是报复迈克让他难过的好机会，他当面质问迈克为什么他们二人同在一间办公室，两人相距不过 8 米，却只是一个劲地给他发送电子邮件，而不亲自找他面谈。

这个例子充分说明美国人与日本人在价值观方面的冲突。美国人崇尚个人主义且时间观念强，日本人则喜欢面谈和集体协商。冲突的核心在于任务导向和流程导向的文化价值观念的不同。美国人参加业务会议时，对会议内容已有充分了解，有备而来，期待会上能坦诚对话。他们希望采取行动并分派职责。

相反，日本的合作伙伴则更注重团队合作及讨论建议与采取行动的必要性，所以很少即时决断。他们喜欢集体坐在一起谈，带着10个问题来开会，会议后却留下20多个问题。他们是在取得一致意见后才做出决策。

而印度尼西亚的团队成员则认为，重要会议应由高级人员负责开场和结束。他们希望会议期间能多休息几次，让他们喝喝咖啡、吃些点心。另外，印度尼西亚人可能还会邀请本部门的其他人员参加会议，如会议所讨论议题方面的专家。在商讨要点时，他们并不介意开小会。当然，他们喜欢按资排座或应邀参与和发言。

随着上述美、日、印度尼西亚三种不同价值观念影响的不断增强，彼此的文化冲突也会加剧。一旦文化问题引起团队成员之间的个人冲突，团队协作就会遭到严重破坏。

### (一)高情境沟通文化的“三原则”

第一，强调沟通方式。因为在高情境沟通文化中，人们关注的不是你说了什么，而是你怎么说的，这使得选择一种适当的、容易被人接受的沟通方式尤为重要。

第二，谈判时要察言观色。高情境沟通文化中的商务交往，要注意观察对方的表情和心情，要尽量满足对方的心理需求。例如，非言语技巧的使用，高情境沟通文化的人应该是比较多地使用姿态、手势、目光、面部表情等非言语的方式来传达信息。因为相对于低情境沟通文化地区的人，高情境沟通文化地区的人对于非言语的行为关注得更多，因而也更加敏感。这就使得他们比较关注对方的行为和表情，而不仅仅是对方的言辞。

第三，换位思维。尽量从对方的思维角度出发，站在对方的立场上看待整个问题。不同文化中有个体差异，即便是在高情境沟通文化中，也并非所有的人都是高情境沟通的，也有很多是低情境沟通的。遇到这种情况时，要善于理解与改变对策，多从他人角度去思考问题。例如，在高情境沟通文化下，有许多规则规定了哪些事情应该做，哪些事情不应该做。

### (二)低情境沟通文化的“三注意”

第一，低情境沟通文化中成员的特点是以自我为中心的，他们往往喜欢吹嘘，但是这只是一个文化上的差异，并不代表这个人本质不好。因为低情境沟通文化中的人，比较强调个人的主动性、个人的决策和个人的成就，因为他们试图把自己与他人区别开来，比较期望自己在没有外在监督的情况下做出自己的决定。

第二，低情境沟通文化中的人说话力求直截了当、开门见山。他们从小就被要求直接表达自己的意见，怎么想就怎么说，他们对含蓄和间接的表达方式有着天然的反感。而在高情境文化中的人，从小就被要求别乱说，因为“祸从口出”。

第三，个人任务与具体表现分离。因此，即便是最直接的批评，也不是对个人的不尊重。

案例

西方的管理人员，也很愿意在部下的工作成就中列出自己的贡献，因为他们认为这些工作及贡献是在自己的领导下完成的，自己不说出来，别人是不会知道的。而在高情境沟通文化中的人，大家则容易从学生和部下的成就中领会和推测到教师和领导的贡献及作用，不直接表达出来的贡献，更容易在高情境沟通文化中赢得他人的尊重。

## 三、文化心理的障碍

跨文化沟通的最大障碍恐怕是文化心理的差异所造成的误解和敌意，这种障碍会随着文化交流的增多而日益增加。这种差异由于与自己的文化和心理有很大的关系，因此往往很难被我们所理解和接受，这就造成了跨文化沟通的困难。

### (一)行为的差异

很多人类的行为是由社会因素决定的，而不是由基因因素决定的，因此很多行为不能从生存需求的角度来理解和解释，而只能从文化差异的角度来比较。

在世界很多地方，对某种行为好坏的定义，可能是完全不一样的。送主人一个礼物，主人是否马上打开，就有很大的文化差异。美国人必须当面打开礼物，并表示感谢，即使这个礼物不是你喜欢的，你也得微笑着感谢对方的好意。心理学家发现，即使是5岁的美国孩子，也学会了这种行为规范，当别人送给他一件他不喜欢的礼物时，他也会微笑着表示感谢。在中国文化中，接受礼物的行为正好是相反的，你不能当着客人的面打开他所送的礼物，以避免出现尴尬。

所有的文化都有着本文化认为可以接受的、合适的行为。我们经常将这些社会期望或者规范看成是限制人类行为盲目服从传统的负面力量。规范确实限制或控制着我们，但是规范不全是负面的，因为人类的规范很多都有它存在的必要性，这也是提高人的社会性的重要机制。

案例

**让人误会的笑**

外国学生杰森在教学楼前存放自行车，一不留神把自行车弄倒了。他因为自己动作不利索而感到有点儿困窘。这时，旁边有个中国学生也在存放自行车，看到杰森把自行车弄倒了就笑了一下。杰森觉得这个中国学生很不懂礼貌，甚至有点儿幸灾乐祸的意思，所以他感到很生气，很不友好地瞪了中国学生一眼就走了。

(资料来源：王晖，《中国文化与跨文化交际》，北京，商务印书馆，2017。)

### (二)面部表情的文化差异

虽然有大量的证据表明面部表情具有跨文化的一致性，但是在不同文化中，表达方式还是有很大差异的，人们对于这些面部表情的反应也是有差异的。例如，与美国人相比，日本人更难区分害怕、厌恶和愤怒等负面情绪的面部表情，因为日本文化不提倡直接表达这些负面情绪，久而久之，使得日本人对这些负面情绪，没有精细的区分能力。有些偏僻的文化也经常分不清惊讶和恐惧，因为在这些文化中，令他们吃惊的事物，往往都是一些危险的事物，所以惊讶和恐惧是经常一起出现的。

### (三)情感表达的文化规则

在情感的表达强度上，也是有很大的文化差异的。任何文化都有自己的规则，决定了在什么时候、什么条件下该文化的成员应该如何表达情绪，这些规则在心理学中被称为情绪表达的规则。随着社会的复杂化和多元化，人们所掌握的情绪表达规则也越来越多。

情感表达的文化规则决定了一个人在不同时间和不同地点如何来表达自己的情感，以及所要表达情感的强度。在阿拉伯文化中，不表达愤怒则是错误的。在日本文化中，在公众面前表达强烈情感是不受人欢迎的。而美国人则习惯夸大他们的情感表达，以达到影响和沟通的作用。因此，情感的表达规则是文化对人类情绪活动最大的影响原因之一。

即使在同一种文化中，不同区域和不同社会阶层的人在情绪表达上也是不同的。

## 思考与训练

一、假如你要出国留学，你认为该做哪些准备工作以应对即将开始的跨文化交流?

二、案例讨论

上司汤姆打电话给下属李延：“今天上午十点半我有时间，请你到我的办公室来！我给你半个小时谈加薪的问题。”

十点二十五分，李延来到了汤姆的办公室，敲门进去，汤姆正在打电话。汤姆在十点半挂掉电话。

汤姆说：“我让你十点半来的，你来早了。”

李延心想：我早来五分钟是表示我的礼貌。

李延在谈加薪问题前汇报了十分钟的工作。在他还准备多讲五分钟的时候，汤姆打断了他：“今天是来谈加薪的，你汇报的工作与加薪有关吗？无关请别说了。”

李延心想：“这不是顺便吗？这样也避免了一来就谈钱啊!”

十一点的时候，汤姆结束了谈话：“今天加薪的问题没有谈完，只能后面再找时间。你打乱了我的工作时间安排，我很不高兴。”

李延心想：“我才不高兴呢，这么没有人情味。”

(资料来源：梁辉，《有效沟通实务》(第二版)，北京，中国人民大学出版社，2015。)

1. 汤姆和李延的沟通障碍表现在哪些地方?
2. 请谈谈汤姆和李延各自的沟通礼仪。

# 第四节 跨文化沟通的策略和技巧

## 案例引入

艾达非常满意自己鼓励员工参与管理的工作风格。在印度的工作中，她从不对年龄大的人发号施令，而是征求他们的意见。但是大家很少提出任何建议，即使是正式的建议也不能发挥作用。更糟糕的是，她根本感受不到她在管理美国工厂时受到的尊重和同事间的友谊和忠诚。她认为，也许印度人还没有准备好接受一位女老板。

（资料来源：https：//www.taodocs.com/p-63845090.html，访问日期，2019-5-30。）

## 一、跨文化沟通的原则

发展有效的跨文化沟通对于日益扩大的世界经济一体化进程和日益深化的国际文化交流来说是极其重要的。在经营和管理中要努力成为一个有效的跨文化沟通者，应注意一些原则和方法问题。

在经营和管理中要努力成为一个有效的跨文化沟通者，就必须遵循一些最基本的原则。

### （一）因地制宜原则

我国地域辽阔，由于自然、历史和文化的原因，在同样的文化背景下，人们的价值观也不尽相同，因此，来自不同文化背景的沟通者，要根据当地的实际情况来制订沟通策略。例如，对于在国外投资办厂的企业和与外方合作经营的企业，一定要针对东道国的宏观环境，考虑企业的情况和员工的接受、适应能力，因地制宜地确立适合本企业的跨文化沟通模式。

### （二）平等互惠原则

管理沟通与一般的人际沟通的不同之处在于它有很强的目的性，总是为了获取一定的利益。在这个过程中，要坚持平等互惠的原则。

平等互惠有利于保护各自的利益，有利于沟通双方建立长期的合作关系。“损人利己”或“损己利人”都不符合现代社会的游戏规则。

### （三）相互尊重原则

相互尊重是沟通过程中树立诚意和信誉的保证。相互尊重不仅要尊重彼此的人格，还要尊重彼此的文化、思想和行为表现。当然，尊重并不等于违背自己的利益，对对方的差异予以接受和采纳。在这个过程中“理”和“礼”同样重要。对于不正确或不合理的，我们要坚决予以抵制。

**(四)相互信任原则**

相互信任是在沟通双方相互理解和相互尊重的基础上，在合作共赢的过程中达到的。相互信任能促进相互的学习、共同的发展。对于合资企业来讲，相互信任是共同管理的重要机制。

**(五)相互了解原则**

所谓“知己知彼，百战不殆”，跨文化沟通过程中的障碍，很多都是因为相互不了解。只有相互了解才可能因地制宜、相互信任。相互了解原则还要求沟通双方敞开心扉、采取积极的姿态来促进对方了解自己。

## 二、了解差异

### 案例

**文化中心主义**

一位美国人在秘鲁子公司担任生产经理，他坚信美国式的民主管理方法能够提高秘鲁工人的生产积极性。他从公司总部请来专家对子公司各车间的负责人进行培训，教他们如何征求工人的意见，并从中合理的部分加以采用。可是这种民主管理方法推行不久，秘鲁工人就纷纷要求辞职。原因是，在秘鲁以及整个拉美文化中，人们敬重权威，下属不仅服从上司；而且还把上司看作是自己的主人，并希望上司对自己的生活负责。工人们认为，征求工人的意见是上司自己不知道该做什么，反过来问他们。既然上司无能，公司就没有希望，不如提前离职，以便及时找到新的工作。但是生产经理对此不甚了解(或出于文化中心主义)，以美国人崇尚个体主义，参与意识较强的观念去揣度秘鲁的员工，导致双方沟通的失败。

(资料来源：http：//www. docin. com/p-53995683. html，访问日期，2019-5-30。)

跨文化沟通的一个重要的技巧，就是对来自不同文化背景的人的理解，这种理解在心理学上主要是指发现双方之间的一致性，或者是发现双方之间的差异及其原因。在很大程度上，理解是人际交往的一个最基本的技巧。在本文化沟通中，理解有着很重要的地位，在跨文化沟通中，理解的重要性也是不言而喻的。很多跨文化沟通的障碍，就来自对他人行为、言论和感情的不可理解，这就造成了沟通的障碍。如何提高跨文化沟通的效果，很重要的一点就是要能够理解他人。

**(一)了解时间观念的差异**

时间是我们生活的一个重要维度，我们每时每刻都与时间的变化有密切联系。不同文化的人有着不同的时间观念，这种时间观念首先体现在两个主要的维度上，即将时间看作一个稀有资源，还是一个无穷尽的资源。

有的文化把时间看成是一种无穷的资源，也就是说我们不需要刻意地控制和掌握时间，把自己的生活交付于命运，同时在命运中随意地生活。

有的文化把时间看成一种稀有资源，而且是可以瞬间即逝的。因此在我们的生活中，应该尽量地利用时间，要不然就不可能在有限的生命里做出有意义的事情。这种时间资源观念，影响了很多文化中人的行为。在这个问题上，中国人和美国人有比较接近的认识，就是都把时间作为一种稀有资源来对待，但是也有一些文化不太珍惜时间，而更多的是珍惜个人的生活。

## 案例

在东京的一家公司里，有一位员工没有能够赶在最后期限之前把报告交给他的老板。具体情况是这样的：由于和妻子不和，晚上下班后，他就和公司同事一起喝酒，很晚才回家。他喝得头昏脑涨，所以无法用心写报告。他把这一切都向老板做了解释。在日本，员工酗酒和家庭矛盾都不是令人羞愧的事，所以他的上司完全接受了他的解释，并对他的困境表示出慈父般的关怀。在接下来的几周，这位老板很可能会极力相劝，热心询问他的家庭情况。

然而，在美国工作的员工却说，如果一个雇员解释说他是因为喝了太多的酒(不管是不是借酒浇愁来逃避家庭问题)而没有完成报告，那么他很可能会受到上司的双重责备。其一，酗酒；其二，没有按时完成报告。

一般来说，在美国，上司会告诫这样的雇员要学会自控，或者寻求帮助，否则就会以雇员失误而导致令人不快的后果为借口把他解雇。所以，在美国，如果雇员遇到这种情况，他们往往会找其他的托词来解释自己为什么没有如期写完报告。他们可能会对老板说，自己病了，在家休养。

由此，我们可以看出，在美国和日本，对待同一件事情，雇员和上司的行为模式是不同的；对于上司应该扮演的角色的看法是不一样的；上司对于下属的处境的态度也是不同的。所有这些差异都源自一个根本的差别：对于按时上交报告的重要性的价值判断不同。在日本，超过了最后期限仍然没有完成报告可能不如保持上司与下属之间的良好关系重要，因为这种关系是家长式的或者是主雇式的关系。但是，在美国，雇员按计划完成工作被看成是负责任的表现，这说明员工把公司的成就看成自己的奋斗目标，并把公司利益置于个人利益之上。当然，在美国和日本这两个国家，也会有个别的人或者公司不会这么做，但总体上对此事的反映是一致的。

而在商务中，美国人具有强烈的现代竞争意识，追求速度和效益，这就造就了美国商人雷厉风行的商业作风。他们会在各个环节尽量缩短谈判时间，力争使每一场谈判都能速战速决。对他们来说，要衡量一个谈判的进程如何，就是看解决问题的数量。而东方和南美一些国家的时间观念则不是那么强，迟到对他们来说并非不可原谅。中国人会用长远的眼光和系统的方法，在广泛的范围内综合分析议题和衡量议题的重要程度的思维方式上表现出各自的特点。

综上，要解决因文化差异而带来的商务活动的负面影响，最原始的方法是了解异国文化习俗和两国之间的差异。其第一步就是敢于发展超越自我文化，考虑他文化的心态，积极开展文化沟通，避免和消除文化矛盾。处理跨国公司的文化沟通和管理上，应更多地从社会和文化背景来解决。跨国公司的人力资源管理人员应注重企业内部的协调，沟通合作，提高柔性管理，减少管理中的刚性。来自不同背景的商务人士彼此往来，并且正确认识跨文化沟通的重要性，提高对不同文化的理解，要理解别人的文化，也要理解自己的文化。同时要积极开展和参与有关文化培训的活动，对提高跨文化的管理技能、促进对别人文化的理解以及对顺利开展国际商务活动都具有重要意义。

（资料来源：http：//www.docin.com/p-1543326155.html，访问日期，2019-5-30。）

**(二)了解人格观念的差异**

社会观念对人类社会关系的认识恐怕最为千差万别，有很多关于人类关系的认识，在不同文化中的体现是不一样的。

1. 平等的观念

平等的观念是西方文化一直强调的社会观念，这种观念根深蒂固，影响到西方人行为的方方面面。从某种程度上讲，东方社会是比较容易接受社会差异的，因此在跨文化沟通中，如果是强调平等的社会观念，那么具有这种观念的人，在沟通过程中可能就会比较随意而不是正式。因此，他们使用名而不是姓，来称呼对方，而且容易表达出接受随便的沟通风格，表现出更多的友善行为，而不是尊重、敬畏的行为；在沟通的关系方面，可能不太强调内外的差别，他们对待自己人和对待外人的行为，可能看不出非常明显的差异；他们可能也比较忌讳一些个人化的问题，特别是容易引起差异心理的问题，如收入、年龄、长相等。

2. 实用关系和亲情关系

在跨文化沟通中，我们往往发现西方人在处理问题时，非常直接、坦率，而且功利性非常强，欣赏直截了当的回答，属于低情境的交流风格。这种观念的优点在于非常坦率，而且比较诚实，也可能比较随意；在商务沟通中，更强调合同；在关系的预期方面，更强调平等和对等的交换，可能也更强调社会关系的变化和提升。相对于功利的关系论，东方社会可能更强调关系的长远意义，在交流中更加礼貌，更愿意采用高情境的交流风格；在回答问题时可能有更多的尊敬、间接的表达方式，也会更加正式；在商务沟通中，更愿意强调关系的建立；对关系的预期，不会像西方那样平等，有时甚至也会以牺牲自己的利益，来达到关系的稳定。

## 案例

在澳大利亚布里斯班市有一家大公司，该公司的员工来自23个不同的国家或地区。由于语言、风俗习惯、价值观等的千差万别使员工平时的沟通很不顺畅，误解抱怨和纠纷不断。于是人力资源部的培训经理就对这些员工进行集中培训。

考虑到这些员工大都是新雇员，培训经理首先向他们介绍了公司发展的历程及现状，并向他们解释员工守则及公司惯例，然后做问卷调查。该调查要求这些员工列出公司文化与自己所属国和地区文化的不同，并列举出自进公司以来与同事在交往中自己感受到的不同态度、价值观、处事方式等，还要写出个人对同事、上司在工作中的心理期待。

问卷结果五花八门，其中最有趣的是，来自保加利亚的一位姑娘抱怨说，她发现所有同事点头表示赞同，摇头表示反对，而在保加利亚则刚好相反，所以她很不习惯。公司一位斐济小伙子则写道，公司总裁来了，大家为表示敬意纷纷起立，而他则条件反射地坐到地上，因为在斐济表示敬意要坐下。

培训经理将问卷中的不同之处一一分类之后，再让这些员工用英语讨论，直到彼此能较好地理解在各方面的不同之处。经过培训，这些员工之间的沟通比以前顺畅多了，即使碰到障碍，也能自己按照培训经理的做法解决了。

（资料来源：https：//wenku.baidu.com/view/625638e2551810a6f5248665.html，访问日期，2019-5-31。）

案例中员工沟通出现的问题，主要源自跨文化沟通的障碍，主要来自三个方面：语言和非语言、信仰和行为、文化的多样性。

培训经理很好地认识到了这三个方面的问题，他首先向员工们介绍了公司发展的历程及现状，并向他们解释员工守则及公司惯例，为在全体员工之间形成一个通用的价值理念奠定基础。然后通过问卷调查和员工之间的深入交流，发现并解决因为语言、风俗习惯等文化差异造成的公司与员工以及员工之间的沟通障碍。这些举措首先充分尊重了员工的文化和员工个人的人格尊严，并且采用互动反馈的方式激发员工参与解决问题的积极性。其次，这些措施在解决现有问题的同时，还教会员工在相互尊重和积极交流的前提下，发现并解决沟通问题的途径，可以说是“既授之以鱼，又授之以渔”，进而形成一个解决沟通障碍的良性循环。

因此，培训经理成功地促成了企业、员工之间的跨文化沟通。

## 三、认同文化差异

跨文化沟通中产生失误和冲突的根源主要是交流双方没有取得文化认同。文化认同是人类对于文化的倾向共识与认可，是人类对自然认知的升华，是支配人类行为的思想准则和价值取向。在跨文化组织中文化认同是相互的，人们需要这种相互的文化认同，以便跨越文化交流中的重重障碍，促进相互的信息、知识、技术共享与合作。文化认同的益处在于它一方面可以促进以多元文化为特征的跨国公司中不同文化之间的顺利沟通，促进组织内部的和谐与团结，提升组织的凝聚力和竞争力；另一方面又可以确保多元文化的共存，从而提高员工的文化满足感。人们都会有这样的倾向，即觉得自己的文化是最好的、最文明的和最优秀的，其他文化都不如自己的文化好，这就是所谓的“文化优越感”。而培养接受、尊重和认同文化差异的意识，正是拓展我们跨文化沟通视野的良好开端。文化认同原则可以被认为是指导跨文化沟通的基本原则。

## 四、融合文化差异

文化融合所强调的是对多元文化的扬弃，其结果是形成一种综合了多种文化精华的新文化。

这与认同文化中保留多种文化的共同存在是不同的。可以这么说，融合文化差异是了解文化差异和认同文化差异的最终目的所在。因此，从解决跨文化沟通障碍的效果看，文化融合是所有对策中最为有效的一种。

## 五、跨文化沟通中的行动与语言艺术

了解文化差异、认同文化差异和融合文化差异是进行有效跨文化沟通的根本所在。然而，要真正达到跨文化沟通的有效性，则取决于跨文化沟通的技巧。

跨文化沟通的最根本途径实际上就是语言，虽然很多的意思可以用非语言的方式来表达，但是言语沟通往往是最直接和最有效的。

### (一)跨文化沟通的准备阶段

1. 行动准备

在跨文化沟通开始前，必须做好充足的准备工作，要对对方的文化背景、文化特性和文化差异有充分的认知，对沟通的目的、方式、意义有足够的了解。此外，我们还要熟悉将要讨论的问题，最好列出一个问题清单，划定好提问的先后顺序和问题的难易程度。

在行动上，有两件事情要做。

第一，注视对方的眼睛。西方人常讲，眼睛是心灵的窗户。大部分西方文化鼓励、提倡和欣赏眼神的接触。而东方文化，则不鼓励目不转睛地盯着对方。因此，对于我们来说，第一个要克服的心理障碍，就是目不转睛地看着对方。眼神的接触代表了心灵的沟通，与对方说话时，一定要看着对方的眼睛，特别是在最初的自我介绍阶段。当然，我们也不应该过长时间地看着对方，因为长时间的凝视，可能会被误解成为一种敌意行为。当对方是异性时，过长时间的凝视甚至容易被误解为有其他企图。所以，在注视对方时，把握好时间长短是一个很重要的技巧。

第二，向对方微笑。在跨文化沟通的时候，要尽量微笑。当你是发自内心地愿意与对方进行沟通或对话时，你就应该尽可能地释放自己的微笑。如果你觉得实在很难控制自己的面部肌肉，那么不妨在与对方进行沟通前，回想一些令人高兴的事情。微笑来源于快乐的体会，所以让内心先快乐起来，微笑就会自然而然地显露在你的脸上，而对方也会自然地做出积极的回应，这便标志着一个积极沟通的开始。

2. 问候

在与一个来自不同文化背景的人进行沟通的时候，不知道说什么是很多人都会遇到的问题。初次见面时，人们通常会互致问候来促进人际关系。我们打招呼时常用的是："你吃过饭了吗"。但是在英语中这句话所表示的就不是打招呼了，而是在邀请对方共同进餐。中国人在见面时还有一些常用语，如"你去哪里"或者"你是上班还是下班"，说这些话时，我们并非真的想去了解人家到底要去做什么事，只是一种问候的方式，对方也只需随便给一个回答就行。但在西方，若这样去问对方，往往会让对方不高兴，因为他们会认为这样的问题干涉了个人隐私。再如，中国人见面询问对方的年龄是件很正常的事情，但是在西方，这却会被认为是件很没有礼貌的事情。在西方文化中，人们很注意隐私，注重个人空间。所以，中国人在进行跨文化沟通的过程中，应当注意这些问题，才能让谈话更加顺利地进行，达到成功沟通的目的。

其实帮助我们恰当地说好双方见面的第一句话有很多种方法。第一种是要知道对方的名字，最好直接称呼对方。这样做在对方看来，表明你对他很感兴趣、很重视。第二种是介绍自己，告诉对方你的名字、工作单位及相关背景。但是千万不要用一个要准备解决的问题来开始一场跨文化的对话，如果这样做的话，你只会得到对方的反感和敌意。第三种是做出一种有意义的提示。比如，当别人问候你的时候，除了简单地回答说“很好”“谢谢你”，还可以加上你想让对方关注的要点，比如说“我很好，希望我们今天能够很好地合作”，或者“我很好，我有一个想法想跟你交流”。常用第一句话作为提示的表达，是对自己身份的阐述。如在介绍自己姓名时，马上点出自己在这次对话中的身份和角色，简要阐述对话的目的，告知对方自己就是其对话的伙伴。

当第一句话说出口时，也应该伴随着第一个动作。最常见的第一个动作是握手。一般来说，握手应该是有力的，最好是与对方的力度相一致，对方用力大，你也要用力大，对方用力小，你也要用力小。握手的质量往往传递了你对别人的态度，一个有力度的、积极的、正确的握手方式，表达了你的可信度及对别人的尊重和重视；一个无力的、漫不经心的、错误的握手方式，所表达的就是不利于你的信息及非常糟糕的印象，同时这种不利是无法用语言来弥补的。因为，这种不礼貌、“死鱼”式的握手方式会让对方觉得你是傲慢、冷淡的人，你是在拒绝和排斥对方，这在跨文化沟通的开始便严重地破坏了自己的形象。需要做出提醒的是，异性之间握手的时候，一定不能过于用力。

在有些文化中，初次见面时的问候动作可能不是握手，而是亲吻、鞠躬、作揖、拥抱等。在东方文化里，鞠躬是很正式的一种问候动作，而且有很多讲究。而西方文化拥抱和亲吻则是比较常见的问候动作。如果你不知道如何行动的话，最好先观察别人的行为。

了解沟通者的文化习俗，选择恰当的问候动作，这在跨文化沟通中至关重要。与此同时，你必须了解对方的社会关系及地位，因为不同的社会关系及地位决定了问候行为该由谁开始，以什么样的方式进行。

3. 开场白

无论采用什么样的方式来开始一段对话，都要使之以正面的方式出现，最好以一些容易回答的问题来开始一场跨文化的沟通。这里有一个比较好的策略，先问两三个有明确答案的问题，然后问一些比较简单的问题，之后问一个比较开放的问题，这样能让对话的气氛更为轻松。需要注意的是，即使是开放性的问题，也应该是相对比较容易的问题。对方回答问题的时候，一定要表现出对这些问题和对方的回答感兴趣。不要太在意对方回答问题的质量，因为这只是启动沟通的一个开端。

作为一场跨文化沟通的开场白，我们往往需要选择一些轻松、简单或者开放的问题，而绝不能选取那些晦涩、复杂或者涉及隐私的话题。

哪些问题是“容易”的开场问题呢？比如天气，在气候多变的地方，询问对方天气是最保险的开场白，或者最近的新闻，问问对方是否观看过奥运会，观看之后有些什么感受等。

还有一种沟通技巧，是在对话环境中寻找合适的话题。观察一下周围，看看有什么样的事物、景观能够作为开场白。如果是在户外和他人进行对话，可以谈论天气、建筑、植物、云彩、星空等；如果是在一个社交场所，可以讨论音乐、着装、饮食等；你也可以将对方作为开场白，比如，夸赞他们的发型、衣着或是聊聊心得体会等。

总之，开场白要注意以下几个问题：首先以容易的问题开头，难的问题留在后面；其次让对方多谈谈自己，使他们感觉自己在受到关注；最后最好有一系列的问题，而且对这些问题的答案有或多或少的预期。如果用幽默的方式开始对话，效果或许会更好。

当所有这些难关越过以后，你就应该进入跨文化沟通的实质阶段，把你的所有跨文化沟通知识、技巧全面地展示出来。

**(二)学会倾听**

跨文化沟通还需要真诚地倾听对方的表述。倾听有两种方式：一种是被动的倾听，即单纯听对方表述，不表达自己的观点；另一种是积极的倾听，即在倾听过程中，适时表达自己的想法，与对方进行沟通和交流。在跨文化沟通中真正意义上的倾听是积极倾听，听者不但要告诉别人自己理解对方所说的内容，还要表明自己对这些话题很感兴趣，以建立起沟通双方信任与合作的关系。从某种意义上来讲，跨文化沟通只有在积极倾听的条件下才存在。在这里我们将给出积极倾听的五个策略。

第一个策略：评价。给对方的发言做出一个判断，并将这个判断告诉对方。值得注意的是，我们要评价的是对方的发言，而不是发言者本身，所以要避免对方将对行为的评价理解成对个人的评价。例如，“你的这个观点有偏差”，这是一种对他人行为的评价；“你怎么能想到这么差的观点”，这就是消极的个人评价。负面的个人评价容易引起对方的反感和敌意；对行为的负面评价，对方则相对容易接受些。所以，可以说“你刚才说的话不够地道”，而不应该说“你怎么是这样不地道的人”。好的办法是在做积极倾听的反馈时，尽量给对方正面的积极评价。

第二个策略：解释。用自己的话来解释对方的发言有一个简单的方法：通过询问对方一个问题，来给对方一个正面的反馈。例如，“看来你很喜欢我们学校，对吗?”这个简单的反馈告诉对方两条信息：第一，你在尽量地理解他们发言的中心意思；第二，表明你对对方的发言非常感兴趣。一般来说，人们都乐于得到这样的反馈。

第三个策略：支持。你不仅要给对方做出评价性的反应，还要做出支持性的反应，即告诉对方在某方面你们具有共同的看法、体会和经历。例如，“你说得太对了，我也这么想。”这种反馈所产生的心理效应，比前面两种反馈策略在关系的建立上更为有效。

第四个策略：探索。通过表达你对更多信息的关注，来给对方积极的反馈。例如，“你能具体告诉我这件事情是怎么发生的吗”“后来怎么样了”等，这些积极的反馈，能让对方更愿意与你进行进一步的沟通和交流。一个很常用的反馈问题是问别人“为什么”，例如“你认为这件事情为什么会发生呢”，这能很容易让对方就刚才讨论的问题，进一步阐述观点和看法。

第五个策略：理解。这是要告诉对方，你不只理解了对方的发言，而且对他的整个经历和为人都有很多的理解。这种反馈策略所产生的作用是其他反馈策略难以比拟的。例如，你可以告诉别人，“看起来你在这个问题上有非常独特的经历和体会，你能不能谈谈你为什么会这样认为呢。”还有一种理解的反馈，是对对方的同情和关心，例如，“你所说的很有道理，但可能会有一些麻烦，有什么我能帮你的地方。”这样的理解和支持，往往会给对方强有力的心理支持，更容易达到沟通的目的和效果。

## 思考与训练

一、假如你毕业后到外企工作，你认为该如何成为一名成功的跨文化交际者？

二、案例讨论

中国学生王兰去美国留学，她到美国后发现，老师的穿着比较随意，上课的时候经常坐在桌子上。老师上课时很少自己讲授而是提出问题让同学们讨论并做报告。她的美国同学也不像中国学生对老师那样尊重，不但直呼其名甚至会和老师争论得面红耳赤。王兰对老师的教学方法非常不适应，轮到她做报告时她经常觉得非常不好意思，因为老师和同学总是盯着她的眼睛看她。在讨论时她的美国同学经常要提出问题，甚至和她争论。这让她觉得她的美国同学对她有敌意，很不友好。

（资料来源：https：//wenku. baidu. com/view/ed08ad176137ee06eff918dd. html，访问日期，2019-5-31。）

讨论：

1. 根据王兰在美国留学的举动，分析她遇到了哪些障碍？

2. 请你帮王兰想想怎么克服这些障碍？

# 第五节　不同国家与地区的文化差异

## 案例引入

一群商人在一条船上谈生意，船在中途出了故障，船上人员只能跳水逃命。船长命令大副快通知各位先生穿上救生衣，从甲板跳下去。可是大副怎么劝说也无济于事，大家谁也不愿意跳下去。船长经验丰富，对不同民族的文化了如指掌，于是他转过身来对于一位英国人说："跳水是一种体育运动。"英国商人听罢，纵身跳入水中，因为英国人一向喜欢体育运动。他对法国人说："跳水是一种时髦，你没看见英国人已经跳下去了吗?"法国人爱赶时髦，也随之跳入水中。船长面对德国人，表情非常严肃，"我是船长，你现在必须跳水，这是命令!"德国人一向遵守纪律，服从了船长的命令，也跳入水中。于是，船长走到一向具有逆反心理的意大利人面前大声地说："乘坐别的船遇险可以跳水，但今天你乘坐的是我的船，我不允许你跳水!"对意大利人来说，你越不让我跳，我非跳不可，于是也纵身跳入水中。现在剩下一个美国人和一个中国人。只见船长对美国商人说："我这只船已经办理了人寿保险，跳吧，你不会吃亏的!"美国人一向现实，听罢也跳入水中。最后船长转向中国商人说："先生，你家里不是有位 80 多岁的老母亲吗？你不逃命对得起她老人家吗?"中国商人听罢也跳入水中。这样，船长依据不同民族人们所具有的鲜明文化特性，让所有人都按他的意图去做了。

（资料来源：徐美萍，《商务公关与礼仪》，北京，北京交通大学出版社，2012。）

# 一、部分国家的文化特点

在当今的世界，学习跨文化沟通是经济全球化的需要，是中国迅速崛起为世界强国所赋予我们这一代人的历史责任，同时它也能够帮助我们发现自我、超越自我。而不同的国家有不同的民俗习惯，不同的文化有不同的想法，与他人沟通时，既要多注意地域文化的不同，也要多注意国家、民族习惯的不同。遇到不同民族和国家的人，研究一下他们的文化特色，这样可以使我们不犯忌讳，从而更容易达到我们的目标。

**(一)亚洲部分国家的文化习俗**

1. 中国

作为四大文明古国的中国有着悠久的历史，疆域辽阔，地理位置优越，是个典型的农耕文明国家。

中国文化讲究天人合一，重视人与自然的和谐统一；人为万物之灵，天地间以人为本；贵和谐、尚中道是中国文化的基本精神之一。中国人在与人交往时十分注重和谐局面的实现与保持，做事不走极端，求大同存小异，保持和谐的人际关系。

(1)交往礼俗。

尚礼节。中国自古就有“礼仪之邦”的美誉。根据不同的情况有不同的礼节。比如，正式请客时会根据客人的重要程度、地位等安排座位。

爱勤俭。中国人崇尚勤俭节约。多数家庭量入为出，主要理财方式是把钱存银行。

讲忠孝。中国人爱国观念很强，忠于国家；在家族里，讲究孝敬长辈，尊敬年长者。

讲人情，看关系。在中国，亲戚、朋友、师生、同学、同事、同乡等之间的感情都是中国人非常看重的，平时他们会通过各种方式来维系相互之间的感情。

好面子。“面子”对中国人来说是个很重要的概念，在中国人看来，面子问题就是尊严问题。这是中国人最为明显的特征之一。好面子表现在很多方面，比如在接待宾客时，唯恐有不周到之处。

喜委婉。中国人讲话委婉，尤其是在批评对方或与对方有不同看法的时候，喜欢委婉地表达，以免伤害对方。

惯将就。中国人喜欢将就，不够严谨缜密，生活中常说“差不多”。

(2)饮食礼俗。

人们常说“吃在中国”，中国的饮食文化是非常丰富的。由于物产、气候等诸多因素的影响下，在人口众多、地大物博的中国，各个区域形成了风味各异的地方菜系。影响最大的是四大菜系：川菜、鲁菜、粤菜、淮扬菜；除此之外，湘菜、浙菜、闽菜、徽菜也比较著名。

中国饮食的第一个特点是可选食材丰富，烹调方法多样。由于天南地北有不同的物产，所以烹调的食材丰富多彩；烹调方法的多样性更是让人眼花缭乱，常见的有炒、炸、煎、炖、煮、焖、蒸、烤、烧等做法。著名的“满汉全席”就是中国各种食材和烹调方法的大荟萃。

中国饮食的第二个特点是精美。中国饮食不仅讲究营养丰富，还强调色香味俱全。不同颜色的搭配，不同味道的融合，加上不同的造型，使每一道菜成为一件件美不胜收的艺术品。

中国饮食的第三个特点是以粮食为主食，蔬菜为副食，肉类为辅。

此外，中国人聚餐习惯安排座次，使用筷子。中国人请客时，为表示对客人的尊重，主人一般请客人点菜，进餐时，主人会劝菜，甚至夹菜。

中国的酒文化也很丰富。比如斟酒一定要斟满；主人应主动敬酒，地位低、年轻人应主动向地位高、年长者敬酒；喝酒时要看着别人的眼睛，劝酒的讲究也很多。

(3)中国的颜色文化。

红色是中国人最喜欢的颜色，俗称“中国红”。中国人认为，红色热烈而温暖，彰显着吉祥如意的意义。黄色在中国古代是最尊贵的颜色，明黄色是皇帝的专用色，一般人是不能用的。黄色也是财富的象征。在古代，黑色和白色被认为是不吉利的颜色。穿黑、白色衣服时常常要配上一些色彩鲜艳的饰品。

(4)中国的节气文化。

中国的传统节日源远流长，几乎与中国历史同步，节日的内容形式丰富多样，主要的传统节日都是由四时令节转换过来的，共有二十四节气：立春、雨水、惊蛰、春分、清明、谷雨、立夏、小满、芒种、夏至、小暑、大暑、立秋、处暑、白露、秋分、寒露、霜降、立冬、小雪、大雪、冬至、小寒、大寒。过节时讲究节日饮食，大多数节日都有一套自己特定的饮食习俗。

春节：春节是中国最热闹、最具代表性的节日。春节俗称“过年”，从农历正月初一开始到正月十五结束。春节的习俗主要有以下内容。

守岁：除夕之夜，全家人围坐在一起吃年夜饭，然后闲聊，通宵不睡。被称为“守岁”，象征着把一切瘟疫病邪驱逐干净，期待新的一年吉祥如意。

拜年：大年初一，人们通常先给家中的长者拜年，然后相互拜年。

拜年的方式多种多样，可以是家拜，也可以团拜；礼品也多种多样，可以是实物，也可以是贺卡、短信等。

压岁钱：过年时，长辈要给孩子“压岁钱”，表示美好的祝福。

包饺子、吃年糕：这是春节最有代表性的节日食俗。北方人春节喜欢吃饺子，南方人则喜欢吃汤圆和年糕。饺子的形状像元宝，寓意多多发财；年糕的寓意生活一年比一年好(“糕”与“高”同音)；汤圆则寓意团圆、圆满。

中秋：中秋节在农历的八月十五，是仅次于春节的第二大传统节日。祭月、赏月、拜兔儿爷、亲人团圆是中秋节的主要活动。霁月时贡品多为月饼、各色水果等。月饼是中秋节最具代表性的食品，除此之外，吃糍粑、饮桂花酒也是中秋节常见的饮食。

(资料来源：王晖，《中国文化与跨文化交际》，北京，商务印书馆，2017。)

2. 日本

日本主要为大和族，居民多信奉佛教、神道教。日本有“樱花之国”“造船王国”“贸易王国”等美称。

(1)交往礼俗。

日本人大部分是彬彬有礼的，又具有内敛保守的个性，极为重视家族与个人荣誉，他们的勤劳也是举世闻名的，同时他们做事过分胆小谨慎。日本人见面时相互行鞠躬礼，并致“您好”“请多关照”的谦辞。第二次世界大战后，握手礼逐渐成为日本常用的礼节，但通常与对方握手后还要行鞠躬礼，特别是道别时。

在日本，人们初次见面时，要交换名片，在正式场合要称呼其全名。日本人送礼时，不送双数而喜欢送单数礼物。

(2)衣食礼俗。

在日本，从事商务活动宜穿保守式西装，参加娱乐活动可穿便装。日本民族服装为和服。日本人在举行婚礼、庆祝重要节日、出席茶道会等活动时常穿和服。

日本人的饮食基本原则：第一少量多样，讲究七分饱；第二是蔬菜、肉类、海鲜均衡搭配；第三，味道清淡，少油，少盐。分为三种：和食(日本饭菜)、洋食(西餐)、中华料理(中餐)。

日本人十分重视茶道。日本茶道以“和、敬、清、寂”成为融宗教、哲学、伦理、美学为一体的文化艺术活动。茶道的流程主要分为更衣、观赏茶庭、初茶、茶食、中立、浓茶、后炭、薄茶、退出、衔接等过程，不同的茶道流派又有不同的具体方式。茶道已成为日本文化的结晶。

(资料来源：徐静波，《遇见日本》，北京，华文出版社，2018。)

### (二)欧洲部分国家的文化习俗

1. 英国文化

英国是一个多民族、多种族混居的国家。

(1)交往礼俗。

英国人性格内向，遇事谨慎，感情不外露，比较保守，自信，大多数人追求绅士、淑女风度，讲文明、重礼节。英国人讨厌过问私事。英国人忌讳别人打扰他的生活，凡是他不愿意主动告诉别人的事，是不宜打听的。如果问了，就是失礼。英国人不喜欢讨价还价，认为这是很丢面子的事情。在交际中，英国人初次见面行握手礼。英国人不喜欢见面拥抱，一般只是点头致意或用手指碰一下帽檐儿，彼此寒暄几句。英国人喜欢别人称呼他的荣誉头衔，如某某爵士。英国人很注意尊重妇女，女士优先已成为社会风气。

(2)衣食礼俗。

英国饮食讲究简朴实惠，花色品种不多。普通家庭一日三餐，他们是以午餐为主餐。阔绰人家一日四餐(早餐、午餐、茶点和晚餐)。他们不愿意吃带黏汁的菜肴，忌用味精调味，也不吃狗肉。不喜欢太咸，爱甜、酸、微辣味，喜欢中国的京菜、川菜、粤菜。

他们普遍喜爱喝茶，他们喝茶的习惯与中国人不同。很少喝绿茶和花茶，而是喝红茶，还要加糖和奶。喝茶时间也比较固定，一般是上午十点半和下午四五点。英国中上层社会还将喝下午茶作为一项社交活动，大家边喝边聊，谈政治，叙友情，简便实惠。

英国人自古酷爱饮酒。英国人举行宴会或家中待客，一般都备有香槟、雪莉酒、杜松子酒、威士忌、马丁尼等，请客人自选。除了在家或做客时饮酒外，英国人有时还喜欢到小酒馆或酒吧去喝酒。小酒馆被称为“家外之家”，人们在这里无所不谈。

英国是一个重视传统的国家，在服饰方面也不例外。在某些特定场合，比如法庭开庭时，法官头戴假发，身穿黑袍；在教堂做礼拜时，牧师通常要披上长袍。他们崇尚绅士、淑女风度，强调矜持庄重，上等家族人穿燕尾服，戴礼帽，持手杖或雨伞，其他人多穿三件套式西装。英国一般人都很注意衣服的得体，穿戴整洁、干净，颜色搭配和谐。

（资料来源：李靖堃、王振华，《英国》，北京，社会科学文献出版社，2016。）

2. 法国文化

法国是一个历史悠久、文化底蕴浓厚的国家。绘画、雕塑、音乐、建筑、哲学、文学等无一不是它丰富而充满魅力的文化组成部分。

(1)性格特征。

爱好社交，善于交际。对法国人来说，没有社交活动的生活是难以想象的。

诙谐幽默，天性浪漫。他们在人际交往中大都爽朗热情，善于雄辩，好开玩笑，讨厌不爱讲话的人。法国人不仅爱冒险，而且喜欢浪漫的经历。

渴求自由，纪律性差。法国人是世界上最著名的"自由主义者"，不大喜欢集体行动。与法国人打交道，约会必须事先约定，并且准时赴约，但是也要对他们可能的姗姗来迟事先有所准备。

自尊心强，偏爱"国货"。法国的时装、美食和艺术是世人有口皆碑的，在此影响之下，法国人拥有极强的民族自尊心和民族自豪感。

(2)交往礼俗。

法国人讲究礼仪。常用的称呼是"先生""夫人""小姐"。为表示对妇女的尊重，法国人讲究"女士优先"。

与法国人初次见面时，通常一边握手一边问候，告别时，相互说"再见"等客套话。如是熟人亲友相遇，则以亲吻或拥抱代替握手。

(3)衣食礼俗。

法国是世界上屈指可数的"美食大国"之一，其饮食文化与中国饮食文化齐名。法国人十分讲究吃，认为烹饪和就餐是一大乐趣。法国烹饪的特点是量大、质精、花色多。虽没有中餐做法多，但也有炖、煎、蒸、炸等做法，食品讲究原汁原味，特别注重调味品。在法国人的饮食中，面包、葡萄酒、奶酪是必不可少的。他们早餐比较简单，但非常重视晚餐。

饮酒是法国人一大嗜好，法国盛产葡萄，是著名的"葡萄酒之乡"。法国人饮酒学问多，不同食品不同场合都有相应的酒配合。比如餐前要喝开胃酒，喜庆时喝香槟，吃红肉喝红葡萄酒，吃白肉时要喝白葡萄酒。法国人饮酒，还讲究视觉、嗅觉和味觉的配合。此外，法国也被誉为"奶酪王国"，其奶酪不仅产量高，而且品类繁多。

法国人十分讲究衣着，注重自己的仪表。在服饰方面追求时尚，是著名的"世界时装之都"。总体来看，法国人日常生活着装比较讲究舒服、实用和简便。日常穿戴从款式、色彩到服饰配件都要注重表达个性和体现美感，着装不拘一格，千姿百态，很少雷同。

除日常生活服饰外，法国人还讲究不同场合有不同的服饰。白天蓝领穿蓝色劳动服；

白领男士穿西服打领带，女士则穿职业套装或连衣裙。晚上，无论哪个阶层在参加活动时都要穿上时髦的服饰。

（资料来源：吴国庆编，《法国》，北京，社会科学文献出版社，2014。）

3. 德国文化

今天的德国的主要民族为日耳曼民族，他们被分为巴伐利亚人、施瓦本人、莱茵兰人、黑森人、梅克伦堡人等，他们不仅在性格上有差异，在建筑风格、日常习惯、服装及饮食上都有各自的特点，但他们都具有敬业、严谨、守信的秉性。

(1)交往礼俗。

德国人勤劳、有朝气、守纪律、爱清洁、爱音乐，比较注重礼仪。德国人在社交场合与客人见面时，一般行握手礼；亲朋好友见面时，一般惯用拥抱礼。在称呼别人时，一般不喜欢直呼其名，而要称头衔。喝啤酒时，一般不碰杯，一旦碰杯，则必须一口气喝完。为别人斟酒时，一定要斟满。到德国人家做客，通常以鲜花为礼物，且要是单数。德国人对礼品包装很讲究。

(2)衣食礼俗。

德国人注意衣着打扮，外出时必须穿戴整齐、清洁。德国人喜欢穿三件套西装，喜欢戴上呢帽。

德国人最爱吃猪肉，其次是牛肉，不爱吃鱼。主食为肉类、马铃薯、色拉等。饮食口味较重，偏油腻，喜欢中国菜。

（资料来源：张丽娟、肖红艳，《公关与秘书礼仪》，北京，清华大学出版社；北京交通大学出版社，2011。）

## 案例

中国某工厂参观团去一个德国工厂参观，德方工厂负责人热情接待。参观开始，为安全起见，负责人要求每人都要戴上安全帽。这家德国工厂的安全帽有不同的颜色，一般工人的安全帽是白色和红色的，而为参观团成员准备的安全帽则是绿色的。

参观团成员看到安全帽是绿色的，就死活不戴，德国负责人多次劝解，说这是必要的安全措施。但参观团成员怎么说也不戴。德国人很生气，参观团成员也一脸不高兴。最终草草了事，不欢而散。

（资料来源：王晖，《中国文化与跨文化交际》，北京，商务印书馆，2017。）

### （三）美洲部分国家的文化习俗

1. 美国文化

美国是一个移民国家，移民在各自文化的相互碰撞与融合中逐渐形成了丰富多彩美国文化。

(1)交往礼俗。

大多数美国人非常重视个人卫生，他们对身体的气味非常敏感，所以每天清晨出门前洗澡、换干净衣服，运动后也要洗澡，衣服换洗频繁，也很在意头发和口腔的气味。

美国人着装的基本原则是适应场合。平常都以纯棉的T恤、衬衫、牛仔裤、软底鞋等休闲服装为主，庄重的场合，比如出席晚宴、会议、演讲等比较正式的活动时，则讲究正式高雅的服饰。

在饮食方面，美国人力求简单与快捷，通常都用快餐或冷冻食品。代表性的食物是热狗、汉堡包。美国人不爱吃肥肉，不吃清蒸和红烧的食品，忌食各种动物内脏及奇形怪状的食品，如鸡爪、猪蹄、海参等。他们一般不饮烈性酒，即使饮，通常也往烈性酒中加进冰块后再喝。

美国人时间观念极强，非常在意准时正点。拜访美国人，一定要事前约好时间，不可随意造访。约会迟到是不礼貌的，而去得太早，应在外面等到时间到了再进去。

(2)性格特征。

美国是个移民之国，它的祖先来自全球各地。久而久之，美国人的文化习俗中形成了较高程度的宽容性，对异质文化和不同评议持容忍、可接受的态度。

美国社会崇尚个人主义，讲究独立自主、尊重个人隐私。社交生活中，不喜欢涉及个人私事。有些话题是忌谈的，如年龄、婚姻、工资收入、财产以及宗教等。

自己动手。在美国，不管是医生、教授，还是律师、商人，他们都是自己煮饭、洗衣、去市场购物。一般的美国人，只要自己能干、能胜任，不愿花钱请他人代劳，认为这是不必要的开销。

不喜欢沉默。美国人一旦与人拉开“话匣子”，便会滔滔不绝地讲。他们不喜欢“干”坐着不出声，若是发现“对话者”久不出声，就会马上设法让他加入谈话。

(资料来源：王晖，《中国文化与跨文化交际》，北京，商务印书馆，2017。)

2. 加拿大

因受欧洲移民的影响，加拿大的文化礼节和英、法两国差不多。

(1)服饰。

上班时间，加拿大人一般穿西服套裙，休闲场合则自由穿着。

(2)饮食。

加拿大人以面包、牛肉、鸡肉、土豆、西红柿等物为日常之食。重视晚餐，饮食上讲究菜肴的质量和营养。

## 二、中国地域空间的文化差异

中国文化有着历史的延续性、民族的多样性和地域的差异性。

在中华大地上，不同社会结构和发展水平的地域自然地理环境、民俗风情、政治经济情况，孕育了不同特质、各具特色的地域文化。

第一种分类方法是按区域的大小和细分程度进行划分。根据区域的大小和细分程度可把地域文化分成一级文化区系、二级文化区系等。东西文化、南北文化、华夏中外文化可以作为一级文化区系，中原区系、南方区系、北方草原文化区系以及青藏高原区系为二级文化区系。在此基础上还可以再往下细分为中原文化、北方文化、齐鲁文化、楚文化、吴越文化、巴蜀文化、秦文化等文化圈。

第二种分类方法是按文化主体进行划分。我国文化可以划分为若干个主体地区，每一个大的文化区又可以划分为若干亚文化区。长江文化和黄河文化是两支最具代表性和影响力的主体文化。长江文化是南方的主体文化，又划分为吴越文化、闽越文化、岭南文化、荆楚文化、巴蜀文化、湖湘文化、滇文化、黔文化、江淮文化、桂文化等地方文化。黄河文化是北方的主体文化，包含了关东文化、齐鲁文化、三秦文化、三晋文化、中原文化、燕赵文化、西域文化等。这些不同的文化共同体在相同的文化背景下聚合成一个庞大的文化体系，构成灿烂辉煌的中华文化。

陆大道在论述中华文化的区域差异时，将中华文化分为七大文化圈。

(1)东北文化圈。东北文化圈是以汉民族文化为主、满汉民族大融合的多元文化区，具有关东特色的农业文化。

(2)游牧文化圈。游牧文化圈包含内蒙古文化区，其文化特色深沉、豪放；北疆文化区，其文化特色热情、开朗；南疆文化区，其文化特色欢快、活泼。

(3)黄河流域文化圈。黄河流域文化圈的特点是传统文化底蕴深厚。典型的如齐鲁文化，包含了道家文化、法家文化、兵家文化、墨家文化、纵横家文化，但处于核心地位的是儒家文化，其突出特点是正统性、传承性、稳固性和辐射性。此外，中原文化人杰地灵，名山胜迹，有繁荣昌盛的文化艺术和古朴醇厚的民风民俗；黄土高原文化表现出丰富多彩的文物遗迹与宗教文化以及黄土高原人特有的豪放、开阔、慷慨、激昂的心理氛围等。

(4)长江流域文化圈。长江流域文化圈的特点为纤细、文雅、秀美、精巧、机智。其中吴越文化区以典雅秀丽的文化景观和细腻婉转的音乐艺术为特色，巴蜀文化历史悠久、灿烂辉煌，兼容并蓄、渴求开放，追求和谐、讲究休闲，具有多元性、多重性和延伸性；荆湘文化区则保留着浓郁的楚文化内涵；都阳文化兼具中原文化的朴实奔放、岭南文化的文雅秀丽和吴越文化的精巧细腻等特点。

(5)闽粤台文化圈。这是一个以中国传统文化为基本特征，同时又受到外来文化影响，并具有少数民族文化习俗的多元文化区。

(6)云贵文化圈。该文化圈包括云南、贵州及广西等省区。这里是少数民族聚居地区，地处中国文化与印度文化之间的过渡地带。

(7)青藏文化区。该文化圈中，西藏文化景观具有标志性、超稳定性和神秘性等特点，并以纯真散漫、豁达开朗、勤奋坚毅为其特有的民风。

随着知识经济的兴起和经济全球化进程的不断加快，地域文化已经成为增强地域经济竞争能力和推动社会快速发展的重要力量。因此，要把握地域文化与经济社会发展的互动关系，充分发掘地域文化中的优秀因子，开发利用好地域文化资源，培育新的经济增长点，从而推动区域经济持续、快速、协调地发展，而这也是我们在进行跨文化沟通时特别需要注意的重点。

## 三、中国文化的宣传之道

我们不妨看看最近两个成功的跨文化沟通例子，一个是电影“功夫熊猫”，它的基本内容是美国人所欣赏的通过自我奋斗取得成功的故事，电影运用了大量的中国文化元素，加上现代动画制作技巧，让我们中国人都觉得它是一个地道的中国故事。可见，跨文化沟通使用的技巧可以超越本文化的价值观念和审美习惯，达到潜移默化的文化沟通效果。第二个例子是北京奥运会开幕式上的中国文化展示，可以说是跨文化的高科技表达方式和超越文化障碍的整体和谐之美，让西方观众在美中受到心灵震撼，从而感受到一场中国文化的熏陶。因此，我们特别强调传统文化本身不一定比真实要优美，但是现代的表现手段和诠释，可以使它魅力无穷。跨文化沟通就是要找到那些使文化增辉的现代表达方式。

但在国外，推广中国文化仍然是一件具有挑战性的事。对于如何更好地在国外推广中国文化，需要注意以下几点。

首先，必须让世界对汉语有更深入的理解。汉语一直是表达中国文化的主要载体，如果不了解汉语这样内涵丰富和美丽的语言，就很难欣赏中国文化。书法、文学和诗歌是语言的直接表达，中国文化的大部分表达形式都依赖于这种语言。但在中国以外，世界对汉语的理解仍然有限。近年来，人们学习汉语的兴趣越来越浓，尽管不少人的初衷是学习中国文化，但也有人提出是由于经济利益的考虑。随着中国经济实力不断增强，学习汉语有助于和中国的合作伙伴做生意。如果外国人对汉语的兴趣和学习只局限于“商务汉语”的课程，那么让世界深入了解中国的目的将很难实现。

其次，要让世界更好地理解中国文化在海外取得的成就。虽然许多外国人喜欢中国食物，但他们还无法知晓中国菜的多样性，比如外国人很少了解中国八大菜系之一的鲁菜。功夫众所周知，但更多是被视为一种战斗技能，而非一种生活哲学。有些中国电影在国外广受好评，但它们不一定最能代表中国文化的深意。一些博物馆和艺术收藏家爱好、欣赏和收藏中国的绘画、陶瓷，但对大多数外国人来说，它们仍显得奇怪和难以接近。

中国文化是一种表现形式丰富多元的文化，促进这种文化的国际传播是一项长期工作，我们需要有耐心和毅力。如果中国文化的推广变得庸俗化和同质化，我们进行中国文化国际传播的实践活动就很难取得成效。

最后，如果让中国以外的更多人，无论种族，可以讲汉语，理解和欣赏中国文化的多样化和丰富多彩的表现形式，并认为自己是中国文化的传播者，那么，中国文化就不只在中国生长，也是在世界范围内蓬勃发展。

## 思考与训练

一、假如你的一位外国朋友刚来到中国，你认为该如何帮助他与中国人的跨文化交流?

二、案例讨论

2012年六月下旬是某大学留学生期末考试的阶段，王老师教授的是一个非学历短期班学生的听力课和阅读课。考试前一周是复习周，周一的时候这个班的班长在上课后走到讲台向王老师问考试题。王老师准备是要给他们划复习范围的，就让他回了座位开始划范围，刚划完他就不高兴了："老师，你没有明白我的意思，你要告诉我们考试的题，这些太多了，不可能都是卷子上的。"因为泄露考题是不可能的，所以王老师就委婉拒绝他，但他不但听不进去还很激动地说："你这个老师太奇怪了，为什么不可以，你这样的话就不要告诉我们了。"然后他就很不情愿地自己翻开书看。下课后他又若无其事地走到王老师面前请求王老师在打分的时候能给他95分以上，说是这对他回国后找工作很重要。这个学生在班里算是品学兼优的学生，在王老师教课过程中他一直很配合，也很有礼貌，没想到今天他会这么跟王老师翻脸，而且能这么快地不计前嫌又来求王老师，真是让王老师哭笑不得。

（资料来源：https：//wenku.baidu.com/view/bde3f41ee97101f69e3143323968011ca300f7ee.html，访问日期，2019-5-31。）

讨论：

1. 请指出案例中的跨文化矛盾冲突。

2. 请给出你的解决方法。

## 本章小结

本章主要讲述了跨文化沟通的定义、意义、障碍、策略、技巧和不同国家与地区沟通中的文化差异。

跨文化沟通，广义地讲是指发生在不同文化背景的人们之间的信息和情感的互相传递的过程，也称作交叉文化沟通或超越文化沟通；狭义地讲是指跨国沟通的行为。跨文化沟通具有四个特点：寻求共同点、强烈的投入感、沟通中断的顾虑和沟通的持续性。

跨文化沟通的重要性表现在国际意识、国内意识和个人意识上。而跨文化沟通的必要性是国际化的需求和自我的超越。

跨文化沟通的影响因素有感知差异、思维方式、价值观、社会规范、语言差异和非语言差异。沟通风格的障碍主要从高低情境文化入手。高情境沟通文化的"三原则"：强调沟通方式，谈判时要察言观色，换位思维；低情境沟通文化的"三注意"：以自我为中心，说话力求直截了当、开门见山，个人任务与具体表现分离。而文化心理的障碍主要表现在行为的差异、面部表情的文化差异和情感表达的文化规则上。

跨文化沟通的原则包括因地制宜原则、平等互惠原则、相互尊重原则、相互信任原则和相互了解原则这五个原则。理解差异要做到理解时间观念的差异和理解人格观念的差异。

沟通中的文化差异，包括主要国家的文化特点和地域空间的文化差异这两点。在跨文化沟通中，遇到不同民族和国家的人，一定要了解一下他们的文化特色。随着全球化的不断推进，我们要掌握中国文化的宣传之道，这不仅要超越误区，还要将汉语的魅力真正宣传出去。

# 参考文献


1.[日]阿川佐和子. 倾听的力量[M]. 南京：江苏文艺出版社，2014.

2.[美]安德鲁·D·沃尔文. 倾听的艺术[M]. 上海：复旦大学出版社，2016.

3. 陈建伟. 沟通的艺术[M]. 北京：中华工商联合出版社，2017.

4. 陈桃源，朱晓蓉. 职场沟通与交流能力训练教程(第二版)[M]. 北京：高等教育出版社，2014.

5. 戴尔·卡内基. 卡内基沟通与人际关系[M]. 海口：海南出版社，2004.

6. 高原. 气场修成手册[M]. 长沙：湖南文艺出版社，2012.

7. 耿燕. 人际沟通与交流[M]. 北京：清华大学出版社，2015.

8. 谷静敏. 商务沟通[M]. 北京：国家行政学院出版社，2013.

9. 郭鹏. 史上最强的沟通术[M]. 北京：机械工业出版社，2009.

10. 胡伟，胡军. 沟通交流与口才[M]. 北京：清华大学出版社，2013.

11. 靳西. 卡耐基人际关系学[M]. 北京：燕山出版社，2007.

12. 李颖娟，丁旭. 人际沟通与交流(第二版)[M]. 北京：清华大学出版社，2017.

13. 梁辉. 有效沟通实务(第二版)[M]. 北京：中国人民大学出版社，2015.

14. 麻友平. 人际沟通艺术[M]. 北京：人民邮电出版社，2012.

15.[美]马修·麦肯，玛莎·戴维斯，派瑞克·范宁. 720°全景沟通[M]. 郑春蕾，梅子，译. 北京：中华工商联合出版社，2015.

16. 孟庆荣，徐向春. 人际交往与沟通[M]. 广州：暨南大学出版社，2016.

17. 彭凯平，王伊兰. 跨文化沟通心理学[M]. 北京：北京师范大学出版社，2009.

18. 童革，龙陵英. 表达与沟通能力训练(第二版)[M]. 北京：高等教育出版社，2014.

19. 王皓白. 商务沟通[M]. 杭州：浙江大学出版社，2011.

20. 魏清月. 生活中的关系学[M]. 北京：地震出版社，2006.

21. 徐静. 秘书实训[M]. 北京：高等教育出版社，2012.

22. 徐静，陶莉. 有效沟通技能实训[M]. 北京：中国人民大学出版社，2014.

23.[美]约瑟夫·A·德维托. 最有效的沟通[M]. 余瑞祥，汪潇，程国静，译. 北京：中国人民大学出版社，2014.

24. 张文光. 人际关系与沟通[M]. 北京：机械工业出版社，2015.

25. 邹晓春. 沟通能力培训全案[M]. 北京：人民邮电出版社，2008.

26. 徐美萍. 商务公关与礼仪[M]. 北京：北京交通大学出版社，2012.

27. 王晖. 中国文化与跨文化交际[M]. 北京：商务印书馆，2017.

28. 李靖堃，王振华. 英国[M]. 北京：社会科学文献出版社，2016.

29. 吴国庆. 法国[M]. 北京：社会科学文献出版社，2014.

30. 徐静波. 遇见日本[M]. 北京：华文出版社，2018.

31. 张丽娟，肖红艳. 公关与秘书礼仪[M]. 北京：清华大学出版社；北京交通大学出版社，2011.

32. [美]约翰·戈特曼，琼·德克莱尔. 人的七张面孔——人际关系背后的心理奥秘[M]. 杭州：浙江人民出版社，2014.

33. 魏巍. 销售礼仪与沟通技巧培训全书[M]. 北京：中国纺织出版社，2015.